ACCOUNTING

会计学

新理念、新技术、新方法

杜晓荣 新夫／主编

聂志萍 杨鑫 魏长升 卢浩／副主编

ACCOUNTING

人民邮电出版社

北 京

图书在版编目（CIP）数据

会计学：新理念、新技术、新方法 / 杜晓荣，新夫
主编. -- 北京：人民邮电出版社，2023.12
高等院校会计学新形态系列教材
ISBN 978-7-115-63033-9

Ⅰ. ①会… Ⅱ. ①杜… ②新… Ⅲ. ①会计学－高等
学校－教材 Ⅳ. ①F230

中国国家版本馆CIP数据核字(2023)第201455号

内 容 提 要

本书对会计学的内容进行了介绍，涵盖了财务会计、成本会计等相关知识，内容由浅入深，循序渐进。本书共 11 章，内容包括总论、会计要素与会计等式、会计账户与复式记账、企业主要经济业务的核算、会计凭证、会计账簿、成本计算、财产清查、财务会计报告、账务处理程序、会计管理相关工作规范等。

本书提供相关教学资源，方便用书教师教学，用书教师可在人邮教育社区（www.ryjiaoyu.com）注册账户后下载使用（部分资料仅限选用了本书的教师下载）。

本书兼具理论性和实用性，可作为高等院校会计学、财务管理、审计学、经济学、工商管理等专业的教材，也可供广大会计研究人员和从业人员参考和学习。

◆ 主　编　杜晓荣　新　夫
　　副主编　聂志萍　杨　鑫　魏长升　卢　浩
　　责任编辑　刘向荣
　　责任印制　李　东　胡　南
◆ 人民邮电出版社出版发行　　北京市丰台区成寿寺路 11 号
　　邮编 100164　电子邮件 315@ptpress.com.cn
　　网址 https://www.ptpress.com.cn
　　北京捷迅佳彩印刷有限公司印刷
◆ 开本：787×1092　1/16
　　印张：12.75　　　　　　　　　2023 年 12 月第 1 版
　　字数：333 千字　　　　　　　2025 年 6 月北京第 3 次印刷

定价：52.00 元

读者服务热线：(010)81055256　印装质量热线：(010)81055316
反盗版热线：(010)81055315

前言 Preface

　　党的二十大报告指出，实施科教兴国战略，强化现代化建设人才支撑。同时，新文科建设要求会计教学更新理念，以信息技术、数字技术、人工智能为代表的新一轮技术革命催生了新产业、新业态、新模式，对会计理论、会计职能、会计组织方式、会计工具手段等产生了重大而深远的影响，同时，人工智能和数字技术要求会计教学更新技术和方法。基于上述背景，编者认真学习相关文件，重新思考会计学教材的基本框架和具体内容，编写了本书。

　　本书依据会计发展新特点及会计学专业的人才培养目标，融合责任、职业道德等元素，贯彻新文科建设理念，融入会计发展的新方法和新技术。

　　本书共 11 章。

　　第 1 章简要回顾了会计的产生与发展历程，确立了会计目标和会计含义，阐述了会计职能、会计地位和会计任务，并对会计方法以及会计循环进行介绍，重点分析了会计基本假设、会计信息质量要求和会计核算原则。在知识拓展部分，介绍我国会计准则的国际趋同，增强学生的文化自信。

　　第 2 章首先介绍了会计对象；其次重点分析了资产、负债、所有者权益、收入、费用和利润六大会计要素；再次阐述了会计要素的确认和计量的相关内容；最后介绍了会计等式。在知识拓展部分，介绍数据资产。

　　第 3 章首先介绍了会计科目的概念、分类和设置；其次重点介绍了会计账户的相关内容；再次阐述了复式记账基本原理，其中介绍了总分类账户和明细分类账户的内容；最后详细阐述了复式记账法的具体应用——借贷记账法。在知识拓展部分，探讨三重记账内容。

　　第 4 章按照制造业企业主要经济业务的内容，介绍了筹资业务的核算、供应阶段业务的核算、生产业务的核算、销售业务的核算、利润形成和分配业务的核算。在知识拓展部分，探讨气候变化的核算。

　　第 5 章首先介绍了会计凭证的意义和种类；其次重点介绍了原始凭证和记账凭证的填制和审核；最后介绍了会计凭证的传递与保管。在知识拓展部分，探讨财务共享下的会计凭证。

　　第 6 章首先介绍了会计账簿的意义和种类；其次从会计账簿的设置和登记出发，阐述了会计账簿的基本内容；最后分析了在具体工作中应如何进行对账和结账。在知识拓展部分，探讨会计账簿与区块链技术。

　　第 7 章首先介绍了成本的定义及成本计算的意义；其次阐述了成本计算的原理及其程序；最后分析了成本计算方法的具体应用。在知识拓展部分，探讨业财融合的成本管理模式。

　　第 8 章首先介绍了财产清查的意义和种类；其次阐述了财产清查的内容和方法，包括货币资金清查、固定资产清查以及往来款项清查等；最后在案例中分析如何处理财产清查的结果。在知识拓展部分，探讨物流盘存的新技术。

　　第 9 章首先阐述了财务会计报告的概念、作用、种类和基本要求；其次重点介绍了资产负债表和利润表的内容、格式、填列（编制）方法，并简要介绍了现金流量表、所有者权益变动表及财务报表附注的相关内容；最后介绍了财务报表分析的意义和三种常用的财务报表分析方法。在知识拓展部分，介绍数字化报告的前景。

第 10 章首先介绍了账务处理程序的概念、意义、种类和设计账务处理程序的原则；其次介绍了记账凭证账务处理程序的相关内容；再次介绍了汇总记账凭证账务处理程序；最后介绍了科目汇总表账务处理程序。在知识拓展部分，介绍财务共享服务中心的新技术。

第 11 章首先介绍了我国的会计法规体系；其次介绍了会计职业发展；再次介绍了会计基础工作规范；最后介绍了会计档案管理办法。在知识拓展部分，介绍大数据对会计的影响。

本书的特色如下。

1. 突出新理念，科学融入育人目标。本书引入我国会计发展历史和会计实践的案例，展示会计改革的新成果，科学地融入诚信、守则、遵纪、责任与担当、会计职业道德等元素，形成育人目标与会计专业知识的相互支撑。

2. 结合会计学科特点，满足新文科建设要求。本书紧紧围绕新文科建设的新目标和新要求，根据会计学科的教育特点和人才培养规律，在书中贯彻新文科建设理念和要求，更好地实现新文科建设目标。

3. 突出新方法，培养符合新商业环境的会计人才。本书在继承传统会计方法的基础上，通过进一步展示新商业环境下会计新方法的应用场景，从企业实际出发，培养符合新商业环境的会计人才。

4. 突出新技术，激发读者开展学科交叉研究的兴趣。以"大智移云物"为代表的新技术正颠覆性地改变着要素市场的供给结构，"财务数据共享""互联网+智能会计""业财融合"等新业态、新模式和新思维不断涌现，使会计被赋予了新的内涵。本书介绍了这些新技术对会计的影响，增强读者对会计新技术的认知，激发读者开展学科交叉研究的兴趣。

5. 理论联系实际，助力提升创新创业成效。本书的编者指导学生获得过多项创新创业竞赛的奖项，具有创新创业竞赛的理论基础和实践指导经验。本书将会计理论和方法融入具体的创新创业企业案例中，能提升读者理论联系实际的能力，更有针对性地助力读者提升创新创业成效。

本书提供相关教学资源，方便用书教师教学，用书教师可在人邮教育社区（www.ryjiaoyu.com）注册账户后下载使用（部分资料仅限选用了本书的教师下载）。

本书由河海大学商学院会计学系骨干教师合作完成。第一主编杜晓荣教授负责全书框架设计和审核，同时负责第 1 章的编写工作；第二主编新夫副教授负责全书统稿，同时负责第 3 章、第 4 章和第 10 章的编写工作；聂志萍博士负责第 7 章和第 8 章的编写工作；杨鑫博士负责第 2 章和第 9 章的编写工作；魏长升副教授负责第 5 章和第 6 章的编写工作；卢浩博士负责第 11 章的编写工作；会计学硕士封春晨、于会淼、朱胜男、陈艺贞、范晓雯、汪艺文、陈秋宇参与了本书的资料整理等相关工作。此外，编者由衷感谢河海大学重点教材建设项目的支持，感谢河海大学商学院领导和各位同仁的帮助和支持。

由于编者水平有限，书中难免存在不足之处，因此，编者由衷希望广大读者朋友和专家学者能够拨冗提出宝贵的修改建议，修改建议可直接反馈至编者的电子邮箱：duxiaorong@hhu.edu.cn 和 xinfu@hhu.edu.cn。

编者

2023 年秋于南京

目 录 Contents

第11章　会计管理相关工作规范

会计是一门古老而又年轻的科学，自人类有了生产经营活动，就产生了会计的萌芽，会计随着社会生产力的提升和生产关系的不断进步而得到发展和完善。现代会计已由过去单纯的记账、算账、报账，发展为经济管理活动的重要组成部分，形成以为企业外部利益相关者提供财务信息为主的财务会计、以为企业内部管理当局提供价值信息为主的管理会计这两大分支，构建了较为完整的理论体系和方法体系。本章简要回顾了会计的产生与发展，确立了会计目标和会计含义，阐述了会计职能和会计任务，并对会计方法以及会计循环进行了阐述，重点分析了会计基本假设、会计信息质量要求和会计核算原则。

育人目标

（1）了解我国会计的产生与发展，增强爱国主义情怀和文化自信；

（2）明确诚信、客观、公正是会计人应具备的基本素养；

（3）强化受托责任意识，培养报效祖国的精神。

教学目标

（1）了解会计的产生和发展；

（2）理解会计目标和会计含义；

（3）理解会计职能和会计任务；

（4）掌握会计基本假设、会计信息质量要求及会计核算原则；

（5）熟悉会计方法体系。

1.1 会计的产生与发展

生产活动是人类生存和发展的基础，也是人类基本的实践活动，它决定着人类所进行的其他一切活动。生产活动，既能够创造出物质财富，取得一定的劳动成果；同时，也必然会产生劳动耗费，包括人力、物力以及财力的耗费。如果劳动成果少于劳动耗费，则生产就会萎缩，社会就会倒退；如果劳动成果等于劳动耗费，则只能进行简单再生产，社会就会停滞不前；如果劳动成果多于劳动耗费，则可以进行扩大再生产，社会就能取得进步。生产发展、社会进步是一切社会形态中人们所追求的共同目标，因此，无论在何种社会形态中，人们都必然会关心劳动成果和劳动耗费，并对它们进行比较，以便科学、合理地管理生产活动，提高经济效益。会计是适应生产活动发展的需要和经济管理的要求而产生并发展的。从远古的结绳记事到形成账簿等会计专门方法，从官厅会计的产生到民间会计的繁荣，从单式记账到复式记账，从中西方会计的独立发展到国际会计准则受到普遍认同，会计从产生到现在经历了漫长的发展过程。会计是人类社会生产实践活动适应客观环境变化需要的产物，是人类智慧的结晶。从总体来看，会计的发展大体经历了古代会计、近代会计和现代会计三个发展阶段。

1.1.1　古代会计阶段

从旧石器时代中晚期会计的萌芽到公元 15 世纪末复式簿记应运而生，会计的这一时期一般被认为是古代会计阶段。

在旧石器时代中晚期，人类产生了原始的会计计量和记录行为，如结绳记事、刻木记事等，以反映渔猎收获数量及其他收支。这是最原始的会计活动，形式极为简单。这些原始的会计行为，奠定了会计发展的基础。严格的、独立意义上的会计特征是到奴隶社会的繁盛时期才表现出来的。那时，随着社会的发展，劳动生产力不断提高，生产活动的劳动成果除了能够补偿劳动耗费之外有了剩余产品。剩余产品与私有制的结合，形成了私人财富的积累，进而促使受托责任会计的产生，会计逐渐从生产职能中分离出来，成为特殊的、专门委托有关当事人从事的一项独立的活动。这时的会计，不仅要保护奴隶主物质财产的安全，还要反映那些受托管理这些财产的人是否认真地履行了职责。所有这些都要求采用较先进、科学的计量与记录方法，从而促使原始计量、记录行为向单式簿记体系演变。

会计在我国具有悠久的历史，中国古代会计在世界处于领先地位。我国有文字可考的会计活动可以追溯到西周，据《周礼》记载，西周时设有"司会"一职，即专门从事会计工作的职位。司会负责记录王朝的财政收支，他们利用账册、地图等文件副本，进行会计工作，并据以考核官吏的政绩。可见，会计在当时已经发挥了监督管理经济活动的职能。在会计核算方法方面，在唐宋时期，我国政府会计出现了"四柱结算法"和"四柱清册"，四柱结算法在元代得以在民间推广，即"旧管+新收=开除+实在"。四柱结算法系统反映了国家经济和私人经济活动的全过程，归结了中式会计的基本原理，是中式会计方法体系的核心与精髓，为我国会计从单式记账向复式记账的演变奠定了初步基础。

在国外，随着人类社会的发展，会计行为也开始出现在古希腊、古巴比伦、古印度等人类文明的发源地。如古巴比伦第六代国王汉谟拉比在建立统一的奴隶制政权后，任命负责财政、会计工作的各级官吏控制财政收支；在原始印度公社里，已经设有记账员来登记农业账目。

古代会计的发展历时久远，形成了一些会计的概念与方法，但都十分浅显、朴素，尚未形成严格意义上的会计学科。但是，会计已经从生产职能中分离出来，由早期生产活动的附属部分发展成为一项专门的工作。

1.1.2　近代会计阶段

从 15 世纪到 20 世纪 30 年代（资本主义社会形成以后）的会计发展时期，一般被称为近代会计阶段。

封建时期的意大利，其地中海沿岸的某些城市，如威尼斯、热那亚、佛罗伦萨等，手工业、商业和金融业较为发达，产生了资本主义生产的最初萌芽，成为推动会计发展的重要因素，出现了较为科学的借贷复式记账法。复式簿记首先在意大利迅速得到普及并不断发展和完善，随着美洲大陆的发现和东西方贸易的进行，加之各国建立统一货币制度、阿拉伯数字取代罗马数字、纸张的普遍使用等，复式簿记传遍整个欧洲，后又传遍世界各国。1494 年，意大利数学家卢卡·帕乔利（Luca Pacioli）出版了著作《算术、几何、比及比例概要》。他在专著的第二部分"簿记论"中系统地总结了当时流行于意大利的威尼斯、佛罗伦萨等地的复式记账法，开创了会计理论研究的先河。这一事件标志着财务会计理论的初步形成，同时也标志着近代会计阶段的开始。即使是现在，我们仍然采用复式簿记的方法，并最终完成了复式簿记的方法体系乃至理论体系的建设。与此同时，会计从特殊的、专门委托有关当事人的独立活动发展成为一种职业。在会计的发展史上，一般将帕乔利复式簿记著作的出版和会计职业的出现视为近代会计史中的两个里程碑。

需要说明的是，我国明清时期，商业、手工业有了一定的发展，资本主义出现萌芽，与此相适应，也产生了我国特有的蕴含复式记账原理的"龙门账"和"四脚账"，即"进-缴=存-该"，并以这一关系式编制进缴表和存该表。这些方法在盈亏计算、报表编制和账簿平衡等方面与西方复式记账法原理相似，说明凡是科学、客观的事物总会表现出其特有的规律性，也说明随着社会的发展，会计渐渐表现出其本质的特征。

18 世纪末至 19 世纪初的产业革命，使得资本主义国家的生产力空前提高。与客观环境的要求相适应，会计理论研究十分活跃，体现崭新会计思想的会计方法应运而生，实现了由簿记向会计的转化，即会计已经不仅有记录经济事项的工具，而且具备了用于指导会计实践，同时使会计独立于其他管理学科的独立的理论体系。

1.1.3 现代会计阶段

从 20 世纪 30 年代开始，会计不仅具有一套完整的理论体系，而且还运用电子信息技术和网络技术，直接介入管理，参与生产经营的预测、决策和控制，这个阶段被称为现代会计阶段。

从 20 世纪 30 年代起，资本主义竞争加剧，股份公司这种新型企业组织大量涌现。股份公司与其他企业组织相比，公司经营资金来源渠道广泛，会计信息的使用者大量存在于企业外部，包括投资者、债权人、政府及其有关部门等。股份公司利用投资者（股东）投资进行经营活动，从而产生了向投资者报告财务状况、经营成果等信息的义务。因此，会计的服务重心逐渐由企业内部转向企业外部。

20 世纪 50 年代，为了提高经济效益，加强对经济活动的控制，企业管理层对会计提出了新要求，要求会计不仅要能进行事后的核算、分析和检查，还要能进行预测、决策及控制，因此在传统的财务会计基础上分离出了管理会计。管理会计和财务会计成为会计的两大分支，标志着会计进入了现代会计阶段。随着电子计算机和互联网等科学技术成果在会计领域的应用，会计的预测、决策、控制、确认与计量、记录、报告和信息传输的手段也得到了发展，逐渐脱离了手工状态，出现了计算机会计信息系统。

自中华人民共和国成立以来，我们一直在探索适应国情的会计核算体制，会计为经济的发展作出了显著贡献。1985 年，我国颁布并施行了第一部《中华人民共和国会计法》（以下简称《会计法》），标志着我国的会计工作从此进入了法制化时期。1992 年，为了适应我国改革开放的要求，尽快实现与国际惯例的接轨，我国颁布了《企业会计准则》和《企业财务通则》，并在基本准则的基础上，陆续制定了多项会计具体准则。2006 年，财政部又发布了新的会计准则体系，由基本准则和 38 个具体准则组成，并要求上市公司从 2007 年 1 月 1 日起实施，同时鼓励其他企业执行。可以说，我国会计已进入了前所未有的成熟化、国际化发展时期。为适应社会主义市场经济发展，完善我国企业会计准则体系，财政部从 2012 年开始又陆续颁布了若干项准则修订或征求意见稿，这对提高我国企业财务报表列报质量和会计信息透明度，保持我国企业会计准则与国际财务报告准则的持续趋同具有积极的意义。

从上述会计的发展历程来看，会计是人类社会发展的一部分。会计在发展的过程中，既要适应客观环境的需要，又要具有一定的前瞻性，推动经济活动向前发展。只有主动参与社会经济活动，会计才有生存和发展的空间。当代先进技术的不断涌现，促使社会经济日益繁荣和多元化。现代会计还存在很多有待研究和改进的领域，会计必然会继续发展。人类社会发展和经济环境变革，印证了这样一个结论："经济越发展，会计越重要。"

1.2 会计目标与会计含义

会计产生和发展的历史告诉我们，现代会计已不是一个简单的记账工具，也不仅是单调的核算工作，它是为满足信息使用者的需要，运用现代技术手段和科学方法，向社会或企业内部披露企业财务状况、经营成果及现金流量的过程，进而实现会计的目标。会计向谁提供信息以及能提供什么样的信息，这就是会计目标所要解决的问题。概括来讲，会计目标是提供会计信息的目的与要求。具体而言，会计目标就是对会计自身所提供经济责任信息和社会责任信息的内容、种类、时间、方式及质量等方面的要求。也就是说，会计首先要明确其何时应以何种方式提供符合何种质量的何种信息。

1.2.1 会计目标

对会计目标基本含义的理解，学界通常有两种观点。

1. 决策有用观

决策有用观认为会计的目标就是向信息使用者提供对其进行决策有用的信息，主要包括两方面内容：一是关于企业现金流量的信息，二是关于经济业绩及资源变动的信息。决策有用观适用的经济环境是所有权与经营权分离，并且资源的分配是通过资本市场进行的。也就是说，委托方与受托方的关系不是直接建立起来的，而是通过资本市场建立的，这导致了委托方与受托方两者关系的模糊。

2. 受托责任观

受托责任观认为会计的目标就是以恰当的方式反映资源受托者的受托责任及其履行情况。受托责任的含义可以从三个方面来理解：①资源的受托方接受委托，管理委托方所交付的资源，受托方承担有效管理与应用受托资源，并使其保值增值的责任；②资源的受托方承担如实向委托方报告受托责任履行过程及其结果的义务；③资源受托方的管理当局负有重要的社会责任，如保持企业所处社区的良好环境、培养人力资源等。由此可见，受托责任产生的原因在于所有权与经营权的分离，而且必须有明确的委托与受托关系存在。委托方与受托方中任何一方的模糊或缺位，都将影响受托责任的履行，因此，要求委托方和受托方处在直接接触的位置上。

上述两种观点适用的经济环境不同。受托责任观要求两权分离是直接进行的，所有者与经营者都十分明确，两者直接建立委托与受托关系，没有模糊和缺位的现象；而决策有用观要求两权分离必须通过资本市场进行，委托方与受托方不能直接交流，委托方在资本市场上以一个群体的形式出现，从而使得委托与受托关系变得模糊。在会计实践中，决策有用观与受托责任观并不矛盾，受托责任观是决策有用观的基础，决策有用观是受托责任观的发展，明确受托责任的目的最终仍在于决策，可以说决策有用观包含受托责任观。

会计目标指明了会计实践活动的目的和方向，同时也明确了会计在经济管理活动中的使命，成为会计发展的导向。制定科学的会计目标，对于把握会计发展的趋势，确定会计未来发展的步骤和措施，调动会计工作者的积极性和创造性，促使会计工作规范化、标准化、系统化，更好地为社会主义市场经济服务等都具有重要的意义。

我国《企业会计准则——基本准则》第四条明确规定，财务会计报告的目标是向财务会计报告使用者提供与企业财务状况、经营成果和现金流量等有关的会计信息，反映企业管理层受托责任履行情况，有助于财务会计报告使用者作出经济决策。

1.2.2　会计信息服务对象

生产社会化程度的提高、专业化生产分工细化以及由此产生的相互依赖性日益加强，使得关注企业会计信息的不仅有我们常常谈及的投资者和潜在的投资者，还包括与企业存在经济交往的所有利益相关者，或者说价值形成和实现链条上的所有利益相关者。例如，企业的员工需要利用会计信息了解企业盈利与福利待遇情况；企业的供应商与客户需要利用会计信息作出是否保持业务往来关系、是否扩大经济活动的范围等方面的决策。只要是直接或间接地与企业经营活动发生联系的部门、单位或个人，都可能成为该企业的会计信息使用者。因此，在现代社会化大生产的情况下，企业会计信息的使用者扩大到一切利益相关者。

综上，会计信息服务对象，也称会计信息使用者，主要包括投资者（股东及其他形式的权益投资者）、债权人（银行及其他形式的债权人）、供应商及客户、企业内部管理者及其他员工、政府及其有关部门、社会公众等。总的来讲，对会计信息的需求来自企业内部和外部两个方面，因此，会计信息服务对象分为会计信息的内部使用者和外部使用者。

1. 会计信息的内部使用者

企业要实现其经营目标，必须要对经营过程中遇到的重大问题进行正确的决策，这关系到企业的生存和发展。正确的决策通常是建立在客观、有用的会计信息的基础上的，会计信息在企业决策中起着极其重要的作用。因此，企业会计应采用一定的程序和方法，将企业发生的交易或事项转化为有用的会计信息，以便为企业经营管理决策提供依据。会计信息的内部使用者包括：董事长、首席执行官（CEO）、首席财务官（CFO）、部门经理、生产主管、普通员工等，他们都要用到会计信息。例如，企业管理层需要掌握产品成本、销售收入和盈亏情况，并且根据这些会计信息，结合其他业务统计信息，决定生产规模及市场营销途径。

2. 会计信息的外部使用者

（1）投资者。现代企业制度是建立在经营权与所有权分离基础上的受托代理制度。两权分离使得投资者获取企业经营信息的能力受到极大限制，尤其是上市公司，众多的中小投资者及公众投资者无法直接参与企业的经营。财务会计报告成为投资者（包括现实的与潜在的）获知被投资企业经营状况的主要途径。投资者获取信息的权利是受法律保护的，如《中华人民共和国公司法》（以下简称《公司法》）规定，企业必须在规定的期限内向股东报送财务会计报告，上市公司则应定期通过报纸、网络等媒体向社会公众披露其财务会计报告。

（2）债权人。负债经营是现代企业经营的特点之一。当企业需要资金时，可以通过申请贷款或发行债券等方式向其他单位或个人融通资金，借贷双方形成债务契约关系。债权人最为关心的是负债企业有无到期偿还债务本金及支付利息的能力。因此，债权人会要求企业在申请贷款和发行债券时及负债期内提供财务会计报告及相关信息，以便掌握负债企业的偿债能力。另外，潜在的债权人也要根据负债企业提供的会计信息进行风险判断后，才能作出是否向企业提供负债资金的决策。

（3）供应商及客户。企业供应商和客户是企业价值链上重要的两端，其需要根据企业的会计信息判断企业能否持续经营，并据此决定自身是否扩大生产规模，或者调整生产经营的方向。

（4）企业内部管理者及其他员工。企业内部员工是生产经营的直接参与者，现代企业管理激励理论认为，员工的劳动态度、劳动所得与企业业绩之间存在重要的关系，只有全体员工作为主人翁积极参与管理，管理职能才可能发挥到最优。员工需要了解会计信息（例如成本、利润、薪酬等信息）才能参与管理。随着企业规模的扩大，管理者不可能直接接触企业的全部经济活动，他们也需要通过会计信息来全面了解企业的经营活动情况。

（5）政府及其有关部门。会计信息资料是政府推行一系列宏观管理措施执行结果的集中反映。

通过分析会计资料，政府及其有关部门可以发现政府宏观管理成效和存在的问题。因此，政府部门，如财政、税务、统计等部门，需要利用汇总的会计信息适时地进行宏观调控。

（6）社会公众。除上述信息使用者外，在日益强调企业应履行社会责任的今天，社会公众已成为关注会计信息的重要群体。他们十分关心企业与社会环境的关系、企业对社会的贡献等；同时，企业为树立良好的自身形象，也会更加注重履行社会责任，因此，在会计报表中也需要披露社会公众所需信息。例如，在财务会计报告中披露企业有关环境保护开支及相应的收益信息、企业对社会的贡献等信息。这些信息的披露已成为会计发展和研究的新课题。

总之，企业内外部的会计信息使用者都需要利用会计信息进行决策，且不同的会计信息使用者对会计信息的需求有所不同。受成本效益原则的约束，企业对外提供的会计信息不可能做到面面俱到，满足所有信息使用者的所有要求。同时，为了保证不同企业会计信息的可比性，会计信息披露的内容在一定程度上也要统一。因此，会计只能为信息使用者提供通用的会计信息。一般来说，通用的会计信息可以归纳为财务状况、经营成果以及现金流量等方面的会计信息。

1.2.3 会计含义

长期以来，会计理论界对什么是会计，或者会计的内涵是什么，并没有一个公认的明确界定，究其原因，关键在于人们对会计本质的认识和理解存在差异。

会计理论界对会计的本质先后存在许多解释和不同的观点，主要归纳如下：①工具论；②信息系统论；③管理活动论；④艺术论；⑤控制系统论等。这些不同的解释和观点都阐述了会计的本质，只是强调的角度不同。本小节简要介绍两种主流学派的观点，并在此基础上给出会计的含义。

1. 会计信息系统论

会计信息系统是指在企业或者其他组织范围内，以反映和控制企业或组织的各种经济活动为宗旨，由相关程序和技术方法组成，由会计人员负责管理控制，用于处理经济数据、提供财务信息和其他有关经济信息的有机整体。

会计信息系统论将会计的本质理解为一个经济信息系统。从理论界来看，该思想最早起源于美国会计学家 A. C. 利特尔顿。他在 1953 年出版的《会计理论结构》一书中指出"会计是一种特殊门类的信息服务"；又指出"会计的显著目的在于对一个企业的经济活动提供某种有意义的信息"。从实务界来看，1966 年美国会计学会发表的《会计基本理论说明书》指出"实质地说，会计是一个信息系统"。此后，美国会计学界和会计职业界开始倾向于将会计的本质定义为会计信息系统。

20 世纪 70 年代以来，许多会计学的著述中将会计定义为"一个经济信息系统"，使得"会计信息系统论"观点甚为流行。

我国较早接受会计信息系统论观点的学者是厦门大学的余绪缨教授。他在论文《要从发展的观点，看会计学的科学属性》（1980 年）中首先阐释了会计是一个信息系统的观点。此外，具有代表性地提出"会计信息系统论"观点的学者是葛家澍和唐予华教授，他们在合编的《会计学基础》（1983年）一书中指出"会计是为提高企业和各单位的经济效益，加强经济管理而建立的一个以提供财务信息为主的经济信息系统"。

2. 会计管理活动论

会计管理活动论认为会计的本质是一种经济管理活动。它继承了会计管理工具论的合理内核，吸收了管理科学思想，从而成为在当前国际、国内会计学界具有重要影响的观点。

将会计作为一种管理活动并使用"会计管理"这一概念在西方管理理论学派中早已存在。"古典管理理论"学派的代表人物法约尔把会计活动列为经营的六种职能活动之一；美国人卢瑟·古利克则把会计管理列为管理化功能之一；20 世纪 60 年代后出现的"管理经济会计学派"则认为进行经济分析和建立管理会计制度就是管理。

我国最早提出会计管理活动论的学者，当数杨纪琬教授和阎达五教授。1980 年，在中国会计学会成立大会上，他们进行了题为《开展我国会计理论研究的几点意见——兼论会计学的科学属性》的报告。在报告中，他们指出"无论从理论上还是从实践上看，会计不仅仅是管理经济的工具，它本身就具有管理的职能，是人们从事管理的一种活动"。

此后，杨纪琬教授、阎达五教授对会计的本质又进行了深入探讨，逐渐形成了较为系统的"会计管理活动论"。杨纪琬教授指出"会计管理"的概念是建立在"会计是一种管理活动，是一项经济管理工作"这一认识上的，通常讲的"会计"就是"会计工作"。他还指出"会计"和"会计管理"是同一概念，"会计管理"是"会计"这一概念的深化，反映了会计工作的本质属性。阎达五教授认为会计作为经济管理的组成部分，它的核算和监督内容以及应达到的目的受不同社会制度的制约，"会计管理这个概念绝不是少数人杜撰出来的，它有充分的理论和实践依据，是会计工作发展的必然产物"。

会计学界提出"会计信息系统论"和"会计管理活动论"之后，这两种学术观点就展开了激烈的交锋。然而，经过反思，我们认为，应该首先将"会计"指的是什么界定清楚。它指的是"会计学"，还是"会计工作"，或是"会计方法"？如果不明确界定，则会引起一场不必要的或者无结果的辩论。本书中，我们将"会计"界定为"会计工作"。基于这一界定前提，我们认为"会计管理活动论"的观点更能代表我国会计改革的思路与方向，是对会计本质问题的科学论断。

3. 会计的含义

综上所述，本书倾向于会计的本质是"会计管理活动论"。我们认为，将会计视为一种管理活动，能够较准确地反映出会计的实质，有助于推动我国会计改革的发展。

会计是以货币为主要计量单位，借助于专门的方法和程序，对各单位的经济活动（交易和事项）进行连续、系统、全面的核算和监督，以便向信息使用者提供相关的会计信息，并有助于其作出经济决策的一种管理活动。

该含义涵盖了会计的一些主要特征：①会计的本质为一种经济管理活动；②会计的目标是为信息使用者进行经济决策提供有用的会计信息；③会计的基本职能是核算和监督；④会计的对象是交易和事项产生的资金运动；⑤会计核算的前提是以货币为主要计量单位；⑥会计核算和监督的要求是交易或事项的核算和监督应具有完整性、连续性、系统性。

1.3 会计职能、会计地位与会计任务

1.3.1 会计职能

职能是指某一事物本身所固有的功能，会计职能是指会计在经济管理中所具有的功能。具体来讲，就是会计是用来做什么的。对于这个问题，马克思曾有过精辟的论述。他指出"过程越是按社会的规模进行……作为对过程进行控制和观念总结的簿记就越是必要……"可见，马克思把会计的基本职能归纳为反映（观念总结）和监督（控制）。与会计目标会随社会经济等环境变化而变动不同，会计职能是客观存在的，体现了会计的本质属性。会计职能会随着会计的发展而被人们更加深入地理解与认识。核算和监督是会计的两大基本职能。

1. 会计核算职能

会计核算是会计的首要职能，也是全部会计管理工作的基础。任何经济实体要进行经济活动，都要求会计提供真实、正确、完整、系统的会计信息，这就要求会计对企业的经济活动进行记录、计算、分类、汇总，将经济活动的内容转换成会计信息，成为能够在财务会计报告中概括并综合反映各单位经济活动状况的会计资料。因此，会计核算是通过价值量对经济活动进行确认、计量、记录，并进行客观报告的工作。会计核算职能具有以下基本特点。

（1）会计核算以货币为主要计量单位，主要从价值量上反映各单位的经济活动状况。由于经济活动的复杂性，人们不可能单凭观察和记忆掌握经济活动的全部情况，也不可能简单地将不同类别的经济业务加以计量和汇总，而只有按一定程序进行加工处理后生成以价值量表现的会计数据，才能反映经济活动的全过程及其结果。因此，虽然会计可以采用货币、实物、劳动三种度量标准，从数据上体现经济活动，但是在商品经济条件下，人们主要利用货币计量，通过价值量的核算综合反映经济活动的过程和结果。所以，会计核算在反映会计主体的经济活动状况时，是以货币量度为主，以实物量度及劳动量度为辅来实现的。

（2）会计核算具有完整性、连续性和系统性。会计核算具有完整性、连续性和系统性，是会计资料全面性、连续性和系统性的保证。会计核算的完整性，是指对所有的会计对象都要进行确认、计量、记录和报告，不能有任何遗漏；会计核算的连续性，是指对会计对象的确认、计量、记录和报告要连续进行，不能有任何中断；会计核算的系统性，是指要采用科学的会计核算方法对会计信息进行加工处理，保证所提供的会计数据资料能够成为一个有序的、整体的会计信息系统，从而揭示客观经济活动的规律性。

（3）会计核算要对各单位经济活动的全过程进行反映，在对已经发生的经济活动进行事中、事后核算的同时，还要预测未来的经济活动。一般来说，会计核算主要是对已经发生的经济活动信息进行事后的确认、记录、核算、分析，经过加工处理后提供大量的信息资料，反映经济活动的现实状况及历史状况，这是会计核算的基础工作。但是，随着商品经济的发展，市场竞争日趋激烈，企业经营规模不断扩大，经济活动日益复杂，经营管理需要加强预见性。为此，会计要在事中、事后核算的同时进一步加强事前核算，分析和预测经济前景，为经营管理决策提供更多的经济信息，这样才能更好地发挥会计职能。

2. 会计监督职能

会计监督是会计的另一项基本职能。任何经济活动都要有既定的目标，并按一定的要求来运行。会计监督就是指会计按照一定的目的和要求，利用会计信息系统所提供的信息，对会计主体的经济活动进行控制，使之达到预期的目标。会计的监督职能就是监督经济活动按照有关的法规和计划进行。《会计法》规定，各单位的会计机构、会计人员对本单位实行会计监督。会计监督具有以下特点。

（1）会计监督具有强制性和严肃性。会计监督是依据国家的财经法规和财经纪律来进行的，《会计法》不仅赋予会计机构和会计人员监督的权利，而且规定了监督者的法律责任：放弃监督，听之任之，情节严重的，给予行政处分；给公共财产造成重大损失，构成犯罪的依法追究刑事责任。因此，会计监督以国家的财经法规和财经纪律为准绳，具有强制性和严肃性。

（2）会计监督具有连续性。会计要对单位经济活动的全过程进行监督，包括事后监督、事中监督及事前监督。会计的事后监督是对已经发生的经济活动以及相应的核算资料进行审查和分析，以便保证经济活动合法、合理、有效地进行，一般只能在会计期间结束以后进行；事中监督是对正在发生的经济活动及取得的核算资料进行审查，及时发现问题，并以此纠正经济活动进程中的偏差及失误，促使有关部门合理组织经济活动，使其按照预定的目标及规定的要求进行，发挥事中控制经济活动进程的作用；事前监督是在经济活动开始前进行的监督，即审查未来的经济活动是否符合有关法令、政策的规定，是否符合商品经济规律的要求，在经济上是否可行，是否符合相关法规，避免产生经营风险。

加强各阶段的监督，尤其是事前与事中的监督，对于充分发挥会计在管理中的作用具有十分重要的意义。因为，事后监督只能根据出现的问题调整未来的方案，无法减少已经产生的损失。但是事前与事中监督做得好，则既能优化方案，又能及时调整方案，避免或减少损失。

3. 会计两大基本职能的关系

会计的核算职能与监督职能是相互联系、相辅相成的。只有在对经济业务活动进行正确核算的基础上，才能提供可靠资料作为监督依据。同时，也只有做好会计监督，保证经济业务按要求进行并达到预期目标，才能发挥会计核算的作用。两大职能密切配合，在经济管理活动中发挥着重要作用。

因此，核算职能是监督职能的基础，没有核算职能提供的信息，就不可能进行有效的会计监督，因为如果没有会计核算提供可靠、完整的会计资料，会计监督就失去了前提；而监督职能又是核算职能的保证，没有监督职能，核算就失去了保障，也就不能发挥会计管理的能动作用，会计核算也就失去了存在的意义。因此，会计的核算职能和监督职能是紧密结合、相互依赖、不可分割的，同时又是辩证统一的。

4. 会计基本职能的拓展

随着社会的发展、技术的进步、经济关系的复杂化和管理需求的提高，大量的科学管理方法和电子信息技术被引入会计领域，会计的基本职能不断发生变化，派生出许多会计的新职能。例如，目前国内会计学界比较流行的是"六职能"学说，即会计具有"反映经济情况、监督经济活动、控制经济过程、分析经济效果、预测经济前景、参与经济决策"六项职能，并认为这六项职能也是密切结合、相辅相成的。其中，两项基本职能是四项新职能的基础；而四项新职能又是两项基本职能的延伸。在"六职能"学说中，会计管理活动论得到了进一步的体现。

1.3.2 会计地位

1. 会计是管理的工具

这是一种关于会计地位的传统认识。其主要论点是，会计只不过是一种定量反映经济活动变化的技术方法，是管理经济的工具，其基本目标是提供管理必需的经济信息。固然会计是管理运用的重要工具，但是会计本身也在利用信息控制经济活动及效益，是一种能动的管理活动。因此，会计是管理工具，但会计不只作为管理工具而存在，"管理工具论"不能正确解决会计地位问题。

2. 会计是管理的参谋

这是关于会计地位的一种很有代表性并颇受赞同的观点。这种观点认为：会计在反映经济活动情况的基础上还借助各种信息去管理再生产过程。会计管理经济活动，具有参与性的特点，而不像其他职能管理那样对某一特定领域直接管理，会计人员在企业里居于参谋或顾问地位。我们必须看到，会计确实参与了管理，其他业务管理顺利进行也离不开会计的积极参与。但仅看到这一点是远远不够的，会计并不只是参与管理，会计工作本身具有反映经济情况、监督经济活动、控制经济过程、分析经济效果、预测经济前景、参与经济决策等丰富的内容，相对于其他管理，是一种综合性更强的重要经济管理。"参与管理论"也不能正确解决会计地位问题。

3. 会计是独立的管理活动

会计发展的历史与现实表明，会计是一种有目的、能动的、独立的管理活动，是经济管理的重要组成部分，在经济管理中比其他职能管理具有更重要的地位。会计工作有独立的机构、专职人员、完整的制度、明确的职能、专门的管理对象，会计人员在单位中是重要的经济管理者。会计理论已发展成为现代经济管理中独立、系统、科学的理论体系，对经济活动和社会实践具有特别重要的指导意义。如果会计不能称为管理活动，在经济管理中不能谋得一个独立管理的地位，管理原理就成了不普遍适用的知识。会计是独立的管理活动，能比较真实地反映会计在现代经济管理中的地位，对会计地位的这种认识，将有助于人们对会计本质、对象、职能、作用的理解，有助于会计原则、准则、制度及方法的完善。

1.3.3 会计任务

会计任务是指根据会计的职能而规定的会计应该完成的工作和所要达到的目的。它是会计职能的具体化，也是发挥会计作用的前提。会计任务取决于会计的职能和经济管理的要求，并受会计对象的特点所制约。

（1）会计职能决定着会计任务。会计只能完成与其职能相符的任务，否则，会计的任务就会落空，会计的目标就难以实现。

（2）会计任务取决于经济管理要求。经济管理要求的高低决定会计任务的繁简。

（3）会计任务受到会计对象特点的制约。不同行业和不同部门的会计对象具有自身的特点，决定了其会计任务不可能完全相同。

但是，基于会计的本质是一项经济管理活动，而管理的目的就是提高经济效益，提高经济效益便是会计的根本任务。

具体来说，会计的任务包括以下内容。

第一，反映和监督各会计主体对财经法规、会计准则和会计制度的执行情况，维护财经纪律。贯彻执行国家的财经法规、会计准则和会计制度，是各会计主体进行经济活动的首要原则。因此，会计在反映经济活动、提供会计信息的同时，还应以有关的财经法规、准则和制度为依据，对经济活动的合法性、合规性实行必要的监督。对于违反财经法规、准则和制度的行为，应及时予以制止和揭露。

第二，反映和监督各会计主体的经济活动和财务收支，提供会计信息，加强经营管理。各会计主体为了管好自身的经济活动，加强经营管理，提高经济效益，必须了解和掌握各项经济活动的进行情况。会计能够运用专门的程序和方法，对各项经济活动进行全面、系统、及时、准确的反映，从而为信息使用者提供与决策和管理有关的信息，并揭示经济管理中存在的问题及其产生的原因，进而促使管理当局改进经营管理，提高经济效益。

第三，充分利用会计信息及其他有关资料，预测经济前景，参与经营决策。前文已经提到，随着生产的发展、经济关系的复杂化和管理理论的加强，会计基本职能的内涵和外延都得到了发展，会计的新职能不断出现。与之对应，作为会计职能具体化的会计任务也必须进行改革，要变事后监督为全程监督。也就是说，会计不仅要对经济活动和财务收支进行事后的反映和监督，而且，要在掌握历史资料的基础上，根据经营管理的要求对经济前景作出预测，还要通过对备选方案的测算和比较，积极地参与经营决策。

1.4 会计方法与会计循环

1.4.1 会计方法体系

会计方法是用来核算和监督会计对象，完成会计任务的手段。研究和运用会计方法是为了实现会计的目标，更好地完成会计任务。会计方法是从会计实践中总结出来的，并随着社会实践的发展、科学技术的进步以及管理要求的提高而不断地发展和完善。会计方法是用来核算和监督会计对象的，由于会计对象具有多样性和复杂性的特点，从而决定了预测、反映、监督、检查和分析会计对象的手段不是单一的方法，而是一个方法体系。随着会计职能的扩展和管理要求的提高，这个方法体系也将不断地发展和完善。会计方法体系主要包括如下内容。

（1）会计核算方法。会计核算方法指对会计主体已经发生的经济活动进行连续、系统、完整的核算和监督所应用的方法，即对经济活动事项进行确认、计量、记录和报告所使用的方法。通俗地讲就是记账、算账和报账的方法。

（2）会计分析方法。会计分析方法主要是指利用会计核算的资料，考核并说明各单位经济活动的效果，在分析过去的基础上，提出指导未来经济活动的计划、预算和备选方案，并对它们的报告结果进行分析和评价的方法。

（3）会计检查方法。会计检查方法主要是指根据会计核算，检查各单位的经济活动是否合理、合法，会计核算资料是否真实、正确的方法。

（4）会计预测和决策方法。会计预测和决策方法即以会计核算和会计分析的资料为基础，结合其他有关资料，对编制的未来时期的计划、预算和决策是否可行、有效等进行分析所使用的方法。

上述各种会计方法紧密联系、相互依存、相辅相成，形成了一个完整的会计方法体系。其中，会计核算方法是基础，会计分析方法是会计核算方法的继续和发展，会计检查方法是会计核算方法和会计分析方法的保证，会计预测和决策方法是会计核算方法与会计分析方法的拓展与延伸。它们既相互联系，又有相对独立性。它们所应用的具体方法各不相同，有各自的工作和研究对象，并形成了较独立的学科。

学习会计首先应从基础开始，即从掌握会计核算方法入手，而且，通常所说的会计方法，一般是指狭义的会计方法，即会计核算方法。本书主要阐述会计核算方法，至于会计分析方法、会计检查方法以及其他会计方法将在其他会计相关课程中分别加以介绍。

1.4.2 会计核算方法

会计核算方法是指执行会计程序，对经济业务进行确认、计量、记录和报告时所采用的各种专门方法。由于会计对象具有多样性和复杂性的特点，就决定了用来对其进行反映和监督的会计核算方法不能采用单一的方法形式，而应该采用方法体系的模式。因此，会计核算方法由设置会计科目及账户、复式记账、填制和审核记账凭证、登记账簿、成本计算、财产清查和编制会计报告等具体方法构成。这七种方法构成了一个完整的、科学的方法体系。

1. 设置会计科目及账户

会计科目是对会计对象的具体内容进行科学分类的名称。由于会计对象的内容是多种多样的，必须通过科学分类的方法，才能将其系统地反映出来。

账户是根据会计科目在账簿中设置的，具有一定的结构，用以反映会计对象具体内容的增减变化及其结果的一种专门方法。设置会计科目与账户，对复式记账、填制凭证、登记账簿和编制会计报告等方法的运用，具有重要意义。设置会计科目和账户是企业成立后，进行会计核算的第一项工作。通过设置会计科目和账户可以建立起会计核算的基本框架。

2. 复式记账

复式记账是与单式记账相对应的一种记账方法。这种记账方法的特点是对发生的每一项经济业务，都要以相等的金额，同时在两个或两个以上相互联系的会计账户中进行记录。如用银行存款购买材料，按照复式记账法就应该一方面记原材料的增加，另一方面记银行存款的减少。复式记账法将经济业务全面、完整地记录下来，使得不同类型会计信息之间的勾稽关系明晰，是一种科学的记账方法。它的优点就是通过账户的对应关系，可以了解有关经济业务内容的来龙去脉，并可以通过账户的平衡关系，检查有关业务的记录是否正确。

3. 填制和审核记账凭证

记账凭证是记录经济业务、明确经济责任的书面证明，是登记账簿的依据。对于已经发生的经济业务，会计要填制或取得证明经济业务发生的原始凭证，并根据该原始凭证编制记账凭证。记账凭证的编制是会计人员运用专业知识对经济业务进行会计确认、会计计量的过程。其正确性决定了会计信息的质量。因此，在会计实务中专门设置了审核岗位。审核机构和人员既要审核原始凭证的合法、合规性，又要审查记账凭证中所进行账务处理的正确性，并核对账户金额是否准确无误。只有经审核的记账凭证才能作为登记账簿的依据。填制和审核记账凭证是会计特有的一项专门方法。

4. 登记账簿

登记账簿简称"记账"，是将审核无误的记账凭证中所反映的信息，连续、系统、完整地记录到会计账簿中的方法。会计账簿按照会计账户开设，由具有专门格式的账页组成。根据会计管理的要求，会计账簿可分为总账、分类账和日记账等。登记会计账簿，可以对会计数据进行加工和整理，为经营管理和编制会计报表提供所需的资料。

5. 成本计算

成本计算就是按照特定的对象（例如某种产品、某批订单等）归集和分配生产过程中与该对象直接或间接相关的各项费用，进而将生产费用对象化，计算出各成本计算对象生产成本的专门方法。成本计算是提供会计信息的必要环节，通过成本计算，可以考核各企业的物化劳动和活劳动的耗费程度，进而为成本控制、价格决策和经营成果的确定提供有用资料。

6. 财产清查

财产清查是对各项财产物资、往来款项等进行实物盘点和清查，将清查盘点结果与账面结存相核对，以确定账实是否相符的一种专门方法。如果清查中发现账实不符，应分析原因，明确责任并调整账面记录，使账实相符。进行财产清查一方面是确保会计记录正确无误，另一方面是保证企业财产的安全完整，促使企业加强资产管理。财产清查，可以保证账实相符，从而确保财务会计报告的数据真实可靠。同时，财产清查也是加强财产物资管理、充分挖掘财产物资潜力、明确经济责任、强化会计监督的重要制度。

7. 编制财务会计报告

编制财务会计报告是定期总结会计资料、提供会计信息的一种专门方法。财务会计报告项目是根据信息使用者的需要设置的，其数据主要来源于会计账簿。会计报告是对记录于账簿的会计资料进行加工整理后产生的完整体系。目前的财务会计报告主要反映企业的财务状况、经营成果和现金流量，是信息使用者决策的主要依据。

以上这些会计核算方法反映了会计核算全过程，当会计主体（企业）的经济业务发生后，首先，要填制或取得并审核原始凭证,按照设置的会计科目和账户,运用复式记账法,编制记账凭证;其次,要根据审核无误的记账凭证登记会计账簿,然后根据会计账簿资料和有关资料,对生产经营过程中发生的各项费用进行成本计算,并依据财产清查的方法对账簿的记录加以核实;最后,在账实相符的基础上,根据会计账簿资料编制财务会计报告。在会计核算过程中,在会计科目和账户设置以及复式记账的基础上,填制和审核记账凭证是开始环节,登记会计账簿是中间环节,编制会计报告是终结环节。

在一个会计期间,会计主体(企业)所发生的经济业务,都要通过这三个环节将大量的经济业务转换为系统的会计信息。这个转换过程,就是一般称谓的会计循环。在这个循环过程中,以三个环节为联结点,联结其他的核算方法,从而构成一个完整的会计核算方法体系。

1.4.3　会计循环

会计循环是指一个会计主体在一定的会计期间,从经济业务(也称交易或事项)发生取得原始凭证并填制记账凭证开始,到登记账簿,最终编制出财务会计报告为止的一系列处理程序。它是按照划分的会计期间,周而复始进行的会计核算工作的内容。一个完整的会计循环过程中的内容可概括如下。

(1)根据原始凭证填制记账凭证,采用复式记账法为经济业务编制会计分录。

(2)根据审核无误的记账凭证登记有关账簿,包括日记账、明细分类账和总分类账。

(3)根据分类账户的记录,编制结账(调整)前试算平衡表。

(4)按照权责发生制的要求,编制调整分录并予以过账。

(5)编制结账分录并登记入账,结清损益类账户(月末或年末)和利润账户(年末)。

(6)根据全部账户数据资料,编制结账后试算平衡表。

(7)根据账户的数据资料,编制财务会计报告,包括资产负债表和利润表等。

以上七个环节全面地反映了一个会计主体在一定会计期间的会计核算工作的所有内容,构成了一个完整的会计循环。其中前三个环节属于会计主体日常的会计核算工作内容;后四个环节属于会计主体在会计期末的会计核算工作内容。

会计循环过程如图 1-1 所示。

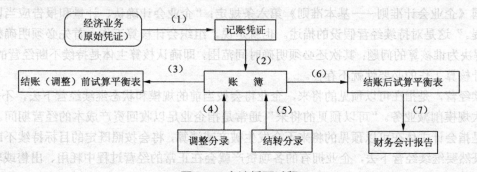

图 1-1　会计循环过程

在会计循环的过程中,我们清楚地看到,任何会计主体要核算和监督所发生的经济业务,都应采用适合的会计核算方法,而记账凭证的填制和审核、会计账簿的登记和财务会计报告的编制,就是会计主体在会计核算中常用的三种方法。持续经营的企业,会计循环正是通过各种记账凭证的填制和审核、各种账簿的登记以及各种财务会计报告的编制在每一个会计期间周而复始地不断进行形成的。

1.5 会计基本假设、会计信息质量要求及会计核算原则

1.5.1 会计基本假设

面对变化不定的经济环境和诸多的不确定性，会计核算必须设置一些假设，即会计基本假设（亦称会计基本前提），使不确定性能够确定，以进行会计核算。即在组织核算工作之前，首先解决与核算主体有关的一系列重要问题，这是全部会计工作的基础。我国《企业会计准则——基本准则》中规定，会计核算基本假设包括会计主体、持续经营、会计分期和货币计量。

1. 会计主体

我国《企业会计准则——基本准则》第五条规定："企业应当对其本身发生的交易或者事项进行会计确认、计量和报告。"该条规定确定了会计主体假设。

会计主体是指会计服务的特定单位或组织。会计主体规范了会计核算和监督的空间范围和界限，解决了会计为谁工作的问题。在会计主体假设下，企业应当对其本身发生的交易或事项进行确认、计量、记录、报告，反映企业本身所从事的各项生产经营活动。明确会计主体是开展会计确认、计量、记录、报告等工作的重要假设。会计主体假设是持续经营、会计分期和货币计量的基础，因为会计的各种要素，如资产、负债、收入、费用等，都是同特定的经济实体，即会计主体相联系的，一切核算工作都是站在特定会计主体的立场上进行的。如果会计主体不明确，资产和负债就难以界定，收入和费用便无法衡量，以划清经济责任为标准而建立的各种会计核算方法的应用便无从谈起。

会计主体与法律主体不是同一概念。一般来说，法律主体必然是会计主体，但会计主体不一定就是法律主体。会计主体可以是一个有法人资格的企业，也可以是由若干家企业通过控股关系组织起来的集团公司，还可以是企业、单位下属的二级核算单位。独资、合伙形式的企业都可以作为会计主体，但都不是法律主体。

2. 持续经营

我国《企业会计准则——基本准则》第六条规定："企业会计确认、计量和报告应当以持续经营为前提。"这是对持续经营假设的描述。也就是说，组织会计核算工作，首先必须明确核算的主体，即解决为谁核算的问题；其次还必须明确时间范围，即确认核算主体是持续不断经营的。否则，组织会计核算工作的必要性就不存在。

持续经营，是指在可以预见的将来，企业将会按当前的规模和状态继续经营下去，不会停业，也不会大规模削减业务。"可以预见的将来"通常是指企业足以收回资产成本的经营期间。持续经营假设是指会计主体在可以预见的将来不会发生破产或清算，将会按照既定的目标持续不断地经营下去。既然要继续经营下去，企业拥有的各项资产就会在正常的经营过程中耗用、出售或转换，承担的债务也会在正常的经营过程中清偿，经营成果就会不断形成。

持续经营假设还意味着会计人员可以在此基础上选择会计政策和估计方法，即会计核算所使用的一系列方法和遵循的有关要求都必须建立在会计主体持续经营的基础之上。例如，只有在持续经营的前提下，企业的资产和负债才能区分为流动的和非流动的；企业对收入、费用的确认才能采用权责发生制；企业才有必要确立会计分期假设和配比原则、划分收益性支出和资本性支出、确定历史成本等会计计量属性。

持续经营假设具有一定的主观性。因为在激烈的市场竞争中，每个企业都有可能被兼并、改造，甚至破产，但是大部分企业在一定时期内都会稳定经营。因此，除非有充分的证据表明企业已经破产或清算，否则都认为每个会计主体将无限期地持续经营下去。但是，当企业判定不再符合持续经营假设时，应当改变会计核算方法。

3. 会计分期

我国《企业会计准则——基本准则》第七条规定："企业应当划分会计期间，分期结算账目和编制财务会计报告。"这是对会计分期假设的描述。

会计分期是指将一个企业持续经营的生产经营活动期间划分为若干连续的、长短相同的期间。

会计分期假设是从持续经营假设引申出来的，是持续经营的客观要求。根据持续经营假设原理，企业只有在停止经营进入清算后，才能一次性精确计算盈亏。这显然不能满足信息使用者的要求，也使得会计的管理作用大打折扣。因此，有必要在经营期间内分期进行会计核算，以便按照会计期间及时结算账目、编制会计报表，提供会计信息。

会计期间划分的长短会影响损益的确定，一般来说，会计期间划分得越短，反映经济活动的会计信息质量就越不可靠。从一定意义上讲，将企业从成立到关闭的期间作为会计期间最真实、可靠，但这是大多数投资者不可能同意的。因此，会计期间的划分不可能太长，否则会影响会计信息使用者对及时使用会计信息需求的满足程度。

会计期间分为年度和中期。会计年度一般使用公历年度作为尺度。可以从 1 月 1 日到 12 月 31 日，也可以从 4 月 1 日到次年 3 月 31 日，或者从 7 月 1 日到次年 6 月 30 日。我国会计法规规定会计年度自公历 1 月 1 日起至 12 月 31 日止。中期是指短于一个完整的会计年度的报告期间，即在会计年度内，再划分较短的期间，如半年、季、月等。

会计分期假设有着重要的意义。有了会计分期，才产生了本期与非本期的区别，才产生了收付实现制和权责发生制，以及划分收益性支出和资本性支出、配比等要求。只有正确地划分会计期间，才能准确地提供财务状况和经营成果的资料，才能进行会计信息的对比。

4. 货币计量

我国《企业会计准则——基本准则》第八条规定："企业会计应当以货币计量。"这是对货币计量假设的描述。

货币计量是指会计主体在会计核算过程中应采用货币作为计量单位记录、反映会计主体的财务状况、经营成果和现金流量。企业使用的计量单位较多，为了全面、综合地反映企业的生产经营活动，会计核算客观上需要一种统一的计量单位作为计量尺度。货币作为商品的一般等价物，能用以计量一切资产、负债和所有者权益，以及收入、费用和利润。因此，会计必须以货币计量为前提。需要说明的是，其他计量单位，如实物、劳动工时等，在会计核算中也可使用，但不占主要地位。

对经济活动进行货币计量的习惯做法是以历史成本属性进行计量。采用历史成本属性计量，就必须假定货币本身的价值稳定不变，或者变动的幅度不大，可以忽略不计。也就是说，货币计量实际上还包括另一个重要前提，即币值稳定。在币值稳定的前提下对财产物资采用历史成本属性进行计量是目前通行的一种做法。

在我国，要求企业对所有经济业务采用同一种货币作为统一尺度来进行计量。若企业的经济业务用两种以上的货币计量，应该选用一种作为基准，该种货币称为记账本位币。记账本位币以外的货币则称为外币。我国有关会计法规规定，企业会计核算以人民币为记账本位币。业务收支以人民币以外的其他货币为主的企业，也可以选定该种货币作为记账本位币，但编制的会计报表应当折算为人民币反映。在境外设立的中国企业向国内报送的财务会计报告，应当折算为人民币。

1.5.2 会计信息质量要求

会计作为一项管理活动，其主要目的之一是向企业的利益相关者提供反映经营者受托责任和供投资者进行决策的会计信息。要达到这个目的，就必须要求会计信息具有一定的质量特征。会计信息质量的高低是评价会计工作成败的标准。根据我国《企业会计准则——基本准则》的规定，会计信息质量要求主要包括以下八大特征：可靠性、相关性、可理解性、可比性、实质重于形式、重要性、谨慎性、及时性。这些质量特征要求会计人员在处理会计业务、提供会计信息时，遵循这些对会计信息的质量要求，以便更好地为企业的利益相关者服务。

1. 可靠性原则

我国《企业会计准则——基本准则》第十二条规定："企业应当以实际发生的交易或者事项为依据进行会计确认、计量和报告，如实反映符合确认和计量要求的各项会计要素及其他相关信息，保证会计信息真实可靠、内容完整。"

可靠性，也称客观性、真实性，要求企业应当以实际发生的交易或事项为依据进行会计确认、计量和报告，如实反映符合会计确认和计量要求的会计信息及其他相关信息，保证会计信息真实可靠、内容完整。具体包括以下要求。

（1）企业应当以实际发生的交易或事项为依据进行会计处理，不能以虚假交易或事项为依据进行会计处理。

（2）企业应当如实反映其应反映的交易或事项，将符合会计要素定义及确认条件的会计要素等如实反映在报表中，刻画企业生产经营活动的真实面貌。

（3）企业应当在符合重要性和成本效益原则的前提下，保证会计信息的完整性，其中包括编制的报表和附注的完整性，不能随意减少应予以披露的信息。

可靠性是会计信息质量的基本特征。财务会计报告的目标是向会计信息使用者提供对其决策有用的信息，这是会计工作的首要职责。当然，有用的信息首先应当是真实的，如果会计信息不能保证其真实性，会计工作就失去了存在的意义。因此，会计人员应当以能证明经济业务发生的合法凭证为依据进行会计确认、计量和报告。需要说明的是，由于某些影响会计核算的因素通过主观估计才能确定，如固定资产折旧额、存货跌价准备、坏账损失等。为满足谨慎性原则的需要，这些事项在没有实际发生时就必须进行确认，而并不能由此认为相应的会计处理违背了可靠性原则，因为，只有对这些事项进行合理估计，才能使会计信息资料更加有用。

2. 相关性原则

我国《企业会计准则——基本准则》第十三条规定："企业提供的会计信息应当与财务会计报告使用者的经济决策需要相关，有助于财务会计报告使用者对企业过去、现在或者未来的情况作出评价或者预测。"

相关性又称有用性。相关性原则所指的相关性，是指会计信息要成为有用或者具有价值的信息，就必须与使用者的决策需要相关，有助于决策或者提高决策水平。当信息通过帮助使用者评价过去、现在或未来的事项或者通过确证或纠正使用者过去的评价，影响使用者的经济决策时，信息就具有相关性。这就要求信息具有预测价值和确证价值（亦称反馈价值），信息的预测价值和确证价值是可以统一的。

相关性原则也是会计信息质量的一项基本要求。它是会计工作和会计信息本质的体现，因为会计的目标就是向信息使用者提供会计信息。只有对信息使用者决策有用的信息，才是会计应当披露的信息。

3. 可理解性原则

我国《企业会计准则——基本准则》第十四条规定："企业提供的会计信息应当清晰明了，便于财务会计报告使用者理解和使用。"

可理解性，也称明晰性，是对会计信息质量的一项重要要求。提供会计信息的目的在于使用，要使用就必须了解会计信息的内涵，明确会计信息的内容，如果无法做到这一点，就谈不上对决策有用。信息是否被使用者所理解，取决于信息本身是否易懂，也取决于使用者理解信息能力的强弱。可理解性是决策者与决策有用性的连接点，如果信息不能被决策者所理解，那么这种信息毫无用处。因此，可理解性不仅是信息的一种质量标准，也是一个与信息使用者有关的质量标准。会计人员应尽可能传递、表达易被人理解的会计信息，而使用者也应设法提高自身的综合素养，以增强理解会计信息的能力。

鉴于会计信息的专业性较强，在强调会计信息可理解性要求的同时，应假定会计信息使用者具有一定的会计专业知识，并且愿意研究会计信息。对于复杂的会计信息，为便于理解，应当在财务报告中予以充分披露。

4. 可比性原则

我国《企业会计准则——基本准则》第十五条规定："企业提供的会计信息应当具有可比性。"

可比性原则是指企业提供的会计信息应当具有可比性。可比性原则包含两层含义。一层是要求同一企业不同时期发生的相同或者相似的交易或者事项，应当采用一致的会计政策，不得随意变更。另一层是要求不同企业发生的相同或者相似的交易或者事项，应当采用规定的会计政策，确保会计信息口径一致，相互可比。

实际上，可比性原则既要求同一企业不同会计期间的会计信息能够纵向可比，也要求不同企业在同一会计期间的会计信息能够横向可比。因此，对整个企业及其不同时点以及对不同企业而言，同类交易或事项的计量和报告，都必须采用一致的方法。

需要说明的是，会计信息的可比不是绝对可比，而是相对可比。因为，在《企业会计准则》中，对于同一项会计事项的处理方法可有多种选择。例如，发出存货的计价方法有先进先出法、加权平均法和个别计价法三种选择，企业选择不同的方法，则期末存货成本和产品销售成本就会出现不同的结果。可比性原则要求同一企业使用的会计处理程序和方法应当尽可能前后各期保持一致，不得随意变更，但并不绝对禁止会计政策的变更。

我国《企业会计准则第 28 号——会计政策、会计估计变更和差错更正》中规定，发生以下情况时，可以变更会计政策：①法律、行政法规或者国家统一的会计制度等要求变更；②会计政策变更能够提供更可靠、更相关的会计信息。

限制企业随意变更会计政策是因为：①企业如果变更了会计政策，则该企业前后期的会计数据可比性就会降低；②可有效防止企业通过变更会计政策粉饰会计报表的行为。

5. 实质重于形式原则

我国《企业会计准则——基本准则》第十六条规定："企业应当按照交易或者事项的经济实质进行会计确认、计量和报告，不应仅以交易或者事项的法律形式为依据。"

实质是指交易或事项的经济实质，形式是指会计核算依据的法律形式。会计核算时应按照交易或事项的经济实质进行核算，而不能按照其法律形式进行核算，如果企业仅以交易或事项的法律形式进行会计处理，容易导致会计信息失真。

实质重于形式就是要求在对会计要素进行确认和计量时，应重视交易的实质，而不管其采用何种形式。如，融资租入固定资产，其所有权（法律形式）并不属于企业，但其已经是企业控制和使用的资产（经济实质），按实质重于形式原则可视同企业的自有资产进行核算，即注重交易和事项的经济实质，而不完全拘泥于其法律形式。又如，企业按照销售合同销售商品但又签订了售后回购协议，虽然从法律形式上实现了收入，但如果没有满足收入确认的各项条件，即使签订了商品销售合同或者已将商品交付给购货方，也不应当确认销售收入。

6. 重要性原则

我国《企业会计准则——基本准则》第十七条规定："企业提供的会计信息应当反映与企业财务状况、经营成果和现金流量等有关的所有重要交易或者事项。"

重要性是指财务报告在全面反映企业财务状况和经营成果的同时，应区别不同交易或事项的重要性程度而采用不同的会计处理程序和方法。具体来说，对于影响会计信息使用者决策的重要交易或事项，应当分别核算，单独反映，并在会计报表中重点说明；对会计信息使用者决策影响不大的交易或事项，则可适当简化核算手续，在会计报表中简化或合并反映。

若企业会计信息的省略或错报会影响会计信息使用者据此作出正确决策，该信息就具有重要性。重要性没有统一的标准，需要根据会计人员的职业判断来确定，判断的标准通常有两个方面：在质的方面，如果提供的某种交易或事项的会计信息对决策者的决策有影响，说明该信息具有重要性，会计上应单独披露；在量的方面，如果某一交易或事项的金额占该类交易或事项的金额达到一定比例，就具有重要性。

7. 谨慎性原则

我国《企业会计准则——基本准则》第十八条规定："企业对交易或者事项进行会计确认、计量和报告应当保持应有的谨慎，不应高估资产或者收益、低估负债或者费用。"

谨慎性，又称稳健性，是指在处理具有不确定性的经济业务时，应持谨慎态度，要求当某些会计事项有若干种会计处理方法可供选择时，应尽可能选择不会虚增企业会计利润和夸大所有者权益的方法。在社会生产力发展到一定时期，企业的经济活动面临许多风险和不确定性的情况下，会计核算应尽可能减少经营者的风险负担，应尽量低估企业的资产或收益，对可能发生的负债或费用则要算足。但是谨慎性的应用不允许企业故意低估资产或收益，故意高估负债或费用。如果谨慎性应用不当，将不符合会计信息的可靠性和相关性原则，从而损害会计信息的质量。

谨慎性原则在会计核算中有很多应用。例如，固定资产的加速折旧法，计提各种资产的减值准备，计提坏账准备等。应用这些方法，会计在一定程度上预计了经营风险，这将有利于企业化解风险，有利于保护投资者与债权人的权益，有利于提高企业的市场竞争力。当然，谨慎性原则并不意味着可以任意提取各种准备。滥用谨慎性原则会造成会计信息的扭曲和失真，甚至造成会计核算秩序的混乱。

8. 及时性原则

我国《企业会计准则——基本准则》第十九条规定："企业对于已经发生的交易或者事项，应当及时进行会计确认、计量和报告，不得提前或者延后。"

由于会计分期的存在，企业如果不能及时提供会计信息，即使是可靠的、相关的会计信息，也可能会失去时效性，从而降低会计信息的相关性。为了保证及时提供会计信息，企业应及时地收集、处理各种原始凭证，及时按照规定对发生的交易或事项进行会计处理，及时传递会计信息。当然，在会计实务中，及时提供会计信息可能会损坏可靠性。企业可能需要权衡及时报告与提供可靠信息的优缺点，在及时性和可靠性之间达到平衡，以最佳地满足使用者的经济决策需要为判断标准。

在市场环境变化莫测的今天，信息使用者对信息及时性的要求越来越高，甚至希望获得实时的会计信息。根据及时性原则，会计核算应当做到：①及时收集会计数据；②及时对所收集的会计数据进行会计处理，及时编制会计报表；③及时将会计信息提供给信息使用者。

对于上述八项会计信息的质量特征，在实务中，会计人员常常需要在各种特征之间进行权衡或取舍。其目的一般是达到质量特征之间的适当平衡，以便实现财务报告的目标。质量特征在不同情况下的相对重要性，属于会计人员的职业判断问题。

1.5.3 会计核算原则

1. 权责发生制与收付实现制

（1）权责发生制，也称应计制或应收应付制。它以权利或责任的发生与否为标准，即将应收应付作为确定本期收入和费用的标准。也就是说，凡应归属为本期的收入，不管其款项是否收到，都应作为本期的收入；凡应归属为本期的费用，不管款项是否付出，都应作为本期的费用。反之，凡不应归属本期的收入，即使款项在本期收到，也不作为本期收入；凡不应归属本期的费用，即使款项已经付出，也不能作为本期的费用。确定收入、费用归属期的标志是这项收入、费用的受益期。

权责发生制的优点是：能正确反映各个会计期间已实现的收入和应当负担的费用，从而可以把各期的收入与其相关的费用进行配比，能够更加真实、公允地反映特定会计期间的财务状况和经营成果。我国会计基本准则中明确规定，企业会计的确认、计量和报告应当以权责发生制为基础。因此，企业确认收入和费用应以权责发生制作为基础。相对于收付实现制而言，权责发生制的缺点是使会计账务处理变得复杂，主要是为了恰当地反映企业某一会计期间的经营成果，期末须进行账项调整。

（2）收付实现制，也称现金制或实收实付制。它以款项的实际收付作为确定本期收入和费用的标准。凡是本期实际收到的款项和实际支付的款项，不管其是否应归属为本期的收入和费用，都作为本期的收入和费用；反之，凡本期未实际收到的款项和未实际支付的款项，即使应归属为本期的收入和费用，也不能作为本期的收入和费用。

采用收付实现制确定本期收入和费用的方法，会计处理简便、直观，易于理解，会计期末不需要对账簿记录进行账项调整。但这种方法存在缺陷，既不符合配比原则的要求，也无法合理计算各会计期间的损益，不利于各期财务成果的均衡。它主要适用于行政单位和不实行成本核算的事业单位以及小型零售商店等。

2. 收益性支出与资本性支出

经济活动的业务支出对企业的影响有两大类型：一种为影响本期业绩，另一种为影响若干期的业绩。凡支出的效益仅与本会计年度相关的，称为收益性支出；凡支出的效益与几个会计年度相关的，称为资本性支出。收益性支出与资本性支出的划分是否恰当，直接决定着企业财务状况和经营成果能否正确反映。如果把资本性支出作为收益性支出，即费用处理，就会减少当期的资产价值，增加当期的费用，从而减少当期的利润。相反，如果把收益性支出作为资本性支出，即资产处理，就会增加当期的资产价值，减少当期的费用，从而增加当期的利润。

一般说来，一项支出属于收益性支出还是资本性支出，通常以该项支出的受益期间长短为准。但一项支出属于下述情形之一时，在实务处理上可以采用简化的办法，作为收益性支出处理：①支出的数额较小；②未来的效益不多；③未来的效益很难合理衡量。因此，在会计确认实务中，很多企业往往规定，支出数额小于一定金额的资本性支出，有时也能够作为收益性支出，直接计入当期损益。

企业购买商品（以供销售）和购买原材料（以制作可供出售的商品）的支出，属于收益性支出。以购买原材料支出为例，原材料支出在一个年度内可以变现收回，也就是它作为原材料费用计入产品成本，会经历一个过程：原材料—生产成本—库存商品—主营业务成本（同时确认收入收回现金）—本年利润。这个过程都在一个营业周期内完成，多数企业的一个营业周期不超过一个会计年度。营业周期是从取得存货开始到销售存货并收回现金为止的时间。

有时出现的情况是费用性支出的资本化。这发生于企业在一项固定资产上产生了费用性支出的情况。下面这个例子能够很好地说明这一点：正在扩建新办公楼的工人的工资支出。一般来说，工资属于费用性支出。但在这个例子中，工资是付给建筑工人的，新建筑物发生的支出应属于资本性支出。所以，这些工资支出直接增加了现存固定资产的价值，应当资本化，付给建筑工人的工资应按资本性支出处理。法律费用一般是费用性支出。然而，在购买土地或房产的财产转让过程中产生的法律费用，或现存建筑物的扩建过程中发生的法律费用，也应该资本化。因为这些费用支出直接与固定资产的购买相关。

一项融资费用或借款费用发生时，只有用于符合资本化条件的资产的购建或者生产，该项融资费用才能予以资本化。符合资本化条件的资产，是指需要经过相当长时间（一年或一年以上）的购建或者生产活动才能达到预定可使用或者可销售状态的固定资产、投资性房地产和存货等资产。

3. 配比原则

利润的确定是会计的一个核心问题，配比原则的核心是正确计算利润。利润确认与计量的正确程度取决于：①如何确认收入和费用；②如何正确地将收入和费用进行配比。

配比原则是指收入与其相关的费用应当相互配合，必须在同一会计期间登记入账，不得脱节，不得提前或延迟。将归属于某一会计期间的"一切收入"与其相关的"一切费用"相比较，确定企业的利润，以便于正确反映企业的经营成果，为业绩评价和经营管理决策提供有用的信息。

收入与费用配比有两种基本方式。①先确认期间收入，再确认与其相关的期间费用，从而确定期间损益。这种方式为一般企业所采用。②先确定期间费用，再估计相应的期间收入，计算期间损益。如长期建造工程一般要跨越好几个年度，各个年度所发生的费用都有详细的记录，但收入必须待整个工程结束后才能确定，为了正确反映各期的经营业绩，满足工程进度管理控制的需要，只能采用第二种方式。

运用配比原则时，需要注意几个问题。①收入与费用的配合在空间上要保持一致。②收入与费用的配合在时间上要保持一致。③收入与费用之间要具有因果关系。一般说来，收入与费用具有因果关系。如果收入要待未来期间实现，相应的费用就得递延分配于未来实际受益期间。④收入与费用的实际配合，不能把其因果关系绝对化。如销售费用中的广告费就并不一定与某些营业收入项目之间存在因果关系；另外，营业外收入与营业外支出比较确定营业外损益时，收入与费用并不存在因果关系。

收入与费用配比有两种具体的计算方法。①完全配比。完全配比是指将所有能归属的费用，包括直接与间接费用，全部归属于相应的产品劳务生产或销售，计算出各种产品劳务的销售利润，并以销售利润为会计计算目标。②期间配比。期间配比是指将企业所发生的各种费用，分为三个部分：生产经营活动消耗性费用，即制造费用；生产经营期间消耗性费用，即期间费用；与生产经营活动消耗无关的费用，即营业外支出。企业收入扣除生产经营活动消耗性费用为销货毛利，销货毛利扣除生产经营期间消耗性费用为营业利润，营业利润再扣除与生产经营活动消耗无关的费用为利润总额。在期间配比下，会计以利润总额为计算目标。

习题

一、思考题

（1）会计是如何产生和发展的？如何理解会计是一项管理活动？

（2）何谓会计目标？作为会计信息使用者，投资人、债权人关注会计信息的重点是什么？

（3）会计有哪些基本职能？这些基本职能之间的关系如何？

（4）会计假设包括哪些内容？各自的含义是什么？

（5）我国企业会计准则中关于会计期间的划分是如何规定的？

（6）什么是会计信息质量特征？包括哪些内容？

（7）各项会计信息质量特征之间有何关系？如何权衡它们之间的关系？

（8）相关性和可靠性受到其他哪些会计信息质量特征的制约？

（9）会计的方法包括哪些内容？它们之间的关系如何？

二、判断题

（1）会计核算方法之间没有关系。　　　　　　　　　　　　　　　　　　　　（　　）

（2）会计"受托责任观"对于强化责任意识没有启发。　　　　　　　　　　　（　　）

🔍 知识拓展——我国会计准则的国际趋同

改革开放以后，我国逐步开始将会计纳入法律体系。并且在对外开放的形势下，为了顺应经济全球化的趋势，促进经济发展，秉持"向国际惯例靠拢"的方针，我国开始向国际上比较成熟的会计准则靠近。

20世纪70年代全球贸易一体化以来，各国会计准则开始逐步与国际财务报告准则趋同。

微课堂

我国会计发展历程
介绍

中国会计准则实现国际等效有利于"走出去"战略的贯彻落实。会计准则的"等效"重点强调与各个目标国会计制度、会计准则在一定程度上相互认可，在会计准则的实际应用上有很大程度的一致性。

通过一系列努力，2008年4月我国会计准则与欧盟实现等效，在过渡期内中国证券发行者进入欧洲市场时可以使用中国会计准则，不需要根据欧盟境内市场采用的国际财务报告准则调整财务报表。自2013年"一带一路"倡议提出以来，中国与沿线各国的经济贸易交流不断深入，同步促进了与沿线各国之间的会计制度的等效。

我国各有关方面陆续颁布并执行了相关制度政策。如1992年财政部出台首部《企业会计准则》，2006年又颁布新《企业会计准则》，并于2007年开始全面实施新企业会计准则体系。此外，财政部于2010年4月出台《中国企业会计准则与国际财务报告准则持续趋同路线图》，又于2014年新增修订了八项企业会计准则及一项补充规定。随后，财政部于2017年修订发布了《企业会计准则第14号——收入》《企业会计准则第22号——金融工具确认和计量》《企业会计准则第23号——金融资产转移》《企业会计准则第24号——套期会计》，并于2018年发布了修订的《企业会计准则第21号——租赁》等。我国在会计制度的国际趋同方面不断深化研究，从开始的会计协调到趋同，不断地改进方针，结合我国国情优化我国的会计制度。

📋 关键术语

会计	账户	复式记账	会计循环	会计目标	会计基本假设	会计核算原则
会计主体	配比原则	收益性支出	资本性支出	财务会计	管理会计	

第2章 会计要素与会计等式

会计要素是对会计对象具体内容按经济特征所进行的基本分类。为了使学生掌握会计要素的概念并全面理解六类会计要素的内容及会计六要素之间的关系，本章首先介绍了会计对象和会计要素的概念、构成和基本特征；其次重点分析了资产、负债、所有者权益、收入、费用和利润六大会计要素的分类及内容；再次阐述了会计要素确认和计量的相关概念和要求；最后，阐述了会计等式，并结合业务详细分析了会计要素之间的恒等关系。

育人目标

（1）明白投资者享有的是剩余索取权，债权人权益应得到优先清偿；
（2）树立保护债权人和投资者财产安全的意识；
（3）培养有责任、有担当的精神。

教学目标

（1）理解会计对象的含义与资金运动；
（2）了解会计要素的定义及其构成内容；
（3）理解六大会计要素的定义、特征，熟悉六大会计要素的内容及其确认条件；
（4）理解会计要素计量单位和计量属性；
（5）熟练掌握会计等式，重点掌握经济业务的变化类型并分析其对会计等式的影响。

2.1 会计对象

2.1.1 会计对象的含义

会计对象，即会计核算和监督的内容，也就是社会再生产过程中的资金运动。

社会再生产过程由生产、分配、交换和消费四个相互联系的环节所构成，包括各种各样的经济活动，既有实物运动，又有价值运动。任何一个企业要想从事经营活动，必须拥有一定的物质基础，如工业企业想制造产品，必须拥有厂房、建筑物、机器设备、材料物资，将劳动资料、劳动对象和劳动者相结合后，才能生产出劳动产品。可见，物质基础是进行生产经营活动的前提。而在市场经济条件下，这些物资又都属于商品，有商品就要有衡量商品价值的尺度，即商品价值一般等价物——货币。当各项财产物资用货币来计量其价值时，我们就得到一个会计概念，即资金。资金是社会再生产过程中各项财产物资的货币表现以及货币本身。也就是说，进行生产经营活动的前提是拥有资金。因此，在商品经济条件下，会计核算和监督的内容是那些能够用货币表现的资金运动。

由于不同的会计主体在国民经济中所处地位和作用不同，它们的经济活动内容和所应达到的目标也不一样，因此，每个会计主体的经济活动所包括的具体内容、形式也不相同，从而使会计核算和监督的具体内容产生差异。为进一步了解不同组织单位的会计核算和监督内容，以下分别以产品制造企业、商品流通企业和行政事业单位为例来加以说明。

2.1.2　产品制造企业的资金运动

产品制造企业的主要经济活动是生产和销售产品，为社会提供产品或劳务。同时，也为投资者和企业自身赚取利润，以满足国家经济发展的需要，满足企业自身扩大再生产的需要。产品制造企业生产经营活动主要分为供应、生产和销售三个阶段。

为了正常地从事产品生产经营活动，企业必须拥有一定的财产物资或者经营资金。企业取得经营资金的渠道主要有向银行借款和投资者投入资金。企业用筹集到的资金购买经营所需的厂房、设备、交通运输工具等财产物资，就标志着企业生产经营活动进入第一阶段，即供应过程。供应过程是生产的储备过程，主要为产品生产提供所需原材料。在供应过程中，企业用货币资金购买材料物资、支付材料运输及装卸费用等，并将所购材料存放在仓库备用。这时货币资金形态就转化为储备资金形态。

企业生产经营活动的第二阶段是生产过程。生产过程是各种劳动资料的消耗过程。在生产过程中，车间从仓库领用材料投入生产，生产工人借助劳动工具对材料进行加工，使其改变原有的实物形态，变为半成品，最后形成产成品。在这个过程中，除要消耗各种材料物资外，机器设备也会发生磨损。同时，还要支付生产工人工资及其他相关费用等。这些物化劳动和活劳动的耗费，形成了产品的使用价值和价值。这时，储备资金形态及部分货币资金形态转化为生产资金（在产品、半成品）形态。等到产品生产完工，产成品验收入库后，生产资金形态转化为成品资金形态。

企业生产经营活动的第三阶段是销售过程。销售过程是企业实现产品价值、取得收入、抵偿消耗、获得盈利的过程。在销售过程中，企业主要通过对产品进行包装、运输、广告宣传等活动，将产品销售出去，并收回货币资金。这时，成品资金形态又转化为货币资金形态。

资金从货币资金形态开始，经过储备资金形态、生产资金形态、成品资金形态，又回到货币资金形态的过程就是资金循环。企业生产经营活动是连续不断的，资金循环也是不断进行的，这个过程就是资金周转。产品制造企业会计核算和监督的内容就是企业的资金循环过程。产品制造企业资金循环如图 2-1 所示。

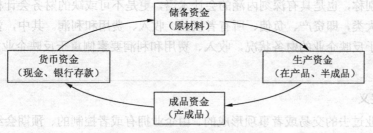

图 2-1　产品制造企业资金循环

2.1.3　商品流通企业的资金运动

商品流通企业的主要经营活动是组织商品流通，满足市场对各种商品的需要，并为投资者赚取利润，为企业自身发展积累资金。它的经营活动与产品制造企业的有所不同。

商品流通企业的经营主要分为商品购进和商品销售两个过程。在前一个过程中，主要是采购商品，此时货币资金转换为商品资金；在后一个过程中，主要是销售商品，此时资金又由商品资金转换为货币资金，补偿原来的支出后，获得利润。同样，利润也需按国家有关制度的规定进行分配，商品流通企业便完成了一个经营活动过程。商品流通企业会计核算和监督的内容可以概括为企业的价值运动，具体包括价值的投入与退出、价值的循环与周转、价值的耗费与收回等方面。与产品制造企业相比较，商品流通企业没有生产过程，因此会计核算和监督的内容相对简单。商品流通企业资金循环如图 2-2 所示。

图 2-2　商品流通企业资金循环

2.1.4　行政事业单位的资金运动

行政事业单位为完成国家赋予的任务，同样需要一定数量的资金，但其资金来源主要是国家财政拨款。行政事业单位在正常业务活动过程中所消耗的人力、物力和财力的货币表现，即为行政费用和业务费用。一般来说，行政事业单位没有或只有很少一部分业务收入，因为费用开支主要是靠国家财政预算拨款。因此，行政事业单位的经济活动，一方面按预算从国家财政取得拨入资金，另一方面又按预算以货币资金支付各项费用。其资金运动的形式就是：资金拨入一资金付出。因此，行政事业单位会计对象的内容就是预算资金及其收支。

综上所述，不论是产品制造企业、商品流通企业，还是行政事业单位，其都是社会再生产过程中的基层单位，会计核算和监督的对象都是资金及其运动过程，正因为如此，我们可以把会计对象概括为社会再生产过程中的资金运动。

2.2　会计要素

会计要素是根据交易或事项的经济特征所确定的会计对象的基本分类。会计要素既是会计对象具体构成内容的别称，也是具有深刻内涵的会计术语，更是不可或缺的财务会计概念。会计要素按照其性质分为六大类，即资产、负债、所有者权益、收入、费用和利润。其中，资产、负债和所有者权益要素侧重于反映企业的财务状况，收入、费用和利润要素侧重于反映企业的经营成果。

2.2.1　资产

1. 资产的定义

资产是指企业过去的交易或者事项形成的、由企业拥有或者控制的、预期会给企业带来经济利益的资源。资产具有以下基本特征。

（1）资产是由企业拥有或控制的。这一特征要求企业享有某项资源的所有权，或者虽然不享有某项资源的所有权，但该资源能被企业所控制。一般来说，一项资源要确认为企业的资产，企业必须拥有这项资产的法定所有权，如企业购置的设备；或者企业虽然不拥有这项资产的所有权，但该项资产上的收益和风险已经转移到本企业，如企业融资租入的设备。

（2）资产是预期会给企业带来经济利益的资源。资产作为企业的资源，通过合理有效使用，在未来能给企业带来经济利益。也就是说，资产有能直接或者间接带来现金或现金等价物流入企业的潜力。反之，在未来不能给企业带来经济利益的资源，就不能归入企业的资产，如已明确无法收回的应收款项等。

（3）资产是由过去的交易、事项所形成的。由过去的交易、事项形成的资产才能客观、可靠地计量，因此，未来的、尚未发生的经济事项可能形成的资源不能确认资产，如企业在购货计划中列明准备购入的原材料，在购买行为没有发生时不能将其确认为资产。

2. 资产的分类

企业的资产按其流动性分为流动资产和非流动资产两大类。流动资产是指企业主要为交易目的而持有，预计在一年内或超过一年的一个正常营业周期内变现、出售或者耗用的资产，主要包括库存现金、银行存款、交易性金融资产、应收票据、应收账款、预付账款、存货等。非流动资产是指流动资产以外的资产，即不能在一年或超过一年的一个正常营业周期内变现、出售或者耗用的资产，主要包括：长期股权投资、固定资产、无形资产等。常见的资产如下。

（1）库存现金。库存现金是指存放于企业会计部门、由出纳人员经管的货币。

（2）银行存款。银行存款是指企业存放在银行或其他金融机构的、可以自由支配的资金。

（3）交易性金融资产。交易性金融资产是指企业持有的随时可以用于交易的股票、债券、基金等金融资产。企业持有此类金融资产的目的是低买高卖、赚取差价。

（4）应收票据。应收票据是指企业因销售商品或提供劳务而收到的尚未到期的商业汇票。

（5）应收账款。应收账款是指企业因销售商品或提供劳务应该收到而尚未收到的款项。应收账款是企业的一项债权。

（6）预付账款。预付账款是指企业在购买商品或接受劳务之前支付给供应商的款项。

（7）存货。存货是指企业持有的以备生产、加工使用的原材料及各种辅助材料，以备销售的商品、半成品，以备周转使用的包装物和低值易耗品等周转材料。

（8）长期股权投资。长期股权投资是指企业持有被投资企业的股权，不准备在一年内变现的投资。主要是指对子公司、合营企业和联营企业的投资。

（9）固定资产。固定资产是指使用年限在一年以上，单位价值在规定标准以上，并在使用过程中保持原来物质形态的资产，包括房屋、建筑物、机器设备、运输设备、工具器具等。

（10）无形资产。无形资产是指企业为生产商品或者提供劳务、出租给他人，或为管理目的而持有的、没有实物形态的可辨认的非货币性长期资产，包括专利权、商标、专有技术、土地使用权等。

2.2.2 负债

1. 负债的定义

负债是指企业过去的交易或者事项形成的、预期会导致经济利益流出企业的现时义务。负债具有以下基本特征。

（1）负债是企业承担的现时义务。现时义务是指企业在现行条件下已承担的义务，也就是说企业要在未来偿还该项义务。如已签订借款合同并已实际借款或者根据购销合同收到产品但货款未付等事项皆会产生应由企业现在承担的义务。

（2）负债预期会导致经济利益流出企业。负债是要用资产或劳务进行清偿的，而清偿必然导致企业未来经济利益的流出。

（3）负债是由过去的交易或事项形成的。如果是未来发生的交易或者事项形成的义务，就不属于现时义务，不是企业该承担的债务，不能确认为企业的负债。如准备借入一笔款项、计划赊购一批商品等。

2. 负债的分类

负债按其流动性，可分为流动负债和非流动负债。流动负债是指企业主要为交易目的而持有，预计在一年内或超过一年的一个正常营业周期内清偿的债务。它包括短期借款、应付票据、应付账款、预收款项、应付职工薪酬、应交税费等。非流动负债是指流动负债以外的负债，按其性质可分为长期借款、应付债券等。常见的负债如下。

（1）短期借款。短期借款是指企业向银行或其他金融机构借入的期限短于一年，主要用于补充企业流动资金的各项借款。

（2）应付票据。应付票据是指企业因购买商品或接受劳务而开给收款人或持票人特定金额和期限的商业汇票。

（3）应付账款。应付账款是指企业因购买商品或接受劳务应该支付而未支付给供应商的货款。

（4）预收账款。预收账款是指企业预先向客户收取的购买商品或接受劳务的款项。

（5）应付职工薪酬。应付职工薪酬是指企业应向员工支付的薪酬。

（6）应交税费。应交税费是指企业在从事生产经营活动中，按照税法要求计算出的各种应该向国家缴纳而尚未缴纳的税款，包括应交增值税、应交所得税、应交消费税等。

（7）长期借款。长期借款是指企业向银行或其他金融机构借入的期限超过一年的各种借款，主要用于大型工程建设、研究开发等项目。

（8）应付债券。应付债券一般是指企业为筹措大型工程建设、研究开发等项目向社会公开发行债券而筹集的长期资金。

2.2.3 所有者权益

1. 所有者权益的定义

所有者权益是指企业资产扣除负债后由所有者享有的剩余权益，反映的是投资者对企业净资产的所有权。股份有限公司的所有者权益又称为股东权益。所有者权益具有以下基本特征。

（1）除非发生减资、清算，企业不需要偿还所有者权益。

（2）所有者权益是剩余权益，所有者仅对企业的净资产享有所有权，净资产是资产减去负债后的余额。企业清算时，只有在清偿所有的负债后，所有者权益才返还给所有者。

（3）投资者可按出资比例分享企业利润，并承担企业风险。

（4）所有者权益的金额取决于资产和负债的计量，即所有者权益=资产-负债。

2. 所有者权益的来源和分类

所有者权益的来源包括所有者投入的资本、直接计入所有者权益的利得和损失、留存收益等。

（1）所有者投入的资本。所有者投入的资本既可以是现金，也可以是非现金资产，如厂房、设备、商标等。

（2）直接计入所有者权益的利得和损失。直接计入所有者权益的利得和损失是指不应计入当期损益的、会导致所有者权益发生增减变动的、与所有者投入资本或者向所有者分配利润无关的利得和损失。

利得是指由企业非日常活动所形成的、会导致所有者权益增加的、与所有者投入资本无关的经济利益的流入。损失是指由企业非日常活动所发生的、会导致所有者权益减少的、与向所有者分配利润无关的经济利益的流出。通常利得和损失有两个去向，即作为资本公积直接反映在资产负债表中或作为非经常性损益反映在利润表中。

（3）留存收益。留存收益是企业历年实现的净利润留存于企业的部分，主要包括计提的盈余公积和未分配利润。

所有者权益包括实收资本、资本公积、盈余公积和未分配利润。

（1）实收资本。实收资本是指投资者按照企业章程或合同、协议的约定实际投入企业的资本，也是企业在工商部门注册的资本。在股份有限公司称为"股本"。

（2）资本公积。资本公积是指由投资者投入但不能构成实收资本，或从其他来源取得，由所有者享有的资金。主要有资本溢价等。

（3）盈余公积。盈余公积是指企业从利润中提取的公积金，包括提取的法定盈余公积和任意盈余公积。

（4）未分配利润。未分配利润是指企业留待以后年度分配的利润。在数量上等于企业净利润扣除提取的盈余公积和分配给投资者利润后的余额。

2.2.4　收入

1. 收入的定义

收入是指企业在日常活动中形成的、会导致所有者权益增加的、与所有者投入资本无关的经济利益的总流入。收入具有以下基本特征。

（1）收入是企业在日常活动中产生的，而不是产生于偶发的交易或事项。日常活动是企业为完成其经营目标而从事的所有活动，如制造业企业出售产品取得的收入。偶发的交易或事项，是指企业并非为完成其经营目标而从事的活动，如出售固定资产所得净收益就不属于收入。收入与利得不同，收入是日常活动形成的，利得是非日常活动形成的。

（2）收入应当会导致经济利益的流入，该流入与所有者投入资本无关。

（3）收入应当最终会导致所有者权益的增加。收入既可表现为企业资产的增加，也可表现为企业负债的减少。如出售产品使银行存款、应收账款等资产增加，或抵偿原欠货款使负债减少。由于收入能使资产增加或负债减少，所以，收入能导致所有者权益增加。

（4）收入只包括本企业经济利益的总流入，不包括为第三方或客户代收的款项。如增值税、代收的利息等，不属于本企业的经济利益，不能作为本企业的收入。

2. 收入的分类

按企业从事业务活动的性质，收入主要分为销售商品收入、提供劳务收入、让渡资产使用权收入和投资收益等。

（1）销售商品收入。销售商品收入是指那些以取得货币资金或赊销方式销售商品所取得的收入。

（2）提供劳务收入。提供劳务收入是指企业为他人提供劳务时取得的收入。

（3）让渡资产使用权收入。让渡资产使用权收入是指将本企业资产提供他人使用而取得的收入，如利息收入、使用费收入等。

（4）投资收益。投资收益是指企业对外投资（包括交易性金融资产——以短期交易为目的的购买其他企业发行的股票、债券，长期股权投资）活动获取的股利、利息收入。

按照日常活动在企业所处的地位和重要性，收入可分为主营业务收入和其他业务收入。两者之和统称为营业收入。

（1）主营业务收入。主营业务收入是指企业为完成其经营目标而从事的日常活动所实现的收入，如工商企业商品销售收入、服务业企业的劳务收入等。

（2）其他业务收入。其他业务收入是指主营业务以外的其他日常活动所实现的收入，如产品制造企业销售原材料或提供非工业性劳务等取得的收入。

2.2.5　费用

1. 费用的定义

费用是指企业在日常活动中发生的、会导致所有者权益减少的、与向所有者分配利润无关的经济利益的总流出。费用具有以下几个方面的特征。

（1）费用是企业在日常活动中发生的经济利益的流出，而不是从偶发的交易或事项中发生的经济利益的流出，应严格区别于非日常活动（企业在其日常活动之外偶尔发生的活动）产生的损失。

（2）费用是与向所有者分配利润无关的经济利益的总流出。企业向所有者分配利润，会引起经济利益流出，属于对经营成果的分配，但不属于企业日常活动经济利益的流出，因此，该经济利益流出显然属于所有者权益的抵减项目，不应确认为费用。

（3）费用会导致所有者权益的减少，不会导致所有者权益减少的经济利益的总流出不应确认为费用。费用最终会导致所有者权益的减少，这是费用与收入及利润要素之间的关系所决定的。

2．费用的分类

按照费用与收入的关系，费用可以分为营业成本和期间费用。

（1）营业成本。营业成本是指销售商品或提供劳务的成本。营业成本按照其销售商品或提供劳务在企业日常活动中所处地位，可以分为主营业务成本和其他业务成本。

（2）期间费用。期间费用包括销售费用、管理费用和财务费用。销售费用是企业在销售商品、提供劳务等日常活动中发生的除营业成本以外的各项费用以及专设销售机构的各项经费，管理费用是企业行政管理部门为组织和管理生产经营活动而发生的各种费用，财务费用是企业筹集生产经营所需资金而发生的费用。

2.2.6 利润

1．利润的定义

利润是指企业在一定会计期间的经营成果，是企业在一定期间所有收入与所有费用之间的差额，包括经营业务带来的利润和非经营业务带来的利润。经营业务带来的利润是收入减去费用后的净额，非经营业务带来的利润是直接计入当期利润的利得（营业外收入）和损失（营业外支出）等。利润具有以下基本特征。

（1）利润是企业在一定期间的经营成果。经营成果可能是盈利，也可能是损失。

（2）利润是企业日常经营活动的成果。收入大于费用，则实现盈利；收入小于费用，则亏损。收入与费用之间具有因果关系，具有可重复性。

（3）直接计入当期利润的利得和损失是企业非日常活动的结果。非日常活动取得的经济利益净流入称为利得，非日常活动产生的经济利益净流出称为损失。利得与损失之间没有因果关系，因此不用进行配比。发生利得直接计入当期利润，发生损失直接扣减当期利润。利得和损失是偶发的，不具有重复性。

（4）利润不单独计量。利润金额取决于收入和费用、直接计入当期利润的利得和损失金额的计量。

2．利润的分类

利润既包括营业利润，也包括非营业利润等。

（1）营业利润。营业利润包括企业日常经营活动产生的利润和投资活动产生的投资收益。日常经营活动产生的利润主要是指销售商品和提供劳务获取的利润；投资活动产生的投资收益是投资净收益额，可以是正的投资收益，也可以是负的投资损失。利润表将公允价值变动收益、资产减值损失、资产处置收益、其他收益等也列入了营业利润。

（2）非营业利润。非营业利润是指直接计入当期利润的利得和损失，反映的是企业非日常活动的业绩。直接计入当期利润的利得和损失，是指应当计入当期损益、会导致所有者权益发生增减变动的、与所有者投入资本或者向所有者分配利润无关的利得和损失，如固定资产处置损益等。

（3）利润总额。利润总额包括来自日常活动的利润和非日常活动的利润。即：

利润总额=营业利润+非营业利润

（4）净利润。净利润是企业利润总额减去所得税费用后的差额。即：

净利润=利润总额-所得税费用

2.3 会计要素的确认与计量

2.3.1 会计要素确认

在会计实务中，会计要素确认分为初始确认和再确认两个基本环节。

（1）初始确认。

初始确认是指将经济业务纳入会计核算，通过会计凭证、账簿加以记录的过程。经济业务一般以各种显示其发生的时间、地点、内容及有关业务单位的凭证作为证明，因此，会计确认往往首先借助于审核各种原始凭证完成。通过对有关的原始凭证加以识别、判断、筛选，从中接收含有会计信息的数据，编制会计分录，把经济活动产生的大量、零乱的原始信息转化为符合会计目标要求的凭证信息，再借助于会计账簿的分类、登记、汇总和贮存，产生初步具备会计信息质量特征的簿记信息。会计初始确认主要解决某个经济业务应在什么样的会计总账与明细账中进行登记的问题。

（2）再确认。

再确认是将初始确认的会计数据加工整理后，列示于财务会计报告的过程。会计的任务是要把信息传递给使用者，其传递手段就是各种对外、对内会计报告。从簿记信息到报告信息是一个持续加工或重新归类、汇总、组合的过程，这一系列加工处理都要考虑到内部和外部信息使用者的需要。因此，会计账簿信息转化为会计报告信息就需要再确认。会计再确认主要解决会计账簿信息中哪些应当列入会计报告，或者在会计报告上应揭示多少会计信息和何种会计信息等问题。

1. 资产的确认

将一项资源确认为资产，需要符合资产的定义，并同时满足以下两个条件。

（1）与该资源有关的经济利益很可能流入企业。

只有在经济利益流入企业的可能性大于 50%时，才能确认为企业资产。

（2）该资源的成本或者价值能够可靠地计量。

可计量性是所有会计要素确认的重要前提，资产确认也是如此。

只有同时符合资产定义和资产确认条件的项目，才能确认为企业的资产，列入资产负债表；只符合资产的定义，但不符合资产确认条件的项目，不能列入资产负债表。如企业的或有资产，在很可能导致经济利益流入企业时，可以在报表附注中披露。

2. 负债的确认

将一项现时义务确认为负债，需要符合负债的定义，并同时满足以下两个条件。

（1）与该义务有关的经济利益很可能流出企业。

（2）未来流出的经济利益的金额能够可靠地计量。

只有同时符合负债定义和负债确认条件的项目，才能确认为企业的负债，列入资产负债表；只符合负债的定义，但不符合负债确认条件的项目，不能列入资产负债表。如企业的或有负债，通常只在报表附注中披露。

3. 收入的确认

收入确认是一个非常复杂的问题。本书只对收入确认标准和基本步骤做一个简单说明。收入在确认时除了应当符合收入定义外，还应当满足严格的确认条件。收入只有在经济利益很可能流入，从而导致企业资产增加或者负债减少且经济利益的流入额能够可靠计量时才能予以确认。因此，收入的确认至少应当符合以下条件：一是与收入相关的经济利益很可能流入企业，二是经济利益流入企业的结果会导致企业资产的增加或者负债的减少，三是经济利益的流入额能够可靠地计量。

4. 费用的确认

费用的确认至少应当符合以下条件。

（1）与费用相关的经济利益应当很可能流出企业。经济利益是否很可能流出企业，是费用确认的基本条件。如果经济利益很可能流出企业，则在满足其他条件时才能确认费用；如果经济利益不是很可能流出企业，或者费用流出企业的可能性小于不能流出企业的可能性，则即使满足其他确认条件，也不能确认费用。

（2）经济利益流出企业的结果会导致资产的减少或者负债的增加。

（3）经济利益流出额能够可靠计量。流出企业的经济利益只有在能够可靠计量时，才有可能确认并在利润表中加以列示；反之，则无法在利润表中加以列示。符合费用定义和费用确认条件的项目，应当列入利润表。

2.3.2 会计要素计量

1. 会计要素计量单位和计量属性的含义

（1）会计要素计量单位。进行会计要素的计量应以货币作为主要计量单位，但也会辅助采用实物和时间等计量单位，如记录采购材料的数量、记录机器运转的生产工时等。

（2）会计要素计量属性。会计可以从不同角度对会计要素进行货币计量。例如，资产会计要素可按原先取得时的原始成本（历史成本），或按现在取得时的重置成本，或按出售时的售价等计量。由于采取不同的计量属性，相同的资产就会确定为不同的金额，即相同的资产就会在价值量上表现不一样，而不是在实物量或物理量方面表现不一样。因此，会计计量属性是指会计要素（如资产或负债等）可计量的某一方面特性或外在表现形式。通俗来讲，计量属性可理解为计量会计要素时的价格标准。由于采用的计价标准不同，资产或负债的价值类型就会有不同的表现形式。

2. 会计计量属性的分类

会计计量属性主要应用于资产、负债要素的计量——它们是其他要素计量的基础。持续经营条件下，会计计量属性主要包括如下几种具体做法。

（1）历史成本。

在历史成本计量下，资产按照购置时支付的现金或者现金等价物的金额，或者按照购置资产时所付出对价的公允价值计量。负债按照因承担现时义务而实际收到的款项或者资产的金额，或者承担现时义务的合同金额，或者按照日常活动中为偿还负债预期需要支付的现金或者现金等价物的金额计量。

（2）重置成本。

在重置成本计量下，资产按照现在购买相同或者相似资产所需支付的现金或者现金等价物的金额计量。在实务中，重置成本多应用于盘盈固定资产等的计量。负债按照现在偿付该项债务所需支付的现金或者现金等价物的金额计量。

（3）可变现净值。

在可变现净值计量下，资产按照其正常对外销售所能收到现金或者现金等价物的金额扣减该资产至完工时估计将要发生的成本、销售费用以及相关税费后的金额计量。可变现净值通常应用于存货资产减值等情况下的后续计量。

（4）现值。

在现值计量下，资产按照预计从其持续使用和最终处置中所产生的未来净现金流入量的折现金额计量。负债按照预计期限内需要偿还的未来净现金流出量的折现金额计量。现值是考虑货币时间价值因素的一种计量属性，通常应用于非流动资产（如固定资产、无形资产等）可收回金额等的确定。

（5）公允价值。

在公允价值计量下，资产和负债按照在公平交易中，熟悉情况的交易双方自愿进行资产交换或者债务清偿的金额计量。

3. 各种计量属性之间的关系

（1）在各种会计要素计量属性中，历史成本通常反映的是资产或者负债过去的价值，而重置成本、可变现净值、现值以及公允价值通常反映的是资产或者负债的现时成本或者现时价值，是与历史成本相对应的计量属性。

（2）在历史成本计量属性下，资产或负债的历史成本是根据交易时有关资产或负债的公允价值确定的。另外，公允价值相对于历史成本而言，具有很强的时间概念，也就是说，当前环境下某项资产或负债的历史成本可能是过去环境下该项资产或负债的公允价值，而当前环境下某项资产或负债的公允价值也许就是未来环境下该项资产或负债的历史成本。在公允价值计量属性下，当相关资产或负债不存在活跃市场的报价或者不存在类似资产活跃市场的报价时，而在采用估值技术估计相关资产或负债的公允价值时，现值往往是比较普遍采用的一种估值方法，在这种情况下，公允价值就是以现值为基础确定的。

（3）现行的会计报表项目是以不同属性而不是以单一属性计量的，即企业的不同资产或负债项目分别采用了不同的几种计量属性。这种局面的形成，主要取决于有关项目的性质及其计量属性的相关性和可靠性。

2.4 会计等式

2.4.1 会计等式的定义及其种类

1. 会计等式的定义

会计等式，也称会计平衡公式，或会计方程式，是描述会计要素之间基本关系的表达式。

一个会计主体要开展经营活动，就必须拥有一定数量规模的经济资源，它是进行生产活动或开展业务活动的基本前提和物质基础。在会计领域，我们把企业的资源称为"资产"。企业的资产是通过一定的渠道取得的，可以从债权人（如银行）那里取得，也可以由投资者提供。但是，这些资产的使用不是无偿的，作为企业的债权人和投资者，其对企业资产拥有一定的要求权，这种要求权在会计上称为"权益"。这样，在资产和权益之间就存在着相互依存和等量关系。资产和权益实际上是同一价值运动的两个方面，资产表明企业经济资源的存在形态，权益表明资产的取得渠道。资产不能离开权益而存在，而权益也不能离开资产而存在，并且两者在数量上一定相等，这两者的平衡关系用会计等式可表述为：

$$资产=权益$$

2. 会计等式的种类

（1）静态会计等式。

静态会计等式，也称基本会计等式、第一会计等式，或存量会计等式。由于企业的资产是从两个渠道取得的，所以对资产的要求权也就是权益，也由两部分构成：一部分属于债权人，称债权人权益，会计上称为"负债"；另一部分属于投资者，称所有者权益。因此，会计等式可进一步表述为：

$$资产=负债+所有者权益$$

这一会计等式是最基本的会计平衡公式，这种表述方法的意义在于：债权人和所有者对企业资产享有的要求权不同，对企业经济活动的影响也不尽相同，两者有着本质的区别。

静态会计等式可从以下三点来加以理解。

第一，静态会计等式反映资金运动的相对静止状态，体现了同一资金的两个不同侧面：资金存在形态与资金来源渠道。

第二，静态会计等式反映各会计要素在特定时点的余额，在以货币计量时，会计等式两边金额相等。

第三，资产会随负债、所有者权益的增减而增减。

（2）动态会计等式。

动态会计等式，也称增量会计等式。在企业生产经营过程中，资产不断被消耗，形成费用，并相应获得收入。费用的发生必然带来经济利益的流出，收入的发生必然带来经济利益的流入；收入和费用相抵减，形成利润。因此，动态会计等式可表述为：

$$收入-费用=利润$$

若考虑利得和损失，等式应为：

$$收入-费用+营业外收入（利得）-营业外支出（损失）=利润$$

但在我国，利得和损失不属于会计要素。

动态会计等式可从以下三点来加以理解。

第一，动态会计等式反映资金运动的显著变动状态，变动的结果会增加资产、权益。

第二，利润的实质是企业实现的收入减去相关费用以后的差额。收入大于费用时为利润，收入小于费用时为亏损。

第三，在假定费用不变的情况下，利润会随着收入的增减而增减。在假定收入不变的情况下，利润会随着费用的增加而减少，或反之。

（3）综合会计等式。

利润是企业经济利益流入与流出的结果，最终带来所有者权益的增加。因此，企业的资产、负债、所有者权益、收入、费用和利润之间也存在着一种内在的联系，在数量关系上，可表述为：

$$资产=负债+所有者权益+利润$$
$$=负债+所有者权益+（收入-费用）$$
$$即：资产+费用=负债+所有者权益+收入$$

这就是静态与动态会计等式的综合，称为综合会计等式，是静态会计等式的进一步扩展，所以也称扩展的会计等式。

综合会计等式可从以下两点来加以理解。

第一，综合会计等式是从企业资金两个不同侧面（资金存在形态与资金来源渠道）进行的扩展。

费用为被消耗的资产（资产的特殊存在形态），负债、所有者权益为外部资金来源（来自债权人、投资者等），收入为自有资金来源（在经营活动中新创造的部分）。

第二，等式双方在金额变动的基础上达到新的平衡（收入与费用的影响所致）。

企业的收入抵减费用，计算出利润（亏损）后，利润将并入所有者权益。到会计期末，会计等式仍然表现为：

$$资产=负债+所有者权益$$

从以上分析可以看出，会计等式揭示了会计要素之间的数量关系，它是财务会计进行确认、计量、记录和报告赖以生存的基石。它为设置会计科目、复式记账、填制凭证、登记账簿和编制会计报表提供了科学的理论依据。

2.4.2 经济业务对会计等式的影响

经济业务是指能够采用会计的方法加以确认、计量、记录和报告的经济活动，简称"业务"，也称为会计交易或事项。在生产经营过程中，企业经济业务多种多样，如所有者投入资本、从银行借款、购买材料、支付工资、销售商品等，都是企业的经济业务。任何一项经济业务的发生，都必然使资产、负债等会计要素的数额发生变化，但这些变化不会影响会计等式的平衡关系。

企业经济业务对会计等式的影响，归纳起来不外乎以下九种类型。

（1）经济业务发生，导致一项资产增加，一项所有者权益增加，增加的金额相等。

（2）经济业务发生，导致一项资产增加，一项负债增加，增加的金额相等。

（3）经济业务发生，导致一项资产增加，另一项资产减少，增减金额相等。

（4）经济业务发生，导致一项负债减少，另一项负债增加，增减金额相等。

（5）经济业务发生，导致一项负债减少，一项资产减少，减少的金额相等。

（6）经济业务发生，导致一项负债减少，一项所有者权益增加，增减金额相等。

（7）经济业务发生，导致一项所有者权益减少，一项资产减少，减少的金额相等。

（8）经济业务发生，导致一项所有者权益减少，一项负债增加，增减金额相等。

（9）经济业务发生，导致一项所有者权益减少，另一项所有者权益增加，增减金额相等。

下面通过经济业务来加以分析说明。

【例2-1】东方公司20×1年年初资产总额为100万元，负债总额为20万元，所有者权益总额为80万元，资产与权益总额相等。假如东方公司20×1年发生以下资产、负债、所有者权益变动的经济业务事项。

（1）东方公司收到B公司投入资金10万元，款项已存入银行。

（2）东方公司向银行借入3个月的短期借款10万元，存入银行。

（3）东方公司以银行存款偿还以前年度所欠C公司材料款5万元。

（4）因特殊原因，经批准，东方公司退回给甲投资人投入资本2万元，并以银行存款支付。

（5）东方公司从银行提取现金2万元备用。

（6）经批准东方公司将资本公积8万元转增资本。

（7）东方公司经与银行协商，银行同意将公司所持3个月期限的短期借款10万元延缓偿还，期限为两年。

（8）东方公司经与债权人协商并经有关部门批准，将所欠10万元债务转为资本。

（9）东方公司经研究决定，向投资者分配利润2万元。

20×1年初，东方公司资产、负债、所有者权益三者之间数量保持恒等，即：

$$资产＝负债＋所有者权益$$

期初 $1\ 000\ 000 = 200\ 000 + 800\ 000$

业务1   收到B公司投入资金10万元，款项已存入银行。

这笔经济业务的发生，一方面使资产项目（银行存款）增加了100 000元，另一方面使所有者权益项目（实收资本）增加100 000元，等式两边同时增加100 000元，双方总额保持平衡。

$$资产＝负债＋所有者权益$$

变动前数额	$1\ 000\ 000 = 200\ 000 + 800\ 000$		
收到投资	$+100\ 000$	$+100\ 000$	
变动后数额	$1\ 100\ 000 = 200\ 000 + 900\ 000$		

业务2   向银行借入3个月的短期借款10万元，存入银行。

这笔经济业务，使资产项目增加了100 000元，同时企业的负债增加100 000元，等式两边同时增加100 000元，双方总额仍然保持平衡。

$$资产＝负债＋所有者权益$$

变动前数额	$1\ 100\ 000 = 200\ 000 + 900\ 000$		
借入款项	$+100\ 000$	$+100\ 000$	
变动后数额	$1\ 200\ 000 = 300\ 000 + 900\ 000$		

业务3   以银行存款偿还以前年度所欠C公司材料款5万元。

这笔经济业务的发生，使资产项目减少50 000元，同时，使负债项目减少50 000元，等式两边同时减少50 000元，不影响会计等式的平衡。

$$资产＝负债＋所有者权益$$

变动前数额	$1\ 200\ 000 = 300\ 000 + 900\ 000$		
偿还材料款	$-50\ 000$	$-50\ 000$	
变动后数额	$1\ 150\ 000 = 250\ 000 + 900\ 000$		

业务4   公司退回给甲投资人投入资本2万元。

这笔经济业务的发生，使所有者权益项目（实收资本）减少20 000元。同时，使资产项目（银行存款）减少20 000元，等式两边同时减少20 000元，不影响会计等式的平衡。

$$资产＝负债＋所有者权益$$

变动前数额	$1\ 150\ 000 = 250\ 000 + 900\ 000$		
退回投资	$-20\ 000$	$-20\ 000$	
变动后数额	$1\ 130\ 000 = 250\ 000 + 880\ 000$		

业务5   从银行提取现金2万元备用。

这笔经济业务的发生，使资产项目（库存现金）增加20 000元，同时，使资产项目（银行存款）减少20 000元，资产项目的此增彼减，总额不变，不影响会计等式的平衡。

$$资产＝负债＋所有者权益$$

变动前数额	$1\ 130\ 000 = 250\ 000 + 880\ 000$		
提取现金	$+20\ 000$		
	$-20\ 000$		
变动后数额	$1\ 130\ 000 = 250\ 000 + 880\ 000$		

业务6   东方公司将资本公积8万元转增资本。

这笔经济业务的发生，使所有者权益项目（实收资本）增加80 000元，同时，使所有者权益项目（资本公积）减少80 000元，所有者权益项目内部此增彼减，总额不变，不影响会计等式的平衡。

资产＝负债＋所有者权益

变动前数额	1 130 000 = 250 000 + 880 000	
资本公积转增资本		+ 80 000
		− 80 000
变动后数额	1 130 000 = 250 000 + 880 000	

业务7　银行同意将公司所持3个月期限的短期借款10万元延缓偿还，期限为两年。

这笔经济业务的发生，使负债项目（短期借款）减少100 000元，同时，使负债项目（长期借款）增加100 000元，负债项目内部此增彼减，总额不变，不影响会计等式的平衡。

资产＝负债＋所有者权益

变动前数额	1 130 000 = 250 000 + 880 000	
变更借款期限	+ 100 000	
	− 100 000	
变动后数额	1 130 000 = 250 000 + 880 000	

业务8　经有关部门批准，将所欠10万元债务转为资本。

这笔经济业务的发生，使负债项目（应付账款等）减少100 000元，同时，使所有者权益项目（实收资本）增加100 000元，等式右边项目此增彼减，总额不变，不影响会计等式的平衡。

资产＝负债＋所有者权益

变动前数额	1 130 000 = 250 000 + 880 000	
债务转为资本	− 100 000 + 100 000	
变动后数额	1130 000 = 150 000 + 980 000	

业务9　向投资者分配利润2万元。

这笔经济业务的发生，使所有者权益项目减少20 000元，同时，使负债项目（应付股利）增加20 000元，等式右边项目此增彼减，总额不变，也不影响会计等式的平衡。

资产　＝　负债　＋　所有者权益

变动前数额	1 130 000 = 150 000 + 980 000	
分配利润	+20 000　− 20 000	
变动后数额	1 130 000 = 170 000 + 960 000	

以上九项交易或事项也可进一步归纳为如下两类。

类型1：影响等式双方要素，双方同增或同减，增减金额相等，如上述业务1、业务2、业务3、业务4。

类型2：只影响等式某一方要素，有增有减，增减金额相等，如上述业务5、业务6、业务7、业务8、业务9。

通过对上述经济业务的分析，可以归纳得出如下结论。

① 任何一项经济业务的发生都会使资产或权益一方或者资产与权益双方的项目发生变动，变动的结果，使资产与权益总额始终保持平衡关系。

② 经济业务的发生，涉及资产与权益双方的项目变动的，会使双方总额发生增加或减少，但变动后的双方总额依然相等。

③ 经济业务的发生，只涉及资产或权益一方项目变动的，不但变动后的双方总额相等，而且双方总额保持不变。

因此，任何企业经济业务的发生，都会直接影响资产、负债和所有者权益数量上的增减变化，但始终不会破坏"资产=负债+所有者权益"这一会计等式的平衡关系。因此，会计基本等式又被称为会计恒等式。

习题

一、思考题

（1）什么是会计要素？它包括哪些内容？

（2）会计要素确认的基本环节与标准有哪些？

（3）什么是资产？资产有哪些基本特征？

（4）简述负债与所有者权益两大要素的区别？

（5）收入和费用各有哪些特征？成本与费用有何不同？

（6）什么是利润？利润由哪些内容构成？

（7）什么是会计等式？试述会计等式的基本原理。

（8）为什么企业各种经济业务的变化都不会破坏会计等式的平衡关系？

（9）会计要素确认与计量的含义是什么？在进行确认与计量时，应遵循哪些要求？

（10）为什么说保护债权人的合法权益是企业的社会责任？

二、判断题

（1）资产通常按流动性分为流动资产和非流动资产。　　　　　　　　　　　　（　　）

（2）会计要素的计量只能以货币为单位。　　　　　　　　　　　　　　　　　（　　）

（3）会计等式在任何一个时点上都是平衡的。　　　　　　　　　　　　　　　（　　）

（4）会计以存款6万元购买设备一台。该项经济业务会引起会计等式左右两方会计要素发生一增一减的变化。　　　　　　　　　　　　　　　　　　　　　　　　　　（　　）

（5）企业收到某单位还来前欠贷款2万元。该项经济业务会引起会计等式左右两方会计要素发生同时增加的变化。　　　　　　　　　　　　　　　　　　　　　　　　（　　）

三、单项选择题

（1）企业的固定资产属会计要素中的（　　）。

    A. 资产　　　　　　　　B. 负债　　　　　　　　C. 所有者权益　　　　　　D. 权益

（2）预付账款属于会计要素中的（　　）。

    A. 资产　　　　　　　　B. 负债　　　　　　　　C. 所有者权益　　　　　　D. 费用

（3）下列经济业务发生后，引起资产和负债同时减少的是（　　）。

    A. 购买材料，款项未支付　　　　　　　　　　B. 将现金存入银行

    C. 用银行存款缴纳税金　　　　　　　　　　　D. 用银行存款预付购料款

（4）考虑货币时间价值因素的计量属性是（　　）。

    A. 历史成本　　　　　　B. 可变现净值　　　　　C. 重置成本　　　　　　D. 现值

（5）下列不属于会计等式的是（　　）。

    A. 资产=负债+所有者权益　　　　　　　　　B. 收入-费用=利润

    C. 借方发生额=贷方发生额　　　　　　　　　D. 资产=负债+所有者权益+收入-费用

四、多项选择题

（1）期间费用包括（　　）。

    A. 生产成本　　　B. 管理费用　　　C. 销售费用　　　D. 财务费用

（2）所有者权益的来源包括（　　）。

    A. 所有者投入的资本　　　　　　　B. 直接计入所有者权益的利得和损失

    C. 留存收益　　　　　　　　　　　D. 客户提前支付的款项

（3）会计的计量属性包括（　　）。

    A. 历史成本　　　B. 重置成本　　　C. 可变现净值

    D. 现值　　　　　E. 公允价值

（4）（　　）会引起会计等式左右两边会计要素发生变动。

    A. 收到某单位前欠货款10 000元存入银行

    B. 以银行存款偿还银行借款

    C. 收到某单位投来机器一台，价值80万元

    D. 以银行存款偿还前欠货款10万元

（5）（　　）属于只引起会计等式左边会计要素变动的经济业务。

    A. 购买材料700元，货款暂欠　　　B. 从银行提取现金400元

    C. 购买机器一台，以存款支付9万元价款　　D. 收到某公司投资货物一批，价值60万元

知识拓展——新理念：数据是资产吗

深圳拟提立法探索数据资产入表

2021年11月12日，深圳市人大常委会办公厅发布了关于《深圳经济特区数字经济产业促进条例（征求意见稿）》（以下简称《条例（征求意见稿）》）公开征求意见的公告。

《条例（征求意见稿）》提出：探索建立数据生产要素会计核算制度，明确核算范围、核算分类、初始计量、后续计量、资产处置等账务处理及报表列示事项，准确、全面反映数据生产要素的资产价值，推动数据生产要素资本化核算，并纳入国民经济核算体系。

微课堂

关于数据资产入表
的讨论

北京国际大数据交易所

2021年3月31日，在北京市人民政府的大力推动下，北京市经济和信息化局会同市金融局、市商务局、市委网信办等部门，组织北京金控集团牵头发起成立北京国际大数据交易所（以下简称"北数所"）。这是国内首家基于"数据可用不可见，用途可控可计量"新型交易范式的数据交易所，定位于打造国内领先的数据交易基础设施和国际重要的数据跨境流通枢纽。

微课堂

北京国际大数据交
易所的发展

"数据是新的生产要素，是基础性资源和战略性资源，也是重要生产力"。当前，数据已经成为社会的核心经济资源和基本生产要素，采集、分析、应用、交易数据的平台是社会经济发展的基础设施，决定了一个国家和地区的核心竞争力。数据作为新的生产要素，其要素化的本质是市场化和货币化，而市场化、货币化的前提条件是数据大规模的安全生产和高效流通。作为数据要素安全保护、市场化配置、价值生成、跨境传输的基础设施，数据交易所的重要性不言而喻。北数所的成立，标志着北京在数字经济开放发展上迈出了新的一步，对于打造全球数字经济标杆城市具有重大意义。

上海数据交易所

为贯彻落实国家大数据战略，加快培育数据要素市场，促进数据流通交易，助力城市数字化转型，2021年11月25日，上海数据交易所揭牌成立仪式在沪举行并达成了部分首单交易。

上海数据交易所的设立，重点是聚焦确权难、定价难、互信难、入场难、监管难等关键共性难题，形成系列创新安排。一是全国首发数商体系，全新构建"数商"新业态，涵盖数据交易主体、数据合规咨询、质量评估、资产评估、交付等多领域，培育和规范新主体，构筑更加繁荣的流通交易生态。二是全国首发数据交易配套制度，率先针对数据交易全过程提供一系列制度规范，涵盖从数据交易所、数据交易主体到数据交易生态体系的各类办法、规范、指引及标准，确立了"不合规不挂牌，无场景不交易"的基本原则，让数据流通交易有规可循、有章可依。三是全国首发全数字化数据交易系统，上线新一代智能数据交易系统，保障数据交易全时挂牌、全域交易、全程可溯。四是全国首发数据产品登记凭证，首次通过数据产品登记凭证与数据交易凭证的发放，实现一数一码，可登记、可统计、可普查。五是全国首发数据产品说明书，以数据产品说明书的形式使数据可阅读，将抽象数据变为具象产品。

关键术语

会计对象	会计要素	资产	负债	所有者权益
利润	会计等式	会计要素确认	会计要素计量	会计计量属性
历史成本	重置成本	可变现净值	现值	公允价值

会计账户与复式记账 | 第3章

账户是根据会计科目设置的，具有一定的格式和结构，是用于分类反映会计要素增减变动情况及其结果的载体。本章首先介绍了会计科目的概念、分类和设置；其次重点介绍了账户的概念、功能、基本结构、用途和结构分类；再次阐述了复式记账的基本原理，并介绍了总分类账户和明细分类账户的关系；最后详细阐述了复式记账法的具体应用——借贷记账法。

 育人目标

（1）了解中国古代簿记文化，增强文化自信；

（2）树立正确的职业道德观；

（3）激励勇于创新的精神。

教学目标

（1）理解会计科目和账户的概念；

（2）理解会计科目设置原则；

（3）掌握会计账户的结构；

（4）掌握借贷记账法下的账户结构；

（5）理解借贷记账法的记账规则；

（6）掌握账户的对应关系，编制会计分录；

（7）了解总分类账与明细分类账间的关系；

（8）掌握平行登记的要点。

3.1 会计科目

3.1.1 会计科目的概念

会计要素是对会计对象的基本分类。会计主体发生的交易或事项，必然引起各个会计要素具体内容发生数量、金额的增减变化。即使只涉及同一会计要素，其具体内容也往往不同。例如，会计主体用银行存款购买材料，银行存款减少的同时导致材料增加，虽然银行存款和材料都属于资产要素，但它们无论是经济实质还是实物形态都有所不同，是资产要素下不同的项目，从而使资产要素的具体构成发生变化。会计主体交易或事项的纷繁复杂性，决定了各个会计要素内部构成以及各个会计要素之间增减变化的复杂性和形式多样性。为了全面、系统、详细地对各项会计要素的具体内容及其增减变化情况进行核算和监督，为经济管理提供更加具体的分项数量指标，需要将会计要素按其经济内容进一步分类，这就有必要设置会计科目。

会计科目，简称"科目"，是对会计要素的具体内容进行分类核算的项目，是进行会计核算和提供会计信息的基础。

3.1.2 会计科目的分类

会计科目可按其反映的经济内容、所提供信息的详细程度及其统驭关系进行分类。

1. 按其反映的经济内容分类

会计科目按其反映的经济内容，可分为资产类科目、负债类科目、共同类科目、所有者权益类科目、成本类科目和损益类科目。每一大类会计科目可按一定标准再分为若干具体科目。

（1）资产类科目，是对资产要素的具体内容进行分类核算的项目，按资产的流动性分为反映流动资产的科目和反映非流动资产的科目。反映流动资产的科目主要有库存现金、银行存款、应收账款和原材料等；反映非流动资产的科目主要有长期应收款、固定资产、在建工程和无形资产等。

（2）负债类科目，是对负债要素的具体内容进行分类核算的项目，按负债的偿还期限分为反映流动负债的科目和反映非流动负债的科目。反映流动负债的科目主要有短期借款、应付账款和应付职工薪酬等；反映非流动负债的科目主要有长期借款、应付债券和长期应付款等。

（3）共同类科目，是既有资产性质又有负债性质的科目，主要有清算资金往来、衍生工具、套期工具、被套期项目等。

（4）所有者权益类科目，是对所有者权益要素的具体内容进行分类核算的项目，按所有者权益的形成和性质可分为反映资本的科目和反映留存收益的科目。反映资本的科目有实收资本（或股本）、资本公积等；反映留存收益的科目有盈余公积、本年利润和利润分配等。

（5）成本类科目，是对可归属于产品生产成本、劳务成本等的具体内容进行分类核算的项目，按成本内容和性质的不同可分为反映制造成本的科目、反映劳务成本的科目。其中，反映制造成本的科目主要有生产成本、制造费用等；反映劳务成本的科目有劳务成本。

（6）损益类科目，是对收入、费用等的具体内容进行分类核算的项目。其中，反映收入的科目主要有主营业务收入、其他业务收入等；反映费用的科目主要有主营业务成本、其他业务成本、销售费用、管理费用和财务费用等。

2. 按所提供信息的详细程度及其统驭关系分类

会计科目按其所提供信息的详细程度及其统驭关系，可分为总分类科目和明细分类科目。

（1）总分类科目，又称总账科目或一级科目，是对会计要素的具体内容进行总括分类，提供总括信息的会计科目。

（2）明细分类科目，又称明细科目，是对总分类科目进行进一步分类，提供更为详细和具体会计信息的科目。如果某一总分类科目所属的明细科目较多，可在总分类科目下设置二级明细科目，在二级明细科目下设置三级明细科目。二级明细科目是对总分类科目进一步分类的科目，三级明细科目是对二级明细科目进一步分类的科目。

总分类科目对所属的明细分类科目起着统驭和控制作用，明细分类科目是针对其总分类科目的详细和具体的说明。以生产成本总分类科目与各级明细分类科目为例，其之间的关系如表 3-1 所示。

表 3-1　　　　　　　生产成本总分类科目与所属明细分类科目之间的关系

总分类科目	明细分类科目	
（一级科目）	二级科目	三级科目
生产成本	基本生产成本	甲产品
		乙产品
	辅助生产成本	供电供水
		机修劳务

3.1.3　会计科目的设置

1. 会计科目设置的原则

各单位由于经济业务活动的具体内容、规模大小与业务繁简程度等情况不尽相同，在具体设置会计科目时，应考虑其自身特点和具体情况，但设置会计科目时都应遵循以下原则。

（1）合法性原则。

为了保证会计信息的可比性，所设置的会计科目应当符合国家有关法律法规的规定。对于国家统一会计制度规定的会计科目，只有在不影响会计核算要求和会计报表指标汇总，以及对外提供统一财务报表的前提下，企业才能根据自身的生产经营特点，适当自行增设、减少或合并。

（2）相关性原则。

会计科目的设置，应以提供有关各方所需要的会计信息为目标，满足对外报告与对内管理的要求。设置会计科目时要充分考虑会计信息的使用者对本企业会计信息的需要，以提高会计核算所提供的会计信息的相关性，满足相关各方的信息需求。

（3）实用性原则。

在合法性的基础上，企业应当根据组织形式、所处行业、经营内容、业务种类等自身特点，设置符合企业需要的会计科目。

2. 常用会计科目

企业常用的会计科目如表 3-2 所示。

表 3-2　　　　　　　　　　　企业常用会计科目

编号	名称	编号	名称
	一、资产类	1471	存货跌价准备
1001	库存现金	1511	长期股权投资
1002	银行存款	1512	长期股权投资减值准备
1012	其他货币资金	1521	投资性房地产
1101	交易性金融资产	1531	长期应收款
1121	应收票据	1601	固定资产
1122	应收账款	1602	累计折旧
1123	预付账款	1603	固定资产减值准备
1131	应收股利	1604	在建工程
1132	应收利息	1605	工程物资
1221	其他应收款	1606	固定资产清理
1231	坏账准备	1701	无形资产
1401	材料采购	1702	累计摊销
1402	在途物资	1703	无形资产减值准备
1403	原材料	1711	商誉
1404	材料成本差异	1801	长期待摊费用
1405	库存商品	1811	递延所得税资产
1406	发出商品	1901	待处理财产损溢
1407	商品进销差价		二、负债类
1408	委托加工物资	2001	短期借款

续表

编号	名称	编号	名称
2201	应付票据		五、成本类
2202	应付账款	5001	生产成本
2203	预收账款	5101	制造费用
2211	应付职工薪酬	5201	劳务成本
2221	应交税费	5301	研发支出
2231	应付利息		六、损益类
2232	应付股利	6001	主营业务收入
2241	其他应付款	6051	其他业务收入
2501	长期借款	6101	公允价值变动损益
2502	应付债券	6111	投资收益
2701	长期应付款	6301	营业外收入
2711	专项应付款	6401	主营业务成本
2801	预计负债	6402	其他业务成本
2901	递延所得税负债	6403	税金及附加
	三、共同类（略）	6601	销售费用
	四、所有者权益类	6602	管理费用
4001	实收资本	6603	财务费用
4002	资本公积	6701	资产减值损失
4101	盈余公积	6711	营业外支出
4103	本年利润	6801	所得税费用
4104	利润分配	6901	以前年度损益调整

3.2 会计账户

3.2.1 账户的概念

账户是根据会计科目设置的，具有一定的格式和结构，用于分类反映会计要素增减变动情况及其结果的载体。

会计科目仅仅是对会计要素的具体内容进行分类核算的项目和标志，它不能反映交易或事项的发生所引起的会计要素各项目的增减变动情况和结果。各项核算指标的具体数据资料，只有通过账户记录才能取得。因此，在设置会计科目后，还必须根据规定的会计科目开设相应的账户，以便对各种交易或事项进行系统、连续的记录，向有关各方提供有用的会计信息。

3.2.2 账户的功能与基本结构

1. 账户的功能

账户的功能在于连续、系统、完整地提供企业经济活动中各会计要素增减变动及其结果的具体信息。其中，会计要素在特定会计期间增加和减少的金额，分别称为账户的"本期增加发生额"和"本期减少发生额"，二者统称为账户的"本期发生额"；会计要素在会计期末的增减变动结果，称为账户的"余额"，具体表现为"期初余额"和"期末余额"。账户上期的期末余额转入本期，即为本期的期初余额；账户本期的期末余额转入下期，即为下期的期初余额。

账户的期初余额、期末余额、本期增加发生额和本期减少发生额统称为账户的四个金额要素。对于同一账户而言，它们之间的基本关系为：

$$期末余额=期初余额+本期增加发生额-本期减少发生额$$

账户的本期发生额说明特定资金项目在某一会计期间增加或减少变动状况，提供该资金项目变化的动态信息。因此，账户的本期发生额属于动态经济指标范畴。账户的余额说明特定资金项目在某一时日或某一时刻（如期初、期末）的存在状况，即相对静止条件下的表现形式。因此，账户的余额属于静态经济指标范畴。

【例3-1】20×1年1月，甲公司银行存款账户记录的内容如表3-3所示。

表 3-3   "银行存款"账户   单位：元

20×1年		凭证字号	摘要	增加	减少	余额
月	日					
1	1		月初结余			900 000
1	1	（略）	将现金存入银行	200 000		1 100 000
1	7	（略）	支付设备修理费用		40 000	1 060 000
1	10	（略）	购买办公用品		50 000	1 010 000
1	11	（略）	归还短期借款		20 000	990 000
1	18	（略）	支付环保费用		60 000	930 000
1	21	（略）	支付材料买价		30 000	900 000
1	26	（略）	支付罚款		10 000	890 000
1	31	（略）	支付本月水费		10 000	880 000
1	31	（略）	支付员工加班津贴		30 000	850 000
1	31		月末结余	200 000	250 000	850 000

该公司20×1年1月所发生的全部银行存款交易与事项被完整地记录在其"银行存款"账户中。该账户提供了"两类四种"银行存款信息指标，即银行存款本月月初结余（亦即20×0年12月月末结余）900 000元，银行存款本月共计增加200 000元，共计减少250 000元，银行存款本月月末结余（亦即2月月初结余）850 000元。银行存款的月初结余900 000元和月末结余850 000元，分别说明银行存款在1月月初和月末的结存数量，表明银行存款在这两个时点的静态情况。"银行存款"账户的本月发生额，分别说明了该公司在1月共计取得（收到）了银行存款200 000元，共计支用了银行存款250 000元，表明银行存款在会计期间内增减变化的动态情况。

2. 账户的基本结构

账户的结构是指账户的组成部分及其相互关系。账户通常由以下内容组成：①账户名称，即会计科目；②日期，即所依据记账凭证中注明的日期；③凭证字号，即所依据记账凭证的编号；④摘要，即经济业务的简要说明；⑤金额，即增加额、减少额和余额。账户的基本结构如表 3-4 所示。

表 3-4   账户的基本结构

账户名称（会计科目）

年		凭证字号	摘要	增加额	减少额	余额
月	日					

各项经济业务所引起会计要素的变动不是增加就是减少，为便于记录经济业务，账户一般分为左右两方，按相反方向来记录增加额和减少额，即一方登记增加额，另一方登记减少额。从账户名称、记录增加额和减少额的左右两方来看，账户结构在整体上类似于汉字"丁"和大写字母"T"，因此，账户的基本结构在实务中被形象地称为"丁"字账户和"T"型账户，如图 3-1 所示。

借方	会 计 科 目	贷方

图 3-1 "丁"字账户和"T"型账户

在理论上讲，会计科目与账户是两个不同的概念，二者既有联系，又有区别。会计科目与账户都是会计对象具体内容的分类，两者核算内容一致，性质相同。会计科目是账户的名称，也是设置账户的依据；账户是会计科目的具体应用，具有一定的结构和格式，并通过其结构反映某项经济内容的增减变动及其余额。

3.2.3 账户按用途和结构分类

账户的用途是指账户所提供的数据或信息所起的作用，可以帮助解决各类账户使用条件的问题。账户的结构是指账户的借方、贷方所登记的具体内容、余额的方向和表示的含义，可以帮助解决如何运用各类账户的问题。

账户按用途和结构分类，可以分为基本账户和辅助账户两大类。其中，基本账户包括盘存账户、结算账户、资本账户、成本计算账户和财务成果计算账户，辅助账户包括调整账户、集合分配账户、跨期摊提账户和待处理账户。现仍以产品制造企业为例，对各类账户进行介绍。

1. **基本账户**

（1）盘存账户。

盘存账户是用来核算和监督货币资金和财产物资的增减变动及其实存数额的账户。在盘存账户中，借方登记各项货币资金和财产物资的增加数，贷方登记各项货币资金和财产物资的减少数，其余额总是在借方，表示期末各项货币资金和财产物资的结存数。属于盘存账户的主要有"库存现金""银行存款""原材料""库存商品""固定资产"等账户。盘存账户的基本结构如图 3-2 所示。

盘存账户

借方	贷方
期初余额：货币资金及财产物资的期初结存数 本期发生额：货币资金及财产物资的本期增加数	本期发生额：货币资金及财产物资的本期减少数
期末余额：货币资金及财产物资的期末结存数	

图 3-2 盘存账户的基本结构

盘存账户具有以下特点。

① 可以通过财产清查的办法，即实地盘点或与银行对账的方法，来核对货币资金或财产物资的实存数同账面结存数是否相符。

② 除库存现金和银行存款等货币资金账户外，其他账户通过设置和运用明细账，可以提供实物和金额两种指标。

③ 只要企业持续经营，盘存账户一般有余额，且余额在借方。

（2）结算账户。

结算账户是用来核算和监督企业同其他单位或个人之间的债权、债务等结算业务的账户。结算业务的性质不同，决定了结算账户有着不同的用途和结构。按照账户的具体用途和结构，结算账户又可分为债权结算账户和债务结算账户。

① 债权结算账户。

债权结算账户，是用来核算和监督企业同各债务单位或个人之间的债权结算业务的账户。这类账户的借方登记债权的增加数，贷方登记债权的减少数，期末余额一般在借方，表示期末尚未收回的债权的实有数。属于债权结算账户的主要有"应收票据""应收账款""其他应收款""预付账款"等账户。债权结算账户的基本结构如图 3-3 所示。

债权结算账户

借方	贷方
期初余额：期初尚未收回的应收款项或预付款项的实有数 本期发生额：应收款项或预付款项的本期增加数	本期发生额：应收款项或预付款项的本期减少数
期末余额：期末尚未收回的应收款项或预付款项的实有数	

图 3-3　债权结算账户的基本结构

② 债务结算账户。

债务结算账户，是用来核算和监督企业同其他单位或个人之间的债务结算业务的账户。这类账户的贷方登记债务的增加数，借方登记债务的减少数，期末余额一般在贷方，表示尚未偿还的债务的实有数。属于债务结算账户的主要有"应付票据""应付账款""其他应付款""应交税费""应付职工薪酬""短期借款""长期借款"等账户。债务结算账户的基本结构如图 3-4 所示。

债务结算账户

借方	贷方
	期初余额：期初尚未归还的借入款项、应付款项或预收款项的实有数
本期发生额：借入款项、应付款项或预收款项的本期减少数	本期发生额：借入款项、应付款项或预收款项的本期增加数
	期末余额：期末尚未归还的借入款项、应付款项或预收款项的实有数

图 3-4　债务结算账户的基本结构

结算账户的特点主要如下。

① 只提供金额指标。

② 均以结算业务的对方单位或个人开设明细分类账户，便于及时进行结算和账目核对。

③ 需根据总分类账户所属明细分类账户的余额方向分析判断账户的性质。

（3）资本账户。

资本账户是用来核算和监督企业取得资本及资本积累的增减变动及其实有情况的账户。这类账户的贷方登记资本及公积金的增加数，借方登记资本及公积金的减少数，其余额总是在贷方，表示各项资本、公积金的实有数额。属于资本账户的主要有"实收资本（股本）""资本公积""盈余公积"等账户。资本账户的基本结构如图 3-5 所示。

资本账户

借方	贷方
本期发生额：所有者投资的本期减少数	期初余额：期初所有者投资的实有数 本期发生额：所有者投资的本期增加数
	期末余额：期末所有者投资的实有数

图 3-5　资本账户的基本结构

资本账户主要有以下两个特点。

① 原始资本应按投资者分别设置明细分类账户。

② 总分类账户及其明细分类账户只提供货币指标。

（4）成本计算账户。

成本计算账户是用来核算和监督经营过程中某一阶段所发生的全部费用，并据此计算该阶段各个成本计算对象实际成本的账户。这类账户的借方登记应计入成本的全部费用（包括直接费用和间接费用）；贷方登记转出已完成某个阶段的成本计算对象的实际成本；期末如有余额，一定在借方，表示尚未完成某个阶段成本计算对象的实际成本。属于成本计算账户的有"在途物资""生产成本"等账户。这类账户的特点如下。

① 除设置总分类账户之外，还应按各个成本计算对象分别设置明细分类账户进行明细核算。

② 既提供货币指标，又提供实物指标。

（5）财务成果计算账户。

财务成果计算账户是用来核算和监督企业在一定时期全部经营活动的最终财务成果的账户。这类账户的贷方登记企业期末从收入账户转入的各种收益额，借方登记企业期末从费用账户转入的各种支出额。该账户若有贷方期末余额，表示企业实现的净利润总额；反之，若有借方期末余额，则表示企业发生的亏损总额。年终，应将该账户余额转入"利润分配"账户，转出后该账户无余额。

属于财务成果计算账户的主要是"本年利润"账户。财务成果计算账户的特点是：该账户的贷方和借方登记的内容，应符合权责发生制和配比原则，保证财务成果的真实性，且只提供价值指标。

2. 辅助账户

（1）调整账户。

调整账户是用来调整某个相关账户（被调整账户）的金额，以表示被调整账户的实际余额而开设的账户。在会计核算中，由于经营管理上的需要或其他原因，对有些经济活动需要用两种不同的数字核算其变化过程，因此需要设置两个账户。如对于固定资产而言，既要核算原始成本，又需核算固定资产由于使用或其他原因引起的价值损耗。因此，需要设置两个账户，一个账户用来核算原始数额，如"固定资产"账户，是被调整账户；另一个账户用来对原始数额进行调整，如"累计折旧"账户，是调整账户。按照调整方式的不同，调整账户又可分为备抵账户、附加账户和备抵附加账户三类。

① 备抵账户。

备抵账户又叫抵减账户，它是用来抵减被调整账户的余额，以求得被调整账户的实际余额的账户。其调整方式，可用下列计算公式表示。

被调整账户余额-备抵账户余额=被调整账户实际余额

例如，"累计折旧"账户是"固定资产"账户的备抵账户；"利润分配"账户是"本年利润"账户的备抵账户。根据"固定资产"账户（被调整账户）的记录，可以取得固定资产原始价值的数字，从"累计折旧"账户中可以取得固定资产损耗价值的数字，将"固定资产"账户的借方余额减去"累计折旧"账户的贷方余额，其差额就是固定资产的实际价值（净值）。通过"累计折旧"账户和固定资产净值这个指标的核算分析，可以了解固定资产的新旧程度。

② 附加账户。

附加账户是用来增加被调整账户的余额，以求得被调整账户的实际余额的账户。其调整方式，可用下列计算公式表示。

被调整账户余额+附加账户余额=被调整账户实际余额

因此，被调整账户的余额同附加账户的余额方向一定相同。也就是说，如果被调整账户的余额在借方（或贷方），则附加账户的余额同样也在借方（或贷方）。在实际的会计工作中，纯粹的附加账户很少应用。

③ 备抵附加账户。

备抵附加账户是根据调整账户余额方向的不同，来判别是用来抵减被调整账户余额，还是用来增加被调整账户余额，以求得被调整账户实际余额的账户。当其余额与被调整账户的余额方向相反时，即为备抵账户；反之，当其余额与被调整账户的余额方向相同时，则为附加账户。如产品制造企业的原材料采用计划成本核算时，所设置的"材料成本差异"账户就是备抵附加账户，用它来调整（抵减或增加）"原材料"账户的计划成本与实际成本的差额，以求得原材料的实际成本。当"材料成本差异"账户的余额在借方时，表示材料的实际成本大于计划成本，材料的实际成本是"原材料"账户的借方余额加上"材料成本差异"账户的借方余额；当"材料成本差异"账户的余额在贷方时，表示材料的实际成本小于计划成本，材料的实际成本是"原材料"账户的借方余额减去"材料成本差异"账户的贷方余额。这类账户的特点主要有以下三点。

第一，调整账户与被调整账户所反映的经济内容相同，被调整账户反映的是原始数额，而调整账户反映对原始数额的调整数额。

第二，调整的方式是与被调整账户的数额相加或相减。

第三，不能离开被调整账户而独立存在。

（2）集合分配账户。

集合分配账户是用来汇集和分配经营过程中某个阶段所发生的某种间接费用的账户，借以核算和监督有关间接费用计划执行情况和分配情况。由于间接费用不能直接计入某种产品的生产成本，为了将发生的间接费用在不同产品间合理进行分配，在间接费用发生时，需要先记入集合分配账户，再按一定标准分配记入产品成本账户。集合分配账户的借方登记费用的发生数，贷方登记结转费用的分配数，期末账户没有余额。属于集合分配账户的是"制造费用"账户。集合分配账户的基本结构如图 3-6 所示。

借方	集合分配账户	贷方
本期发生额：归集的各种费用		本期发生额：本期费用的分配转出数

图 3-6　集合分配账户的基本结构

集合分配账户的特点：它是具有明显过渡性质的账户，平时用来归集那些不能直接计入某个成本计算对象的间接费用，期末应将全部间接费用分配出去，由产品成本计算对象负担，期末一般无余额。

（3）跨期摊提账户。

跨期摊提账户是用来核算和监督应由多个会计期间共同负担的费用，并将这些费用在各个会计期间进行分摊或预提的账户。按照权责发生制的原则，必须严格划分费用的归属期。在企业的生产经营过程中，有些费用在某一个会计期间支付，但应由几个会计期间共同负担，为正确计算各个会计期间的损益，需要设置跨期摊提账户。

（4）待处理账户。

待处理账户用于核算企业在财产清查中查明的各种财产物资的盘盈、盘亏或毁损。在会计实务惯例中，属于待处理账户的是"待处理财产损溢"账户。这类账户是属于具有双重性质的账户，该账户的借方登记待处理财产的盘亏或毁损数；贷方登记待处理财产的盘盈数。结转处置盘亏或毁损时记到该账户的贷方；结转处置盘盈时记到该账户的借方。月末如有借方余额，反映尚未处理的财产净损失；如有贷方余额，反映尚未处理的财产净盈余。

3.3 | 复式记账基本原理

3.3.1 概念和分类

1. 复式记账法的概念

复式记账法是对于每一笔经济业务，都必须用相等的金额在两个或两个以上相互联系的账户中进行登记，全面系统地反映会计要素增减变化的一种记账方法。

2. 复式记账法的分类

复式记账法可分为借贷记账法、增减记账法和收付记账法等。借贷记账法是目前国际上通用的记账方法，我国《企业会计准则》规定企业应采用借贷记账法。

微课堂

我国复式记账的开端——龙门账

3.3.2 借贷记账法

借贷记账法是以"借"和"贷"作为记账符号的一种复式记账法。

1. 借贷记账法下账户的基本结构

在借贷记账法下，账户的左方称为借方，右方称为贷方。所有账户的借方和贷方按相反方向记录增加数和减少数，即一方登记增加额，另一方就登记减少额。至于"借"表示增加，还是"贷"表示增加，则取决于账户的性质和所记录经济内容的性质。

"借"和"贷"二字最初是从借贷资本家的角度来解释的，用来表示债权和债务的增减变动。随着时间的推移，"借""贷"二字已逐渐失去了最初的含义，而演变出有助于发挥记账符号功能的含义。

通常而言，资产、成本和费用类账户的增加用"借"表示，减少用"贷"表示；负债、所有者权益和收入类账户的增加用"贷"表示，减少用"借"表示。备抵账户的结构与被调整账户的结构正好相反。

"借"和"贷"所表示的增减含义如表 3-5 所示。

表 3-5　"借"和"贷"所表示的增减含义

账户类别	借	贷
资产类账户	+	−
资产类备抵账户	−	+
成本类账户	+	−
费用类账户	+	−
负债类账户	−	+
所有者权益类账户	−	+
负债和所有者权益类备抵账户	+	−
收入类账户	−	+

（1）资产和成本类账户的结构。

在借贷记账法下，资产类、成本类账户的借方登记增加额；贷方登记减少额；期末余额一般在借方，有些账户可能无余额。其余额计算公式为：

期末借方余额=期初借方余额+本期借方发生额-本期贷方发生额

资产和成本类账户结构用 T 型账户表示如图 3-7 所示。

借方		资产和成本类账户		贷方
期初余额	×××			
本期增加额	×××	本期减少额	×××	
	×××		×××	
	……		……	
本期借方发生额合计	×××	本期贷方发生额合计	×××	
期末余额	×××			

图 3-7 资产和成本类账户结构

资产类备抵账户的结构与被调整账户的结构正好相反。

（2）负债和所有者权益类账户的结构。

在借贷记账法下，负债类、所有者权益类账户的借方登记减少额；贷方登记增加额；期末余额一般在贷方，有些账户可能无余额，其余额计算公式为：

期末贷方余额=期初贷方余额+本期贷方发生额-本期借方发生额

负债和所有者权益类账户结构用 T 型账户表示如图 3-8 所示。

借方		负债和所有者权益类账户		贷方
		期初余额	×××	
本期减少额	×××	本期增加额	×××	
	×××		……	
	……			
本期借方发生额合计	×××	本期贷方发生额合计	×××	
		期末余额	×××	

图 3-8 负债和所有者权益类账户结构

负债和所有者权益类备抵账户的结构与被调整账户的结构正好相反。

（3）损益类账户结构。

损益类账户主要包括收入类账户和费用类账户。

① 收入类账户结构。

在借贷记账法下，收入类账户的借方登记减少额，贷方登记增加额。本期收入净额在期末转入"本年利润"账户，用以计算当期损益，结转后无余额。

收入类账户结构用 T 型账户表示如图 3-9 所示。

借方		收入类账户		贷方
本期减少额	×××	本期增加额	×××	
本期转出额	×××			
	……		……	
本期借方发生额合计	×××	本期贷方发生额合计	×××	

图 3-9 收入类账户结构

② 费用类账户结构。

在借贷记账法下，费用类账户的借方登记增加额，贷方登记减少额。本期费用净额在期末转入"本年利润"账户，用以计算当期损益，结转后无余额。

费用类账户结构用 T 型账户表示如图 3-10 所示。

借方		费用类账户	贷方	
本期增加额	×××	本期减少额	×××	
	×××	本期转出额	×××	
	………		………	
本期借方发生额合计	×××	本期贷方发生额合计	×××	

图 3-10 费用类账户结构

2. 借贷记账法的记账规则

记账规则是指采用某种记账方法登记具体经济业务时应当遵循的规律。

运用"借""贷"符号表示九种基本类型经济业务所涉及的增减变动情况，可以发现借贷记账法的记账规则是"有借必有贷，借贷必相等"。即：

任何经济业务的发生总会涉及两个或两个以上的相关账户，一方（或几方）记入借方，另一方（或几方）记入贷方，记入借方的金额等于记入贷方的金额。如果涉及多个账户，记入借方账户的金额的合计数等于记入贷方账户的金额的合计数。

3.3.3 总分类账户与明细分类账户

1. 总分类账户与明细分类账户的关系

（1）两者的联系。

总分类账户与明细分类账户的内在联系主要表现在以下两个方面。

第一，反映的经济业务的内容相同。如"原材料"总分类账户与其所属的"主要材料"和"辅助材料"等明细分类账户都是用来反映原材料的收发及结存业务的。

第二，登记账簿的原始依据相同。登记总分类账户与登记其所属的明细分类账户的原始凭证是相同的。

（2）两者的区别。

总分类账户与明细分类账户的区别主要表现在以下两个方面。

第一，反映经济业务内容的详细程度不同。总分类账户是概括地反映会计对象的具体内容，提供的是总括性指标；而明细分类账户是详细地反映会计对象的具体内容，提供的是比较详细具体的指标。

第二，作用不同。总分类账户对明细分类账户具有统驭控制作用；明细分类账户对总分类账户具有补充说明作用。总分类账户与其所属明细分类账户在总金额上应当相等。

2. 总分类账户与明细分类账户的平行登记

（1）平行登记的概念。

平行登记是指对所发生的每项经济业务都要以会计凭证为依据，一方面记入有关总分类账户，另一方面记入有关总分类账户所属明细分类账户的方法。

（2）平行登记的要求。

总分类账户与明细分类账户平行登记要求做到：所依据会计凭证相同、借贷方向相同、所属会计期间相同、记入总分类账户的金额与记入其所属明细分类账户的合计金额相等。具体要求分为以下四点。

第一，依据相同。发生的经济业务，都要以相关的会计凭证为依据，既要登记有关总分类账户，又要登记其所属明细分类账户。

第二，方向相同。将经济业务记入总分类账户和明细分类账户时，记账方向必须相同。即总分类账户记入借方，明细分类账户也应记入借方；总分类账户记入贷方，明细分类账户也应记入贷方。

第三，期间相同。对每项经济业务在记入总分类账户和明细分类账户过程中，可以有先有后，但必须在同一会计期间（如同一个月、同一季度、同一年度）全部登记入账。

第四，金额相等。记入总分类账户的金额，应与记入其所属明细分类账户的金额合计相等。这里包含以下两层含义：一是总分类账户本期发生额与其所属明细分类账户本期发生额合计相等，二是总分类账户期末余额与其所属明细分类账户期末余额合计相等。

企业可以根据总分类账户与其所属的明细分类账户的发生额和余额必然相等的原理，通过总分类账户与明细分类账户的相互核对，来检查总分类账户及其所属的明细分类账户的记录是否正确。下面以"原材料"和"应付账款"两个账户为例，说明总分类账户与明细分类账户的平行登记。

【例3-2】东方公司20×3年3月1日"原材料"账户月初余额为255 000元，其明细分类账户月初余额为：甲材料700千克，单价150元，计105 000元；乙材料1 500千克，单价100元，计150 000元。"应付账款"账户月初余额为95 000元，其明细分类账户月初余额为：A公司60 000元；B公司35 000元。

该公司20×3年3月发生下列经济业务（为了简化，本部分业务暂不考虑有关税收因素，同时对购进材料已验收入库的，不通过"材料采购"科目核算）。

（1）3月5日，从A公司购进甲材料200千克，每千克150元，材料已验收入库，货款尚未支付。编制会计分录如下。

借：原材料——甲材料　　　　　　　　30 000
　　贷：应付账款——A公司　　　　　　　30 000

（2）3月10日，企业为生产产品从仓库领用甲材料500千克，单价150元，计75 000元；领用乙材料1 200千克，单价100元，计120 000元。编制会计分录如下。

借：生产成本　　　　　　　　　　　　195 000
　　贷：原材料——甲材料　　　　　　　75 000
　　　　　　——乙材料　　　　　　　120 000

（3）3月12日，向B公司购进乙材料1 000千克，单价100元，材料已验收入库，货款尚未支付。编制会计分录如下。

借：原材料——乙材料　　　　　　　　100 000
　　贷：应付账款——B公司　　　　　　　100 000

（4）3月25日，以银行存款偿还A公司货款80 000元，偿还B公司货款120 000元。编制会计分录如下。

借：应付账款——A公司　　　　　　　80 000
　　　　　　——B公司　　　　　　　120 000
　　贷：银行存款　　　　　　　　　　200 000

根据上述经济业务，对"原材料"和"应付账款"两个总分类账户及其所属明细分类账户进行平行登记，分别如表3-6至表3-11所示。

表 3-6　　　　　　　　　　　　　　　　　总分类账户

账户名称：原材料　　　　　　　　　　　　　　　　　　　　　　　　　　　　　　　　　　　单位：元

20×3年		凭证号数	摘要	借方	贷方	借或贷	余额
月	日						
3	1	略	月初余额			借	255 000
	5		购入	30 000		借	285 000
	10		生产领用		195 000	借	90 000
	12		购入	100 000		借	190 000
3	31		本月合计	130 000	195 000	借	190 000

表 3-7　　　　　　　　　　　　　　　　原材料明细分类账户

账户名称：甲材料　　　　　　　　　　　　　数量单位：千克　　　　　　　　　　　　金额单位：元

20×3年		凭证号数	摘要	收入			发出			结余		
月	日			数量	单价	金额	数量	单价	金额	数量	单价	金额
3	1	略	月初余额							700	150	105 000
	5		购入	200	150	30 000				900	150	135 000
	10		生产领用				500	150	75 000	400	150	60 000
3	31		本月合计	200		30 000	500		75 000	400	150	60 000

表 3-8　　　　　　　　　　　　　　　　原材料明细分类账户

账户名称：乙材料　　　　　　　　　　　　　数量单位：千克　　　　　　　　　　　　金额单位：元

20×3年		凭证号数	摘要	收入			发出			结余		
月	日			数量	单价	金额	数量	单价	金额	数量	单价	金额
3	1	略	月初余额							1 500	100	150 000
	10		生产领用				1 200	100	120 000	300	100	30 000
	12		购入	1 000	100	100 000				1 300	100	130 000
3	31		本月合计	1 000		100 000	1 200		120 000	1 300	100	130 000

表 3-9　　　　　　　　　　　　　　　　　　总分类账户

账户名称：应付账款　　　　　　　　　　　　　　　　　　　　　　　　　　　　　　　　　单位：元

20×3年		凭证号数	摘要	借方	贷方	借或贷	余额
月	日						
3	1	略	月初余额			贷	95 000
	5		购料欠款		30 000	贷	125 000
	12		购料欠款		100 000	贷	225 000
	25		偿还欠款	200 000		贷	25 000
3	31		本月合计	200 000	130 000	贷	25 000

表 3-10　　　　　　　　　　　　　　　应付账款明细分类账户

账户名称：A公司　　　　　　　　　　　　　　　　　　　　　　　　　　　　　　　　　　单位：元

20×3年		凭证号数	摘要	借方	贷方	借或贷	余额
月	日						
3	1	略	月初余额			贷	60 000
	5		购料欠款		30 000	贷	90 000
	25		偿还欠款	80 000		贷	10 000
3	31		本月合计	80 000	30 000	贷	10 000

表3-11   应付账款明细分类账户

账户名称：B公司   单位：元

20×3年		凭证号数	摘要	借方	贷方	借或贷	余额
月	日						
3	1	略	月初余额			贷	35 000
	12		购料欠款		100 000	贷	135 000
	25		偿还欠款	120 000		贷	15 000
3	31		本月合计	120 000	100 000	贷	15 000

为了检查总分类账户与明细分类账户是否真正平行登记，还必须将总分类账户与明细分类账户的记录进行相互核对。核对通常是通过编制总账与明细账发生额及余额对照表进行的。其格式和内容如表3-12所示。

表3-12   总账与明细账发生额及余额对照表   单位：元

总账账户	明细账户	期初余额	借方发生额	贷方发生额	期末余额
原材料	甲材料	105 000	30 000	75 000	60 000
	乙材料	150 000	100 000	120 000	130 000
	合计	255 000	130 000	195 000	190 000
应付账款	A公司	60 000	80 000	30 000	10 000
	B公司	35 000	120 000	100 000	15 000
	合计	95 000	200 000	130 000	25 000

需要注意的是，总分类账户与明细分类账户通过核对后，如果期初余额、本期发生额和期末余额的有关金额不相符，则说明记账一定有错误；如果相符，一般来说表明记账是正确的。

3.4 复式记账法具体应用——借贷记账法

根据 T 公司 8 月 31 日的有关账户余额（见材料一）和 9 月发生的相关经济业务（见材料二），本节通过例 3-3 说明借贷记账法的具体应用过程。

【例3-3】

材料一：

T公司8月31日有关账户余额如表3-13所示。

表3-13   有关账户余额   单位：元

资产		负债及所有者权益	
库存现金	1 500	短期借款	30 000
银行存款	100 000	应付账款	50 500
应收账款	29 000	长期借款	100 000
库存商品	50 000	实收资本	400 000
固定资产	500 000	本年利润	100 000
合计	680 500	合计	680 500

材料二：

T公司9月发生以下经济业务，编制会计分录如下。

（1）3日，以银行存款20 000元偿还前欠M厂购货款。

借：应付账款——M厂   20 000

贷: 银行存款   20 000

（2）5日，购进甲材料一批，价值50 000元，货款以银行存款支付（不考虑增值税等相关税费）。

借: 物资采购   50 000

  贷: 银行存款   50 000

（3）10日，李工出差，借支差旅费1 000元，用现金支付。

借: 其他应收款——李工   1 000

  贷: 库存现金   1 000

（4）16日，销售A产品一批，价值50 000元，货款收回30 000元存入银行，其余尚未收到（不考虑增值税等相关税费）。

借: 应收账款   20 000

  银行存款   30 000

  贷: 主营业务收入   50 000

（5）21日，以银行存款支付下季度报纸杂志费2 000元。

借: 预付账款   2 000

  贷: 银行存款   2 000

（6）24日，李工出差返回，报销差旅费1 200元，余款补付现金。

借: 管理费用——差旅费   1 200

  贷: 其他应收款——李工   1 000

    库存现金   200

（7）28日，结转已销A产品的销售成本30 000元。

借: 主营业务成本   30 000

  贷: 库存商品   30 000

（8）30日，把本期各损益账户转入"本年利润"账户。

借: 主营业务收入   50 000

  贷: 本年利润   50 000

同时:

借: 本年利润   31 200

  贷: 主营业务成本   30 000

    管理费用   1 200

习题

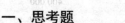

一、思考题

（1）什么叫会计科目？会计科目是如何分类的？

（2）什么叫账户？账户的基本结构是什么？

（3）账户与会计科目有何联系与区别？

（4）什么是复式记账？其理论依据是什么？

（5）何谓借贷记账法？如何理解"借""贷"二字的含义？

（6）借贷记账法下各类账户的结构是怎样的？

（7）借贷记账法的记账规则是什么？如何理解？

（8）什么叫会计分录？会计分录有哪几种？如何编制会计分录？

（9）总分类账户与明细分类账户有何联系与区别？如何进行两者间的平行登记？

（10）从我国古代"龙门账"的簿记思想，谈谈我国古代会计文化的价值。

二、判断题

（1）总分类账户试算平衡表的期初余额、本期发生额和期末余额的借贷方合计数相等，表明记账一定正确。　　　　　　　　　　　　　　　　　　　　　　　　　　　　　（　　）

（2）企业漏记某项经济业务的结果，会导致试算平衡表中的本期借贷方发生额不平衡。

（　　）

三、单项选择题

（1）20×7年8月31日，某企业负债总额为500万元，9月收回应收账款60万元，以银行存款归还短期借款40万元，预收租金20万元。不考虑其他因素，20×7年9月30日该企业负债总额为（　　　）万元。

A. 480　　　　　　B. 38　　　　　　C. 44　　　　　　D. 460

（2）下列各项中，根据科目内容记入成本类账户的是（　　　）。

A. 主营业务成本　　B. 制造费用　　　C. 管理费用　　　D. 其他业务成本

（3）下列各项中，在借贷记账法下关于成本类账户结构描述不正确的有（　　　）。

A. 借方登记增加　　　　　　　　　　B. 贷方登记增加

C. 期末余额一般在借方　　　　　　　D. 贷方登记减少

知识拓展——新理念：单式记账与三重记账

单式记账法是一种简单但不完整的记账方法，是除对有关资金往来的现金、银行存款收付业务在两个或两个以上有关账户中登记外，其他经济业务，只在一个账户中登记或不予登记。其特点是平时只登记现金、银行存款的收付业务和各种往来账项。因为单式记账法是一种比较简单、不完整的记账方法，所以这种方法适用于业务简单或单一的经济个体和家庭。

传统的记账方式为复式记账法，三重记账法即通过设立借方和贷方，区分资产和负债，但资产和负债的每个项目都相互关联，并最终保证资产负债表的两边金额相等。它的特点是引入数字加密签名的方式，在原有复式记账基础上，引入第三方对交易进行电子签名来加强账目的可信度。事实上三重记账法即分布式记账法的雏形，区块链的分布式记账法即将三重记账法中的见证人替换成了网络上的所有其他节点，三重记账法将交易的验证方式从第三个节点扩展到了无数个节点。而事实上，当每一笔账目都通过交易的形式进行记录时，原本只适用于企业内部的复式记账就变得多余，因为通过对每笔交易的分布式冗余记录，三重记账法可记录的细节远远多于复式记账法。

关键术语

会计科目　　　会计账户　　　复式记账法　　　借贷记账法　　　T型账户

第4章 企业主要经济业务的核算

制造业企业是以产品的生产和销售为主要活动内容的经济组织。本章按照制造业企业主要经济业务的内容，介绍了筹资业务的核算、供应阶段业务的核算、生产业务的核算、销售业务的核算，以及利润形成和分配业务的核算等。

育人目标

（1）养成依法进行会计核算的守法意识；
（2）树立业务闭环的财会思想；
（3）培养真实、公允反映会计经济业务的责任意识。

教学目标

（1）了解制造业企业的主要经济业务内容；
（2）掌握制造业企业筹资业务的核算；
（3）掌握制造业企业供应阶段业务的核算；
（4）掌握制造业企业生产业务的核算；
（5）掌握制造业企业销售业务的核算；
（6）掌握制造业企业利润形成和分配业务的核算。

4.1 企业主要经济活动概述

企业是指按照市场经济要求，自主经营、自负盈亏、自我发展、自我约束，专门从事生产、流通、运输、建筑、房地产等经济活动的部门和单位。企业包括制造企业（亦称工业企业）、商品流通企业、金融企业、建筑企业、房地产企业、服务企业、公共企业、农业企业和其他多种类型的企业。由于制造业企业是最原始、最完善、最典型的产品生产和经营单位，本章以制造业企业为例，阐述企业主要经济活动。

制造业企业是以产品的生产和销售为主要活动内容的经济组织，其主要经济业务内容可归纳为以下五种：资金筹集业务、供应业务、生产业务、销售业务、利润形成和分配业务等。

经济业务与账户之间的关系如图4-1所示。

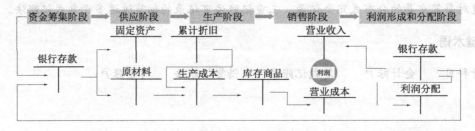

图4-1 经济业务与账户之间的关系

4.2 筹资业务的核算

企业为了进行生产经营，必须拥有一定数量的资金或资本，此时就需要通过各种渠道进行筹资。企业筹资渠道主要有两种：一是接受投资人投入的资本，在会计上，投入资本一般表现为实收资本或股本，是所有者权益的主体；二是从债权人处借入的资金，在会计上表现为短期借款、长期借款、应付债券等，是企业的负债。

筹资业务核算的具体内容包括权益性质的筹资和债权性质的筹资两类。

4.2.1 权益性质的筹资

1. 设置主要账户

为了反映企业实际收到的投入资本增减变动情况及其结果，应设置的主要账户是"实收资本"（在股份有限公司设"股本"）和"资本公积"账户；同时，为了反映企业实际收到的投入资本所形成资产的增减变动情况及其结果，还应设置"银行存款""固定资产""无形资产"等账户。

2. 权益性质的筹资的账务处理

【例4-1】华景有限责任公司为一家初创企业，20×1年12月发生的投入资本的经济业务如下。

（1）企业收到国家投入货币资金1 800 000元，收到银行的收款通知，该款项已存入银行账户。

该笔业务的发生，引起银行存款增加1 800 000元，应记入"银行存款"账户借方，同时引起投入资本增加1 800 000元，应记入"实收资本"账户贷方。其会计分录为：

借：银行存款　　　　　　　　　　　　　　1 800 000
　　贷：实收资本——国家资本金　　　　　　　　　　1 800 000

（2）企业收到G公司投入专利技术一项，账面净值为140 000元，双方确认价为140 000元。

该笔业务中，企业接受的投资为专利技术，属于无形资产，应按双方确认价计价入账。一方面引起企业无形资产增加140 000元，应记入"无形资产"账户借方，另一方面引起投入资本增加140 000元，记入"实收资本"账户贷方。其会计分录为：

借：无形资产　　　　　　　　　　　　　　140 000
　　贷：实收资本——G公司　　　　　　　　　　　　140 000

（3）企业收到M公司投入新机器20台，总价值600 000元。

该笔业务中，企业接受的投资为新机器，一方面引起企业固定资产增加，应记入"固定资产"账户借方，另一方面引起投入资本增加，记入"实收资本"账户贷方。其会计分录为：

借：固定资产　　　　　　　　　　　　　　600 000
　　贷：实收资本——M公司　　　　　　　　　　　　600 000

（4）企业接受兴中公司投资200 000元，其中120 000元作为实收资本，另80 000元作为资本公积，相关手续已办好。

这笔经济业务的发生，增加了企业的银行存款，同时增加了企业的所有者权益，其中属于法定份额部分记入实收资本，超过部分作为资本公积，其会计分录为：

借：银行存款　　　　　　　　　　　　　　200 000
　　贷：实收资本　　　　　　　　　　　　　　　　120 000
　　　　资本公积——资本溢价　　　　　　　　　　　80 000

（5）经股东会批准，将企业的资本公积20 000元转增资本。

这笔经济业务的发生，增加了企业的实收资本，减少了企业的资本公积，是一项所有者权益内部转化的业务，其会计分录为：

借：资本公积　　　　　　　　　　　　　　　　20 000

　　贷：实收资本　　　　　　　　　　　　　　　　20 000

4.2.2　债权性质的筹资

借入资金是企业向银行或其他非银行金融机构等债权人借入的款项。借入资金到期必须偿还，并支付利息。

为了核算和监督借入资金筹集的情况，应设置"短期借款"和"长期借款"账户。

1. 短期借款的核算

（1）设置主要账户。

短期借款的核算内容包括取得借款、支付利息和偿还本金三项主要业务。为了反映短期借款的取得、利息的负担和偿还等情况，应设置"短期借款""财务费用""应付账款"等账户。

（2）短期借款的账务处理。

【例4-2】华景有限责任公司20×1年12月发生有关短期借款业务如下。

（1）企业向某商业银行借入期限为半年，年利率为6%的借款160 000元，到期一次还本付息。所借款项已存入银行。

该笔业务的发生，一方面引起资产类的银行存款增加160 000元，记入"银行存款"账户借方；另一方面引起负债类的短期借款增加160 000元，记入"短期借款"账户贷方。其会计分录为：

借：银行存款　　　　　　　　　　　　　　　　160 000

　　贷：短期借款　　　　　　　　　　　　　　　　160 000

（2）计提本月应负担的短期借款利息（企业短期借款仅为本月借入的160 000元，即上述短期借款）。

本月应负担的短期借款利息=160 000×6%÷12=800（元）

该笔业务的发生，一方面引起损益类的财务费用增加800元，记入"财务费用"账户借方；另一方面引起负债类的应付利息增加800元，记入"应付利息"账户贷方。其会计分录为：

借：财务费用　　　　　　　　　　　　　　　　800

　　贷：应付利息　　　　　　　　　　　　　　　　800

2. 长期借款的核算

（1）设置主要账户。

长期借款的核算内容包括借款取得、利息计提和到期还本付息等业务。为了反映长期借款的取得、利息的负担和偿还等情况，应设置"长期借款"和"财务费用"等账户。依据长期借款本金和利息偿还方式不同，其计提利息的账务处理方式也不相同，本书只讲述到期一次还本付息的处理方式。

（2）长期借款的账务处理。

【例4-3】华景有限责任公司20×1年有关长期借款业务如下。

（1）企业于20×1年12月向某商业银行借入期限为2年，年利率为8%的借款300 000元，到期一次还本付息。所借款项存入银行，该项借款用于企业生产经营。

该笔业务的发生，一方面引起资产类的银行存款增加300 000元，记入"银行存款"账户借方；另一方面引起负债类的长期借款增加300 000元，记入"长期借款"账户贷方。其会计分录为：

借：银行存款   300 000

    贷：长期借款——本金   300 000

（2）计提12月长期借款的利息（企业长期借款仅为本月借入的300 000元，即上述长期借款）。

本月应负担的长期借款利息＝300 000×8%÷12＝2 000（元）

关于长期借款利息的处理，由于借款用途的不同而有所不同：长期借款用于企业生产经营，按期计提的利息按规定应作为财务费用计入当期损益；长期借款用于其他方面的，计提利息的处理将在有关课程中讲述，在此不进行讲解。该笔业务中，由于该项借款用于企业生产经营，所以，一方面引起损益类的财务费用增加2 000元，记入"财务费用"账户借方；另一方面引起负债类的长期借款增加2 000元，记入"长期借款"账户贷方。其会计分录为：

借：财务费用   2 000

    贷：长期借款——应计利息   2 000

（3）假设企业在20×3年12月偿还该笔借款的全部本金和利息。

该笔长期借款在存续期间的利息共计为300 000×8%×2＝48 000（元），借款本金300 000元，合计为348 000元，在20×3年年末一次付清。这笔经济业务的发生，减少了企业的银行存款，同时减少了长期借款（包括本金和利息），其会计分录为：

借：长期借款——本金   300 000

         ——应计利息   48 000

    贷：银行存款   348 000

4.3 供应阶段业务的核算

4.3.1 供应业务的核算

1. 设置主要账户

为了反映和监督固定资产原始价值的增减变化及其结存情况，需设置"固定资产"账户，同时为了反映和监督购建固定资产的实际支出，还需设置"在建工程"账户。在建工程是指企业正在施工、安装中，尚未达到预计可使用状态的基建工程、安装工程等。

企业购置的固定资产，对于其中需要安装的部分，在交付使用之前，也就是达到预定可使用状态之前，由于没有形成完整的取得成本（原始价值），必须通过"在建工程"账户进行核算。在购建过程中所发生的全部支出，都应归集在"在建工程"账户，待工程达到可使用状态形成固定资产后，方可将该工程成本从"在建工程"账户转入"固定资产"账户。

2. 固定资产购建业务的账务处理

【例4-4】华景有限责任公司20×1年12月发生的有关固定资产购建业务如下。

（1）企业购入一台不需安装的生产用新设备，价款100 000元，另外支付运输途中保险费、运输费及相关的税费（不含增值税）共计20 000元，款项全部用银行存款支付。

企业购入的固定资产依据会计制度和其他有关规定，应按原始价值计价入账，即不需安装的固定资产按实际支付的买价、包装费、运输费、缴纳的有关税金等作为入账价值。该笔业务的发生，一方面引起资产类的固定资产增加120 000（100 000+20 000）元，应直接记入"固定资产"账户的借方；另一方面引起资产类的银行存款减少120 000元，应记入"银行存款"账户的贷方。其会计分录为：

借：固定资产   120 000

    贷：银行存款   120 000

（2）企业购入一台需要安装的生产用新设备，价值70 000元，支付运输费及途中保险费、相关税费（不含增值税）等14 000元，设备已交付安装，并支付安装费4 000元，款项全部用银行存款支付。

企业购入需要安装的固定资产按实际支付的买价、包装费、运输费、安装成本、缴纳的有关税费等作为入账价值，并应先通过"在建工程"账户汇集购入和安装过程中所发生的实际支出，安装完毕交付使用时，再结转工程成本，转入"固定资产"账户。因此，该笔业务的发生，一方面引起资产类的在建工程增加88 000（70 000+14 000+4 000）元，应记入"在建工程"账户的借方；另一方面引起资产类的银行存款减少88 000元，应记入"银行存款"账户的贷方。其会计分录为：

借：在建工程   88 000

    贷：银行存款   88 000

（3）设备安装完毕，交付使用，结转工程成本88 000元。

企业购入设备安装完毕交付使用时，结转工程成本，表明企业固定资产增加，应自"在建工程"账户的贷方转入"固定资产"账户的借方。其会计分录为：

借：固定资产   88 000

    贷：在建工程   88 000

4.3.2 材料采购业务的核算

1. 设置主要账户

为了反映和监督材料采购及相关业务，一般应设置"在途物资""原材料""应付账款""预付账款""应交税费——应交增值税"等账户。

2. 采购业务的账务处理

【例4-5】20×1年12月华景有限责任公司发生的材料采购业务如下。

（1）从外地W公司购入甲材料200吨，每吨1 600元，买价320 000元，并按13%增值税税率向供应商支付增值税，增值税专用发票上注明增值税税款为41 600元，材料尚未运到，全部款项以银行存款支付。

该笔业务的发生，一方面引起资产类的材料采购增加320 000元，按规定记入"在途物资"账户借方，增值税税款41 600元是购料时发生的进项税额，记入"应交税费——应交增值税（进项税额）"账户借方；另一方面引起银行存款减少361 600元，应记入"银行存款"账户贷方。其会计分录为：

借：在途物资——甲材料   320 000

    应交税费——应交增值税（进项税额）   41 600

    贷：银行存款   361 600

（2）从外地W公司购入乙材料100吨，单价800元，总价80 000元，并按13%增值税税率向供货单位支付增值税，增值税专用发票上注明增值税税款为10 400元，材料尚未运到，款项尚未支付。

该笔业务的发生，一方面引起资产类的材料采购增加80 000元，按规定应记入"在途物资"账户借方；发生的增值税进项税额10 400元，记入"应交税费——应交增值税（进项税额）"账户借方；另一方面全部款项尚未支付，引起企业对供货单位W公司债务的增加，应记入"应付账款"账户贷方。其会计分录为：

借：在途物资——乙材料   80 000

    应交税费——应交增值税（进项税额）   10 400

    贷：应付账款——W公司   90 400

（3）按合同规定，以银行存款向K单位预付订购丙材料的款项81 360元。

该笔业务的发生，一方面引起银行存款减少81 360元，应记入"银行存款"账户贷方；另一方面引起企业对供货单位K公司的一项债权的增加，应记入"预付账款"账户借方。其会计分录为：

借：预付账款——K公司   81 360

    贷：银行存款   81 360

（4）以银行存款偿还欠W公司购入乙材料的全部款项90 400元。

该笔业务的发生，一方面引起银行存款减少90 400元，应记入"银行存款"账户贷方；另一方面引起企业对供货单位债务的减少，应记入"应付账款"账户借方。其会计分录为：

借：应付账款——W公司   90 400

    贷：银行存款   90 400

（5）购进甲材料200吨，乙材料100吨，共发生运费3 000元，已用银行存款支付。

该笔业务发生的运费为3 000元，应由甲、乙两种材料共同负担，需要按一定的标准在它们之间进行分配。现以其重量为标准进行分配。

分配率=3 000÷（200+100）=10（元/吨）

甲材料应负担运费=10×200=2 000（元）

乙材料应负担运费=10×100=1 000（元）

经分配后，甲、乙材料各自负担的运费均构成各自的采购成本，应记入"在途物资"账户借方；同时，银行存款减少3 000元，应记入"银行存款"账户贷方。其会计分录为：

借：在途物资——甲材料   2 000

    ——乙材料   1 000

    贷：银行存款   3 000

（6）购进的甲材料、乙材料全部运到并验收入库，计算结转其实际采购成本。

根据"在途物资"明细账的记录：甲材料200吨，买价为320 000元，运费2 000元；乙材料100吨，买价800 00元，运费1 000元。因此，甲、乙材料实际采购成本分别为：

甲材料总成本=320 000+2 000=322 000（元）

甲材料单位成本=322 000÷200=1 610（元/吨）

乙材料总成本=80 000+1 000=81 000（元）

乙材料单位成本=81 000÷100=810（元/吨）

该笔业务发生后，表明甲、乙材料采购过程已经完成，材料采购成本已经计算确定，此时结转其实际采购成本，从"在途物资"账户的贷方转入"原材料"账户的借方。

借：原材料——甲材料   322 000

    ——乙材料   81 000

    贷：在途物资——甲材料   322 000

    ——乙材料   81 000

（7）K单位发来丙材料100吨，尚未入库，单价720元，增值税专用发票上注明增值税税款为9 360元，全部款项以原预付款抵付。

该笔业务中丙材料的购买价72 000元，记入"在途物资"账户借方；增值税税款9 360元，记入"应交税费——应交增值税（进项税额）"账户借方；以预付款抵付全部款项，引起预付账款减少81 360元，应记入"预付账款"账户贷方。其会计分录为：

借：在途物资——丙材料   72 000

     应交税费——应交增值税（进项税额）   9 360

       贷：预付账款——K公司   81 360

（8）用现金支付丙材料装卸费400元。

该笔业务的发生，一方面构成丙材料的采购费用，应记入"在途物资"账户借方；另一方面现金减少400元，应记入"库存现金"账户贷方。其会计分录为：

借：在途物资——丙材料   400

   贷：库存现金   400

（9）丙材料验收入库完毕，计算结转丙材料的实际采购成本。

根据"在途物资"明细账可知：丙材料100吨，买价为72 000元，采购费用400元。因此，丙材料实际采购成本为：

丙材料总成本=72 000+400=72 400（元）

丙材料单位成本=72 400÷100=724（元/吨）

该笔业务发生后，丙材料采购过程已经完成，材料采购成本已经计算确定，结转丙材料的实际采购成本，应从"在途物资"账户的贷方转入"原材料"账户的借方。其会计分录为：

借：原材料——丙材料   72 400

   贷：在途物资——丙材料   72 400

4.4 生产业务的核算

1. 设置主要账户

制造业为了进行生产费用的归集与分配和产品生产成本的计算，应设置的主要账户除"生产成本"和"制造费用"两个专门的账户外，还需设置"累计折旧""库存商品""应付职工薪酬""管理费用""销售费用"等账户。

2. 账务处理

下面仍以初创企业华景有限责任公司20×1年12月的生产业务为例，说明生产费用的归集和产品成本计算原理。现进行如下假定。

该企业本月生产A、B两种产品；期初无在产品；本月投产A产品100台、B产品50台，全部完工并验收入库；原材料按实际成本计价核算，发出材料成本的计算方法用先进先出法；库存商品也是按实际成本计价核算，发出商品成本的计算方法仍用先进先出法。

【例4-6】华景有限责任公司20×1年12月发生生产业务如下。

（1）根据发料汇总表，企业本月领用甲材料120吨，其中生产A产品使用116吨、车间一般消耗4吨；领用乙材料80吨，其中生产B产品使用78吨、行政管理部门使用1吨、专设销售机构使用1吨。按先进先出法的基本原理，本月领用甲材料、乙材料的单位成本应为本月期初一批入库的材料的成本，即甲材料每吨1 610元，乙材料每吨810元。

该笔业务的发生，使企业库存材料减少258 000（1 610×120+810×80）元，记入"原材料"账户贷方。本月领用的材料按用途和领用部门进行归集分配，记入有关的成本、费用账户，其中，直接用于A产品生产的186 760（1 610×116）元和B产品生产的63 180（810×78）元属直接材料费，记入"生产成本"总账账户及所属明细账户的借方；车间一般消耗的6 440（1 610×4）元，属制造费用，记入"制造费用"账户借方，行政管理部门领用的810（810×1）元，属管理费用，记入"管理费用"账户借方；专设销售机构领用的810（810×1）元，属销售费用，记入"销售费用"账户借方。其会计分录为：

```
借：生产成本——A产品              186 760
          ——B产品               63 180
    制造费用                        6 440
    管理费用                          810
    销售费用                          810
  贷：原材料——甲材料             193 200
          ——乙材料              64 800
```

（2）计算分配本月应付职工工资总额共计100 000元。其中，生产A产品工人的工资40 000元；生产B产品工人的工资20 000元；车间管理人员的工资10 000元；行政管理部门人员的工资20 000元；专设销售机构人员的工资10 000元。

该笔业务发生后，本月应付工资增加100 000元，应付工资属负债，记入"应付职工薪酬"账户贷方。同时，工资费用增加了100 000元，应按用途和部门进行归集分配并记入有关的成本、费用账户。其中，生产工人的工资记入"生产成本"总账账户及所属明细账户借方，车间管理人员的工资应记入"制造费用"账户借方，行政管理部门人员的工资应记入"管理费用"账户借方，专设销售机构人员的工资应记入"销售费用"账户借方。其会计分录为：

```
借：生产成本——A产品               40 000
          ——B产品               20 000
    制造费用                       10 000
    管理费用                       20 000
    销售费用                       10 000
  贷：应付职工薪酬——工资         100 000
```

（3）按工资总额的14%计提职工福利费。

本月应计提职工福利费为：

按A产品工人工资计提的数额=40 000×14%=5 600（元）

按B产品工人工资计提的数额=20 000×14%=2 800（元）

按车间管理人员工资计提的数额=10 000×14%=1 400（元）

按行政管理部门人员工资计提的数额=20 000×14%=2 800（元）

按专设销售机构人员工资计提的数额=10 000×14%=1 400（元）

该笔业务发生后，一方面引起负债类的应付职工薪酬增加14 000元，应记入"应付职工薪酬"账户贷方，另一方面引起成本、费用增加14 000元。其中，按生产工人工资为依据计提的属直接人工费8 400元，直接记入"生产成本"总账账户及所属明细账户借方；按车间管理人员工资为依据计提的1 400元，应记入"制造费用"账户借方；按行政管理部门人员工资为依据计提的2 800元，应记入"管理费用"账户借方，按专设销售机构人员工资计提的1 400元，应记入"销售费用"账户借方。其会计分录为：

借：生产成本——A产品　　　　　　　　　　　　　　5 600

　　　　　——B产品　　　　　　　　　　　　　　2 800

　　制造费用　　　　　　　　　　　　　　　　　　1 400

　　管理费用　　　　　　　　　　　　　　　　　　2 800

　　销售费用　　　　　　　　　　　　　　　　　　1 400

　　贷：应付职工薪酬——福利费　　　　　　　　　　14 000

（4）计算提取本月固定资产折旧费80 000元。其中，生产车间用固定资产折旧费40 000元；行政管理部门用固定资产折旧费30 000元；专设销售机构用固定资产折旧费10 000元。

该笔业务发生后，一方面引起固定资产折旧费增加80 000元，应记入"累计折旧"账户贷方；另一方面引起折旧费增加，应按用途分别记入有关的成本、费用账户。其中，生产车间用固定资产计提的折旧费40 000元，由于无法分清具体与生产的哪种产品相关，应作为间接生产费用记入"制造费用"账户借方，行政管理部门用固定资产计提的折旧费30 000元，属管理费用，记入"管理费用"账户借方，专设销售机构用固定资产折旧费10 000元，属销售费用，记入"销售费用"账户借方。其会计分录为：

借：制造费用　　　　　　　　　　　　　　　　　　40 000

　　管理费用　　　　　　　　　　　　　　　　　　30 000

　　销售费用　　　　　　　　　　　　　　　　　　10 000

　　贷：累计折旧　　　　　　　　　　　　　　　　80 000

（5）以银行存款10 800元支付本月水电费，其中，生产车间负担5 800元，行政管理部门负担4 000元，专设销售机构负担1 000元。

该笔业务发生后，一方面引起银行存款减少10 800元，记入"银行存款"账户贷方；另一方面车间负担的水电费属于间接生产费用，应记入"制造费用"账户借方，行政管理部门负担的水电费作为期间费用记入"管理费用"账户借方，专设销售机构负担的水电费作为期间费用记入"销售费用"账户借方。其会计分录为：

借：制造费用　　　　　　　　　　　　　　　　　　5 800

　　管理费用　　　　　　　　　　　　　　　　　　4 000

　　销售费用　　　　　　　　　　　　　　　　　　1 000

　　贷：银行存款　　　　　　　　　　　　　　　　10 800

（6）月末汇总分配结转制造费用。

汇总本月制造费用=6 440+10 000+1 400+40 000+5 800 =63 640（元）[见业务（1）、（2）、（3）、（4）和（5）]，为账户借方发生额。

分配制造费用，分配标准为生产工人工资[见业务（2）：其中，生产A产品工人的工资40 000元，生产B产品工人的工资20 000元]。

制造费用分配率=本月应分配的制造费用÷生产工人工资=63 640÷（40 000+20 000）=1.06（元）

A产品负担制造费用=40 000×1.06=42 400（元）

B产品负担制造费用=63 640－42 400=21 240（元）

结转A、B产品负担的制造费用，一方面引起A、B生产成本的增加，应记入"生产成本"总账账户及所属明细账户借方；另一方面引起制造费用减少，应记入"制造费用"账户贷方。其会计分录为：

借：生产成本——A产品　　　　　　　42 400

　　　　　　——B产品　　　　　　　21 240

　　贷：制造费用　　　　　　　　　　　　　　　63 640

（7）本月投产的A产品100台、B产品50台全部完工并验收入库，计算结转完工产品的成本。假设本月A、B产品期初在产品成本为0元，库存商品按实际成本计价核算。

计算完工产品的成本，本月A产品期初在产品成本为0元，本月发生的直接材料费用186 760元，直接人工费用40 000+5 600＝45 600（元），负担的制造费用为42 400元。本月B产品期初在产品成本为0元，本月发生的直接材料费用63 180元，直接人工费用20 000+2 800＝22 800（元），负担的制造费用21 240元。因为期初、期末均无在产品，所以，完工的A、B产品的成本计算如下。

完工A产品总成本=0+（186 760+45 600+42 400）−0=274 760（元）

完工A产品单位成本=274 760÷100=2 747.6（元/台）

完工B产品总成本=0+（63 180+22 800+21 240）−0=107 220（元）

完工B产品单位成本=107 220÷50=2 144.4（元/台）

结转完工产品的成本，一方面引起库存的产成品增加，其中，A产品100台，实际成本274 760元；B产品50台，实际成本107 220元，应记入"库存商品"账户借方；另一方面完工产品成本从生产成本中转出后，引起生产成本的减少，应记入"生产成本"账户贷方。其会计分录为：

借：库存商品——A产品　　　　　　274 760

　　　　　　——B产品　　　　　　107 220

　　贷：生产成本——A产品　　　　　　　　　274 760

　　　　　　　——B产品　　　　　　　　　107 220

4.5

销售业务的核算

4.5.1　产品销售过程的核算

销售过程是企业生产经营过程的最后一个阶段。企业生产的商品只有销售以后，它的价值才能真正实现，资金周转才能顺利地进行。企业在销售过程中除了发生销售商品、自制半成品以及提供工业性劳务等业务即主营业务外，还可能发生一些其他业务，如销售材料、出租包装物、出租固定资产等。本小节主要介绍企业主营业务收支的核算内容。

1. 商品销售过程核算设置的账户

企业为了核算和监督商品的销售收入和货款结算情况，以及销售费用、营业成本和营业税金发生的情况，应设置"主营业务收入""应收账款""预收账款""销售费用""应收票据""主营业务成本""税金及附加"等账户。

2. 销售业务的核算

【例4-7】华景有限责任公司20×1年12月发生商品销售业务如下。

（1）华景有限责任公司本期共销售A产品50台，单价4 800元，B产品45台，单价4 000元。并按13%的税率向购货方收取增值税。其中，销售给创新公司B产品2台，款项未收回，其余款项均已收到并存入银行。

该笔业务发生后，实现收入4 800×50+4 000×45＝420 000（元），引起主营业务收入增加，应记入"主营业务收入"账户贷方；销项税额为54 600（420 000×13%）元，应记入"应交税费——应交增值税（销项税额）"账户贷方；价款和税款共计474 600（420 000+54 600）元，其中尚未收到的款项为9 040（4 000×2+4 000×2×13%）元，引起应收账款增加9 040元，应记入"应收账款"账户借方，收到的款项为465 560（420 000+54 600-9 040）元，引起银行存款增加465 560元，应记入"银行存款"账户借方。其会计分录为：

借：银行存款 465 560
　　应收账款——创新公司 9 040
　　贷：主营业务收入——A产品 240 000
　　　　　　　　　　　——B产品 180 000
　　　　应交税费——应交增值税（销项税额） 54 600

（2）预收宏运公司购货款项216 960元，存入银行。

该笔业务发生后，一方面引起银行存款增加216 960元，应记入"银行存款"账户借方；另一方面引起预收账款增加216 960元，应记入"预收账款"账户贷方。其会计分录为：

借：银行存款 216 960
　　贷：预收账款——宏运公司 216 960

（3）向宏运公司发出A产品40台，单价4 800元，并按13%的增值税税率向购货方收取增值税，全部款项以预收账款抵付。

该笔业务发生后，实现销售收入192 000（4 800×40）元，记入"主营业务收入"账户贷方，增值税销项税额为24 960（192 000×13%）元，记入"应交税费——应交增值税（销项税额）"账户贷方；全部款项216 960（192 000+24 960）元，以预收账款抵付，引起预收账款减少216 960元，应记入"预收账款"账户借方。其会计分录为：

借：预收账款——宏运公司 216 960
　　贷：主营业务收入——A产品 192 000
　　　　应交税费——应交增值税（销项税额） 24 960

（4）用银行存款支付广告费10 000元。

该笔业务发生后，一方面引起企业银行存款减少10 000元，应记入"银行存款"账户贷方；另一方面广告费的发生属于销售费用内容之一，应记入"销售费用"账户借方。其会计分录为：

借：销售费用 10 000
　　贷：银行存款 10 000

（5）月末计算结转已销A、B产品的销售成本。本月共销售A产品90台，B产品45台，采用先进先出法计算发出A、B产品的销售成本。

计算已销A、B产品的销售成本，根据先进先出法的计价原理，本期发出A、B产品的单位成本是本月完工验收入库的A、B产品的单位成本，分别是2 747.6元、2 144.4元。所以：

A产品的销售成本＝2 747.6×90=247 284（元）
B产品的销售成本＝2 144.4×45=96 498（元）

结转已销A、B产品的销售成本，该笔业务发生后，一方面引起主营业务成本增加343 782（247 284+96 498）元，按规定记入"主营业务成本"账户借方；另一方面引起库存商品减少343 782元，记入"库存商品"账户贷方。其会计分录为：

借：主营业务成本——A产品   247 284
                ——B产品   96 498
　　贷：库存商品——A产品   247 284
                ——B产品   96 498

4.5.2 其他销售业务的核算

1. 设置主要账户

其他销售业务的核算设置的会计账户主要有"其他业务收入""其他业务成本""营业外收入""营业外支出"。

2. 其他业务的核算

【例4-8】华景有限责任公司20×1年12月发生其他销售业务如下。

（1）企业转让无形资产使用权，取得收入20 000元，存入银行。

该笔业务发生后，一方面引起银行存款增加，应记入"银行存款"账户借方；另一方面转让无形资产使用权属于其他销售业务，取得的收入应记入"其他业务收入"账户贷方。其会计分录为：

借：银行存款   20 000
　　贷：其他业务收入   20 000

（2）用现金支付转让无形资产使用权的转让费558元。

该笔业务发生后，一方面支付的转让费属于无形资产使用权的转让成本，引起其他业务成本的增加，应记入"其他业务成本"账户借方；另一方面引起现金减少，应记入"库存现金"账户贷方。其会计分录为：

借：其他业务成本   558
　　贷：库存现金   558

（3）华景有限责任公司生产销售的A、B产品为非应税消费品，因此，不需要缴纳消费税。本月按7%税率、3%附加率分别计算应缴纳的城市维护建设税和教育费附加，并结转城市维护建设税和教育费附加。

计算本期应缴纳的城市维护建设税＝（本期应缴纳增值税+消费税）×7%

本期应缴纳的增值税＝（本期的销项税额-本期的进项税额）

＝（54 600+24 960）-（41 600+9 360+10 400）

＝18 200（元）

本期应缴纳的消费税为0。

本期应缴纳的城市维护建设税＝（18 200+0）×7%＝1 274（元）

本期应缴纳的教育费附加＝（18 200+0）×3%=546（元）

结转城市维护建设税和教育费附加，该笔业务发生后，已销A、B产品应缴纳的城市维护建设税和教育费附加按规定记入"税金及附加"账户借方；同时应缴纳的城市维护建设税和教育费附加在未缴纳之前引起企业的负债增加，应记入"应交税费"账户贷方。其会计分录为：

借：税金及附加   1 820
　　贷：应交税费——应交城市维护建设税   1 274
                ——应交教育费附加   546

【例4-9】华景有限责任公司20×1年12月发生营业外收入和支出业务如下。

（1）取得罚款收入400元（现金），作为营业外收入。

该项业务发生后，一方面引起现金增加，应记入"库存现金"账户的借方；另一方面引起营业外收入相应增加，应记入"营业外收入"账户的贷方。其会计分录为：

借：库存现金   400

  贷：营业外收入   400

（2）向希望工程捐款5 000元，开出现金支票支付。

该笔业务发生后，一方面捐赠支出属于营业外支出，引起营业外支出增加，应记入"营业外支出"账户的借方；另一方面开出现金支票引起银行存款减少，应记入"银行存款"账户的贷方。其会计分录为：

借：营业外支出   5 000

  贷：银行存款   5 000

4.6 利润形成和分配业务的核算

4.6.1 利润形成业务的核算

企业在经营过程中实现了各项收入，相应地也发生了各项支出，这些收入和支出都已经在各有关的损益类账户中得到了相应的反映。为了正确计算当期损益，会计期末应将收入、费用和支出账户的余额全部转入"本年利润"账户，予以结清，使原账户的期末余额为零，完成结算业务程序。

1. 设置主要账户

企业为了核算和监督利润的形成和分配情况，应设置 "本年利润"和"所得税费用"等账户。

2. 利润形成业务的账务处理

会计期末（月末或年末）结转各项收入时，借记"主营业务收入""其他业务收入""投资收益""营业外收入"等账户，贷记"本年利润"账户；结转各项费用时，借记"本年利润"账户，贷记"主营业务成本""其他业务成本""税金及附加""管理费用""销售费用""财务费用""投资收益""营业外支出""所得税费用"等账户。利润是企业一定时期经营活动的最终成果。

【例4-10】华景有限责任公司20×1年12月发生的利润形成业务如下。

（1）企业收到对外长期股权投资的股利15 000元，存入银行。该股利确认为本期的投资收益。该长期股权投资使用成本法核算。

该项业务发生后，一方面引起银行存款增加，应记入"银行存款"账户的借方；另一方面引起投资收益相应增加，应记入"投资收益"账户的贷方。其会计分录为：

借：银行存款   15 000

  贷：投资收益   15 000

（2）期末将损益类账户的本期发生额转入"本年利润"账户，并计算本期的利润总额。

企业本期收入类账户的发生额分别如下。

① 主营业务收入：612 000元。

② 其他业务收入：20 000元。

③ 投资收益：15 000元。

④ 营业外收入400元。

结转收入类账户，将引起本年利润的增加，应记入"本年利润"账户的贷方；同时各收入转出时，应记入各收入账户的借方（取得时已登记在贷方）。其会计分录为：

借：主营业务收入   612 000

  其他业务收入   20 000

  投资收益   15 000

  营业外收入   400

  贷：本年利润   647 400

有关费用类账户的发生额分别如下。

① 主营业务成本：343 782元。

② 税金及附加：1 820元。

③ 其他业务成本：558元。

④ 管理费用：57 610元。

⑤ 销售费用：33 210元。

⑥ 财务费用：2 800元。

⑦ 营业外支出：5 000元。

结转费用类账户，一方面引起本年利润的减少，应记入"本年利润"账户的借方；另一方面各费用转出时，应记入各费用账户的贷方（发生时已登记在借方）。其会计分录为：

借：本年利润   444 780

  贷：主营业务成本   343 782

    税金及附加   1 820

    其他业务成本   558

    管理费用   57 610

    销售费用   33 210

    财务费用   2 800

    营业外支出   5 000

利润总额＝647 400－444 780＝202 620（元）

（3）按25%的所得税税率计算本期应缴纳的所得税费用（假定企业税前利润无纳税调整事项）。

本月应纳所得税＝202 620×25%＝50 655（元）

该笔业务发生后，一方面引起企业所得税费用增加，应记入"所得税费用"账户的借方；另一方面在所得税尚未缴纳之前引起企业负债的应交税费增加，应记入"应交税费"账户的贷方。其会计分录为：

借：所得税费用   50 655

  贷：应交税费——应交所得税   50 655

（4）期末将所得税转入"本年利润"账户并计算本月净利润。

所得税是企业的一项费用，它的发生将引起利润的减少，结转时应记入"本年利润"账户的借方；同时，应记入"所得税费用"账户的贷方（发生时已登记在借方）。其会计分录为：

借：本年利润   50 655

  贷：所得税费用   50 655

本月净利润＝202 620－50 655＝151 965（元）

4.6.2 利润分配业务的核算

企业的利润或亏损在很大程度上反映了企业经营的效益和经营管理的水平。企业若实现利润，首先应缴纳所得税，然后再将税后利润按照规定程序进行分配：一部分留归企业自行支配，一部分分给企业的所有者。企业若发生亏损，应按规定进行弥补。因此，掌握利润的概念与利润分配过程非常重要。

利润是指企业通过一定时期的生产经营活动所取得的全部收入抵补全部费用后实现的总成果；倘若全部收入抵补不了全部费用，则为亏损。利润是企业进行生产经营的目标，也是综合反映企业一定时期生产经营成果的重要指标。

企业的利润总额由营业利润和营业外收支净额两部分组成。营业利润是指企业从事生产经营活动所取得的利润，它是营业收入减去营业成本、税金及附加，再减去销售费用、管理费用和财务费用后的差额，是利润总额的主体。营业外收支净额是企业发生的与生产经营活动无直接关系的其他各项收入与支出的差额，它由营业外收入和营业外支出组成。用公式表示如下。

利润（亏损）总额＝营业利润+营业外收入-营业外支出

营业利润＝营业收入-营业成本-税金及附加-销售费用-管理费用-财务费用-信用减值损失-
资产减值损失+公允价值变动收益+投资收益+其他收益+资产处置收益

企业实现的利润总额要按一定的比例缴纳所得税。利润总额减去所得税后即为净利润，净利润是企业的净收益，用公式表示为：

净利润＝利润总额-所得税费用

1. 设置主要账户

为了反映和监督企业净利润的分配，包括法定盈余公积金、法定公益金的提取情况以及向投资者分配利润等情况，应设置"利润分配""盈余公积""应付股利"等账户。

2. 利润分配业务的账务处理

【例4-11】华景有限责任公司有关利润分配业务如下。

（1）年终将本年实现的净利润9 000 000元，转入"利润分配——未分配利润"账户。

该项经济业务发生后，本年度实现的净利润是"本年利润"账户的贷方余额，即1—11月实现净利润8 848 035元（假设"本年利润"账户的12月月初余额为8 848 035元），12月实现净利润151 965元，共计9 000 000元。年终应将本年度实现的净利润自"本年利润"账户借方转入"利润分配——未分配利润"账户贷方。经结转后"本年利润"账户年末无余额。其会计分录为：

借：本年利润　　　　　　　　　　　　　　　　9 000 000

　　贷：利润分配——未分配利润　　　　　　　　　　9 000 000

（2）按税后利润10%的比例提取法定盈余公积金。

企业以前年度没有未弥补的亏损，因此本年应提取法定盈余公积金＝9 000 000×10%＝900 000（元）。

该业务发生后，一方面引起盈余公积金增加，记入"盈余公积"账户的贷方；另一方面，提取的法定盈余公积金是利润分配的一个项目，应记入"利润分配——提取法定盈余公积"账户借方。其会计分录为：

借：利润分配——提取法定盈余公积　　　　　900 000

　　贷：盈余公积　　　　　　　　　　　　　　　900 000

（3）按本年实现的净利润的30%向投资者分配利润（现金股利）。

应分给投资者的普通股股利＝9 000 000×30%＝2 700 000（元）

该笔业务发生后，一方面，向投资者分配的利润是利润分配的内容之一，记入"利润分配——应付现金股利"账户借方；另一方面在支付前使得企业对投资者的债务增加，记入"应付股利"账户的贷方。其会计分录为：

借：利润分配——应付现金股利　　　　　　　　2 700 000

　　贷：应付股利　　　　　　　　　　　　　　　　　　2 700 000

（4）将利润分配的其他明细账户转入"未分配利润"明细账户，并计算年末未分配利润。

本年度内已分配的利润已登记在"利润分配"总账账户所属"提取法定盈余公积"和"应付现金股利"明细账户的借方，年末应从这些明细账户的贷方转入"未分配利润"明细账户的借方，结转后"利润分配"账户所属的"提取法定盈余公积""应付现金股利"明细账户年末无余额。其会计分录为：

借：利润分配——未分配利润　　　　　　　　　3 600 000

　　贷：利润分配——提取法定盈余公积　　　　　　　900 000

　　　　　　　　——应付现金股利　　　　　　　　2 700 000

年末"利润分配"账户所属"未分配利润"明细账户的贷方余额即为年末未分配利润。

年末经分配后本年的未分配利润＝9 000 000-3 600 000＝5 400 000（元）

习题

一、思考题

（1）企业筹集资金有哪些主要渠道？各渠道资金筹集业务核算的主要内容是什么？

（2）短期借款利息的会计处理与长期借款利息有何区别？

（3）材料采购成本由哪些项目构成？如何计算、结转材料采购成本？

（4）为什么要分别设置"生产成本"和"制造费用"账户归集生产费用？

（5）什么是成本项目？产品制造企业是如何计算产品成本的？

（6）如何计算企业的营业利润？如何计算企业的净利润？

（7）企业按什么顺序进行利润分配？利润分配时如何进行账务处理？

二、判断题

（1）计算每批外购原材料单位成本应以材料采购总成本除以外购材料的数量。（　　　）

（2）企业月度内发生的间接费用记入"制造费用"账户，不能记入"生产成本"账户。（　　　）

（3）计提固定资产折旧意味着固定资产价值的减少，累计折旧的增加。（　　　）

（4）企业应收未收的各种应收款项，均应通过"应收账款"账户核算。（　　　）

（5）计提生产车间固定资产折旧应记入"生产成本"账户。（　　　）

三、单项选择题

（1）为了正确核算和监督库存材料的增减变化及其结存情况，需要设置的账户为（　　　）。

　　A. 物资采购　　　B. 原材料　　　C. 应付账款　　　D. 预付账款

（2）"主营业务收入"账户月末余额在（　　　）。

　　A. 借方　　　　　　　　　　　　B. 贷方

　　C. 无余额　　　　　　　　　　　D. 可能在借方也可能在贷方

（3）"累计折旧"账户按其反映的经济内容应归入（　　）。

  A. 损益类   B. 费用类   C. 资产类   D. 负债类

（4）按权责发生制要求，下列不属于本期费用的是（　　）。

  A. 预付的费用   B. 待摊的费用   C. 预提的费用   D. 应付的费用

（5）企业出售产品前，预收客户一笔货款，就其性质来看应作为（　　）。

  A. 资产   B. 负债   C. 收入   D. 费用

（6）企业在生产经营过程中借入短期借款的利息支出应计入（　　）。

  A. 生产成本   B. 管理费用   C. 财务费用   D. 在建工程

（7）应计入产品成本的费用是（　　）。

  A. 销售费用   B. 财务费用   C. 制造费用   D. 管理费用

四、多项选择题

（1）下列项目中应纳入企业管理费用核算的有（　　）。

  A. 利息支出   B. 业务招待费

  C. 保险费   D. 行政部门管理费

  E. 固定资产折旧费

（2）下列账户年末无余额的有（　　）。

  A. 制造费用   B. 原材料   C. 资本公积

  D. 本年利润   E. 主营业务成本

（3）下列费用计入产品成本的有（　　）。

  A. 管理费用   B. 预提费用   C. 直接费用

  D. 制造费用   E. 财务费用

（4）产品成本项目包括（　　）。

  A. 直接材料   B. 直接人工   C. 制造费用

  D. 管理费用   E. 其他直接支出

（5）月末应将"（　　）"账户的本期发生额转入"本年利润"账户。

  A. 主营业务收入   B. 营业外收入   C. 制造费用

  D. 管理费用   E. 生产成本

五、业务题

根据甲公司下列事项，写出相应的会计分录。

（1）甲公司从银行提取现金5 000元，用于支付企业日常零星开支。

（2）甲公司将出售废料取得的现金7 200元送存银行。

甲公司采购原料一批，按计划成本法进行核算，根据题干所给信息，完成（3）～（4）题。

（3）甲公司购进一批a材料，材料价款为36 000元，运杂费1 450元，增值税4 680元，材料的计划成本为40 000元，材料尚未运达，货款已用银行存款支付。

（4）次日，上述材料运抵甲公司，甲公司验收后将该批材料移送仓库储存。

甲公司采购原料一批，按实际成本法进行核算，根据题干所给信息，完成（5）～（6）题。

（5）甲公司购入b材料一批，取得的增值税专用发票上注明价款80 000元，增值税10 400元，材料尚未运达，货款已用银行存款支付。

（6）次日，上述材料运抵甲公司，甲公司验收后将该批材料移送仓库储存。

（7）甲公司根据20×1年12月月末产成品入库汇总表计算并结转已完工入库A产品1 000件，实际生产成本30 000元，B产品2 000件，实际生产成本50 000元。

（8）甲公司20×1年12月，共销售A产品6 000件，实际成本180 000元，销售B产品4 800件，实际成本960 000元。

（9）甲公司购入两台不需要安装的机器设备，取得的增值税专用发票上注明价款80 000元，增值税10 400元，全部款项已用银行存款支付。

甲公司12月新购入一台机床，根据题干所给信息，完成（10）~（12）题。

（10）12月4日，甲公司购入一台需要安装的机床，取得的增值税专用发票上注明设备价款450 000元，增值税58 500元，另支付运费1 200元，款项已通过银行存款付讫。

（11）12月9日，发生安装上述机床的工人工资3 500元，另用现金支付其他杂费650元。

（12）12月11日，机床安装完毕，达到预定可使用状态。

（13）甲公司20×1年12月底，对车间使用的机器设备计提折旧，共计13 000元，对企业管理部门的办公设备计提折旧，共计4 200元。

甲公司12月有一台机床报废，根据题干所给信息，完成（14）~（17）题。

（14）甲公司一台机床使用期满，经批准报废，机床原值90 000元，已提折旧78 000元。

（15）上述机床报废过程中出售残料获得5 000元，款项已存入银行。

（16）上述机床发生清理费用6 500元，款项用银行存款支付。

（17）结转上述固定资产清理净损失13 500元。

甲公司12月有一台机床报废，根据题干所给信息，完成（18）~（21）题。

（18）甲公司报废一项固定资产，该设备原值80 000元，已折旧76 000元。

（19）设备报废过程中取得残值收入8 200元，已存入银行。

（20）设备报废过程中发生清理费400元，已用现金支付。

（21）结转上述固定资产清理净收益。

（22）甲公司销售商品一批，货款30 000元，增值税3 900元，商品已发生，货款尚未收到。

（23）甲公司收到上月销售商品货款35 100元，款项已存入银行。

（24）按照合同规定，甲公司通过银行转账向乙公司预付购货款3 000元。

（25）甲公司向乙公司购买一批商品，取得的增值税专用发票上注明价款10 000元，增值税1 300元，商品已经验收入库，货款已在上月预付3 000元，剩余部分通过银行转账支付。

（26）甲公司向乙公司赊购一批商品，取得的增值税专用发票注明价款98 000元，增值税12 740元，乙公司代垫运费，共计1 300元，商品已验收入库。

（27）甲公司通过银行转账支付欠乙公司的购货款115 960元。

（28）甲公司计提12月应付职工工资56 700元，其中，生产A产品的工人工资25 000元，生产B产品的工人工资20 000元，车间管理人员工资11 700元。

（29）甲公司通过银行发放上月职工薪酬74 000元。

（30）甲公司按7%的税率计提当期应纳城市维护建设税13 950元。

（31）12月1日，甲公司从银行取得借款600 000元，双方约定6个月之后偿还，所得借款已存入银行。

（32）甲公司从银行取得专门借款900 000元用于建造一条生产流水线，该笔借款约定在3年后该生产线投产时偿还。

（33）甲公司从乙公司收到投资300 000元，款项已存入银行。

（34）甲公司收到丙公司作为投资投入的新设备两台，每台价值400 000元，专利权一项，价值

80 000元。

（35）甲公司经工商部门审核批准，减资85 000元退还投资者，资金已通过银行转账支付。

（36）甲公司销售产品20件，每件不含税售价4 200元，价款共计84 000元，应向购买单位收取增值税10 920元，以上款项已通过银行转账收讫。

（37）甲公司出租房屋取得租金收入30 000元，存入银行。

（38）甲公司生产A、B两种产品，本月仓库发出材料汇总如下：A产品领用材料35 000元，B产品领用材料25 000元，车间一般耗用材料8 000元，企业管理部门领用材料2 000元。

（39）甲公司经营过程中，由于业务往来单位违反合同，取得违约金12 000元，存入银行。

（40）甲公司12月31日结转各损益类账户，其中收入和利得科目余额如下：主营业务收入贷方余额1 000 000元，其他业务收入贷方余额80 000元，投资收益贷方余额34 000元，营业外收入贷方余额2 000元。

（41）甲公司12月31日结转各损益类账户，其中成本费用类科目余额如下：主营业务成本借方余额600 000元，税金及附加借方余额60 000元，管理费用借方余额58 000元，财务费用借方余额21 000元，其他业务成本借方余额70 000元，营业外支出借方余额1 000元。

（42）甲公司"本年利润"科目12月期初余额为贷方200 000元，12月借方发生额为810 000元，贷方发生额为1 116 000元，12月31日结转"本年利润"账户。

（43）甲公司"本年利润"科目12月期初余额为贷方200 000元，12月借方发生额为1 200 000元，贷方发生额为760 000元，12月31日结转"本年利润"账户。

（44）甲公司向本市某打工子弟小学捐款10 000元，以银行存款支付。

（45）12月5日，总经理王明出差参加甲公司所在行业会议，从出纳处预借差旅费8 000元。

（46）12月20日，若月初参加会议的总经理出差归来，报销差旅费7 500元，余款退回给出纳。

（47）12月20日，若月初参加会议的总经理出差归来，报销差旅费8 500元，余款以现金支付。

（48）甲公司用现金600元支付办公用品费。

（49）12月2日，采购员王明出差，从出纳处预借差旅费2 000元。

（50）12月22日，采购员王明出差归来，报销差旅费2 500元，出纳补给其现金500元。

（51）12月31日，甲公司计提本月负担的银行借款利息800元。

（52）甲公司销售材料取得不含税收入20 000元，增值税税率13%，收到商业汇票一张。

知识拓展——新理念：气候变化可以核算吗

一些人认为，气候风险以及未来可能的发展情况（包括主体当前业务模式的可持续性）对主体的影响的不确定性过高，故无法通过量化的披露在财务报表中进行有意义的说明。在存在高度不确定性的情况下，主体通常应考虑披露其敏感性分析。

事实上，气候相关事项有可能对不动产、厂场和设备的使用寿命、残值和弃置产生重大影响。因而也有人会认为管理层尚未充分探索气候风险对主体财务状况和未来业绩的潜在影响，因此在进行相关估值和判断时没有考虑气候风险。在财务报告规则中加入气候变化因素，其实最重要的是对碳资产的估值问题。但这个估值有难度，需要量化到具体的数据。张有为指出，例如，一家上市公司开发了CDM（Clean Development Mechanism，清洁发展机制）项目，具体到财务层面，就会有CDM收益，但是，很难用现在的会计准则去对应这类收益。因为CDM收益其实是一个远期的收益，并不是公司当年就能拿到这个收益。一般来说，CDM业主从与买家签合同到拿到钱，一般都要经过两年，甚至更长的时间。而这个收益也有一定的风险，估计有10%～30%的可能性能拿到这笔钱。

不过，由于欧盟排放交易体系已然存在，在该框架下的欧洲企业手中拥有碳排放配额（碳排放指标），一些欧洲公司已经在细化的范畴尝试把碳资产列入资产负债表。芬兰造纸巨头斯道拉恩索集团的报表里就有一个碳排放指标的资产项目，列入长期无形资产。碳资产估值除了收益方面，还有支出方面，航空业的排放将受到欧盟排放交易体系的管束，航空公司可能要支付一部分的资金，去购买额外的排放配额才能满足欧盟的要求。

关键术语

实收资本	生产成本	期间费用	制造费用	采购成本	材料采购
主营业务收入	营业外收入	营业外支出	营业利润	利润总额	利润分配

第5章 | 会计凭证

会计凭证是记录经济业务发生和完成情况,明确经济责任的书面证明,也是登记账簿的依据。为了使学生全面理解并掌握会计凭证的概念和应用,本章首先介绍了会计凭证的意义和种类;其次重点介绍了原始凭证和记账凭证的基本内容、填制方法和审核要求;最后介绍了会计凭证的传递和保管。

育人目标

（1）培养填制会计凭证认真细致的工作作风;
（2）遵守廉洁自律的财会职业道德;
（3）养成诚实守信的处事原则。

教学目标

（1）了解会计凭证的意义;
（2）熟悉会计凭证的主要种类;
（3）了解原始凭证的基本内容及填制方法;
（4）掌握记账凭证的填制方法与审核要求;
（5）了解会计凭证的传递和保管。

5.1 | 会计凭证的意义和种类

5.1.1 会计凭证的意义

会计凭证,简称"凭证",是记录经济业务发生和完成情况,明确经济责任的书面证明,也是登记账簿的依据。填制和审核会计凭证,是会计工作的开始,也是对经济业务进行日常监督的重要环节。

会计主体办理任何一项经济业务,都必须办理凭证手续,由执行和完成该项经济业务的有关人员取得或填制会计凭证,记录经济业务的发生日期、具体内容以及数量和金额,并在凭证上签名或盖章,对经济业务的合法性、真实性和正确性负完全责任。所有会计凭证都要由会计部门审核无误后才能作为记账的依据。因此,会计凭证是会计核算的重要资料,正确填制和审核会计凭证,是处理会计信息的重要方法之一,同时也是整个会计核算工作的起点和基础,对完成会计工作,充分发挥会计的核算与监督职能,具有重要的意义。

1. 提供各类信息,及时反映经济业务的完成情况

日常经济业务的发生,都必须按照规定的程序和要求,及时填制会计凭证,真实地加以记录。会计人员可以根据会计凭证,对日常大量、分散的各种经济业务进行整理、分类、汇总,并经过会计处理,为经济管理提供有用的会计信息。因此,填制会计凭证,可以为了解每一项经济业务的具体完成情况提供依据,为进行会计分析和审计提供原始资料和证据。

2. 有效发挥会计的监督作用,控制经济活动

审核会计凭证,可以查明各项经济业务是否符合国家的有关法律、法规制度,有无贪污、盗窃、

铺张浪费和损公肥私行为；可以及时发现管理中存在的问题和漏洞，从而发挥会计的监督作用，保护资产的安全完整，维护投资者、债权人和有关各方的合法权益。监督经济业务的发生，控制经济业务的有效实施，是发挥会计管理职能的重要内容。

3. 明确责任，加强岗位责任制

经济业务发生后，要取得或填制适当的会计凭证，证明经济业务已经发生或完成；同时要由有关的经办人员，在凭证上签字、盖章，明确业务负责人。在会计凭证上签章，可以促使经办部门和人员对经济业务的真实性、合法性负责，提高责任心；填制和审核会计凭证，可以使有关责任人在其职权范围内各司其职、各负其责，利用凭证填制、审核的手续制度，进一步完善经济责任制；传递会计凭证，经办部门和人员之间可以相互监督和牵制，发现问题时便于检查、分清责任，从而加强岗位责任制。

5.1.2　会计凭证的种类

会计凭证是记录经济业务的书面证明，由于企业发生的经济业务多种多样，会计凭证在其作用、性质、格式、内容及填制程序等方面，都有各自的特征。会计凭证多种多样，按其填制程序和用途可以分为原始凭证和记账凭证两类。

1. 原始凭证

原始凭证是在经济业务发生或完成时取得或填制的，用以记录或证明经济业务的发生或完成情况的最初书面证明文件，是会计核算的原始资料，也是编制记账凭证的重要依据。原始凭证具有法律证明力，是填制记账凭证和登记账簿的原始依据。

（1）原始凭证按其取得的来源不同，可以分为自制原始凭证和外来原始凭证两类。

① 自制原始凭证。自制原始凭证是由本单位内部经办业务的部门或人员，在执行或完成某项经济业务时填制的原始凭证，如收料单、领料单等。

② 外来原始凭证。外来原始凭证是指在经济业务发生时，从其他单位或个人取得的凭证。例如，供货单位开来的发票，运输部门开来的运费收据，银行开来的收款或支款通知等都属于外来原始凭证。外来原始凭证一般都是一次凭证。

（2）原始凭证按其填制手续和内容的不同，可以分为一次凭证、累计凭证和汇总凭证。

① 一次凭证。一次凭证是指只记录一笔经济业务，填制手续一次完成的原始凭证，如领料单，其格式如表 5-1 所示。

表 5-1　　　　　　　　　　　　　　　　　　领料单

领料单位：×车间　　　　　　　　　　　　　　　　　　　　　　　　　　　　编号：

用途：　　　　　　　　　　　　　　　　年　月　日　　　　　　　　　　　　发料仓库：

材料编号	材料名称及规格	计量单位	数量		价格		备注
			请领	实领	单价	金额	

领料单位负责人：　　　　　　领料人：　　　　　　发料人：　　　　　　制单：

一次凭证只反映一笔经济业务的内容，使用方便灵活，但在业务量较大时，使用凭证的数量多，核算比较烦琐。

② 累计凭证。累计凭证是指在一定时期内多次记录发生的同类经济业务的原始凭证，其填制手续是随着经济业务的发生而分次完成的，如限额领料单，其格式如表 5-2 所示。

表 5-2   限额领料单

领料单位：×车间   凭证编号：

用途：   年   月   发料仓库：

材料编号	材料名称及规格	计量单位	领用限额	实际领用			退回		
				数量	单价	金额	数量	单价	金额

日期	请领		实发			退回			限额结余
	数量	领料单位负责人签章	数量	发料人签章	领料人签章	数量	收料人签章	退料人签章	
合计									

供应部门负责人：   生产计划部门负责人：   仓库管理员：

③ 汇总凭证。汇总凭证也叫原始凭证汇总表，是指对一定时期内反映相同经济业务内容的若干张原始凭证，按照一定标准进行汇总而填制的原始凭证，如发出材料汇总表，其格式如表 5-3 所示。

表 5-3   发出材料汇总表
年   月

应借账户	应贷账户			发料合计
	原材料			
	1—10 日	11—20 日	21—31 日	
生产成本				
制造费用				
管理费用				
其他业务成本				
合计				

汇总凭证可以简化编制记账凭证的手续，但它本身不具有法律效力。需要指出的是，汇总凭证只能将同类经济业务汇总在一张凭证上，而不能汇总两类或者两类以上的业务。

2. 记账凭证

记账凭证是会计人员根据审核无误的原始凭证或汇总原始凭证填制的，按经济业务的具体内容归类，据以确定应借、应贷会计科目及其金额而编制的，作为登记账簿直接依据的凭证。

由于原始凭证种类繁多、格式不一，不便于在原始凭证上编制会计分录并据以记账，所以有必要将各种原始凭证反映的经济内容加以归类整理，确认为某一会计要素后，编制记账凭证。从原始凭证到记账凭证是经济信息转换成会计信息的过程，是会计的初始确认阶段。

需要说明的是：在实际工作中，前面章节所介绍的会计分录的编制就是通过记账凭证来完成的，换句话说，实际工作中登记账簿的依据是记账凭证而不是会计分录。只是在会计教学中，为了便于讲解与学习，采用了编制会计分录的办法。

记账凭证按其所反映的经济内容不同，分为专用记账凭证和通用记账凭证两类。

（1）专用记账凭证。

专用记账凭证是指分类反映经济业务的记账凭证。这种记账凭证按其反映经济业务的内容不同，又可分为收款凭证、付款凭证和转账凭证。

① 收款凭证。收款凭证是指用于记录库存现金和银行存款收款业务的记账凭证。按照反映的具体内容不同，收款凭证又可分为反映现金的收款凭证和反映银行存款的收款凭证两种。收款凭证

的格式如表 5-4 所示。

表 5-4　　　　　　　　　　　　　　收款凭证

借方账户：　　　　　　　　　　　年　月　日　　　　　　　　　　____字第____号

摘要	贷方账户	明细账户	金额	记账符号	附单据张
合计					

会计主管：　　　　记账：　　　　审核：　　　　制单：　　　　出纳：

②付款凭证。付款凭证是指用于记录库存现金和银行存款付款业务的记账凭证。按照反映的具体内容不同，付款凭证又可分为反映现金的付款凭证和反映银行存款的付款凭证两种。付款凭证的格式如表 5-5 所示。

表 5-5　　　　　　　　　　　　　　付款凭证

贷方账户：　　　　　　　　　　　年　月　日　　　　　　　　　　____字第____号

摘要	借方账户	明细账户	金额	记账符号	附单据张
合计					

会计主管：　　　　记账：　　　　审核：　　　　制单：　　　　出纳：

③转账凭证。转账凭证是指用于记录不涉及库存现金和银行存款业务的会计凭证。它是根据转账业务的原始凭证填制的，是登记有关总分类账户和明细分类账户的依据。转账凭证的格式如表 5-6 所示。

收付款凭证是出纳人员办理收付款项的依据，也是登记现金日记账和银行存款日记账的依据。为了强化内部控制，有效监督货币资金的使用，出纳人员不能直接根据记录现金和银行存款收付业务的原始凭证收付款项，而必须根据会计主管人员审核批准的收付款记账凭证办理款项的收付。另外，为了加强现金和银行存款收付业务的控制，对于收款业务，应该"先收款，再记账"；对于付款业务，应该"先记账，再付款"。

表 5-6　　　　　　　　　　　　　　转账凭证

　　　　　　　　　　　　　　　　　年　月　日　　　　　　　　　　转字第____号

摘要	总账账户	明细账户	借方金额	贷方金额	记账符号	附单据张
合计						

会计主管：　　　　记账：　　　　审核：　　　　制单：

（2）通用记账凭证。

通用记账凭证是用同一种格式反映所有经济业务的记账凭证。通用记账凭证的格式如表 5-7 所示。

表 5-7   通用记账凭证

年 月 日   第____号

摘要	借方科目		贷方科目		金额	记账符号	
	总账科目	明细科目	总账科目	明细科目			附单据张
合计							

会计主管：　　　　记账：　　　　　　稽核：　　　　　　制单：　　　　　出纳：

记账凭证按其填列会计科目的数目不同，可分为单式记账凭证和复式记账凭证两类。

① 单式记账凭证。单式记账凭证是指只填列经济业务所涉及的一个账户和金额的记账凭证。它包括借项凭证和贷项凭证。其特点是便于科目汇总和分工记账，但不能完整反映一笔经济业务的全貌，增加了填制记账凭证的工作量。因此，在会计工作中较少使用。单式记账凭证的格式分别如表 5-8（借项凭证）和表 5-9（贷项凭证）所示。

表 5-8   借项凭证

对应账户：　　　　　　　　　　　　　　　　年 月 日   第____号

摘要	借方账户	明细账户	金额	记账符号	
					附单据张

会计主管：　　　　记账：　　　　　　审核：　　　　　　制单：　　　　　出纳：

表 5-9   贷项凭证

对应账户：　　　　　　　　　　　　　　　　年 月 日   第____号

摘要	贷方账户	明细账户	金额	记账符号	
					附单据张

会计主管：　　　　记账：　　　　　　审核：　　　　　　制单：　　　　　出纳：

② 复式记账凭证。复式记账凭证是完整地列出每笔会计分录所涉及的全部科目的记账凭证。上述专用记账凭证和通用记账凭证均为复式记账凭证。复式记账凭证的优点是在一张凭证上就能完整地反映一笔经济业务的全貌，且填写方便，附件集中，便于凭证的分析及审核。其缺点是不便于分工记账及科目汇总。

记账凭证按其包括的内容不同，可以分为单一记账凭证、汇总记账凭证和科目汇总表（亦称记账凭证汇总表、账户汇总表）三类。

① 单一记账凭证是指只包括一笔会计分录的记账凭证。上述的专用记账凭证和通用记账凭证，均为单一记账凭证。

② 汇总记账凭证是指根据一定时期内同类单一记账凭证定期加以汇总而重新编制的记账凭证。其目的是简化总分类账的登记手续。汇总记账凭证又可进一步分为汇总收款凭证、汇总付款凭证和汇总转账凭证。

③ 科目汇总表是指根据一定时期内所有的记账凭证定期加以汇总而重新编制的记账凭证。其目的也是简化总分类账的登记手续。

原始凭证与记账凭证之间存在着十分密切的联系，记账凭证是根据审核无误的原始凭证编制的。在实际工作中，原始凭证附在记账凭证的后面，作为记账凭证的附件。

5.2 | 原始凭证的填制与审核

5.2.1 原始凭证的基本内容

经济业务是多种多样的，因而记录经济业务的原始凭证名称、内容和格式也不尽相同。但每一种原始凭证都必须客观地、真实地记录经济业务的发生、完成情况，都必须明确有关单位和人员的经济责任。这些共同的要求，决定了每种原始凭证都必须具备以下几方面的基本内容：

(1) 原始凭证名称；

(2) 填制凭证的日期；

(3) 填制凭证的编号；

(4) 接受凭证单位名称；

(5) 经济业务的基本内容；

(6) 经济业务的数量、单价、金额；

(7) 填制单位及经办人员的签章。

有些原始凭证除了包括上述基本内容以外，为了满足计划、统计等其他业务工作的需要，还要列入一些补充内容。例如，在有些原始凭证上，还要注明与该笔经济业务有关的计划指标、预算项目和经济合同等。

5.2.2 原始凭证的填制

自制原始凭证的填制有三种情况：一是根据实际发生或完成的经济业务，由经办人员直接填制，如领料单、入库单、限额领料单等；二是根据若干张反映同类经济业务的原始凭证定期汇总填制，如收料汇总表、发料汇总表等；三是根据账簿记录对有关经济业务加以归类，整理填制，如制造费用分配表等。

外来原始凭证，虽然由其他单位或个人填制，但它必须具备为证明经济业务完成情况和明确经济责任所必需的内容。

尽管各种原始凭证的具体填制依据和方法不完全一致，但就原始凭证应反映经济业务、明确经济责任而言，其填制的一般要求有以下几个方面。

1. 记录真实

凭证上记载的经济业务，必须与实际情况相符合，不允许有任何歪曲或弄虚作假。对于实物的数量、质量和金额，都要经过严格的审核，确保凭证内容真实可靠。从外单位取得的原始凭证如有丢失，应取得原签发单位盖有财务专用章的证明，并注明原凭证的号码、所载金额等内容，由经办单位负责人批准后，可代作原始凭证；对于确实无法取得证明的，如火车票、轮船票、飞机票等，可由当事人写出详细情况，由经办单位负责人批准后，也可代作原始凭证。

2. 内容齐全

凭证中的基本内容和补充内容都要详尽地填写齐全，不得漏填或省略不填。如果项目填写不全，则不能作为经济业务的合法证明，也不能作为有效的会计凭证。为了明确经济责任，原始凭证必须由经办单位和人员签章。从外单位取得的原始凭证，必须盖有填制单位的公章或财务专用章；从个人处取得的原始凭证，必须有填制人员的签名或盖章。自制原始凭证必须有经办单位负责人或其指定人员的签名或盖章。对外开出的原始凭证，必须加盖本单位的公章或财务专用章。

3. 填制及时

每笔经济业务发生或完成后，经办业务的有关部门和人员必须及时填制原始凭证，并按规定的程序及时送交会计机构、会计人员进行审核。

4. 手续完备

原始凭证的填制手续，必须符合内部牵制原则的要求。凡是填有大写和小写金额的原始凭证，大写和小写金额必须相符；购买实物的原始凭证，必须有验收证明；支付款项的原始凭证，必须有收款方的收款凭证；销货退回时，除填制退货发票外，必须取得对方的收款收据或开户行的汇款凭证；各种借款凭证，必须附在记账凭证之后，收回借款时，应当另开收据或者退还借款副本，不得退回原借款收据。一式多联的原始凭证，应当注明各联次的用途，只能以一联作为报销凭证；一式多联的发票和收据，必须用双面复写纸套写，连续编号；作废时应当加盖"作废"戳记，连同存根一起保存，不得撕毁。

5. 书写规范

原始凭证上的文字，要按规定书写，字迹要工整、清晰，易于辨认，不得使用未经国务院颁布的简化字。合计的小写金额前要冠以人民币符号"¥"（用外币计价、结算的凭证，金额前要加注外币符号，如"$"等），币值符号与阿拉伯数字之间不得留有空白；所有以元为单位的阿拉伯数字，除表示单价等情况外，一律填写到角分，无角分的要以"0"补位。汉字大写金额数字，一律用正楷字或行书字书写，如壹、贰、叁、肆、伍、陆、柒、捌、玖、拾、佰、仟、万、亿、元（圆）、角、分、零、整（正）。大写金额最后为"元"的应加写"整"（或"正"）字断尾。

阿拉伯金额数字中间有"0"时，汉字大写金额要写"零"字，如¥1 409.50，汉字大写金额应写成"人民币壹仟肆佰零玖元伍角"。阿拉伯金额数字中间连续有几个"0"时，汉字大写金额中可以只写一个"零"字，如¥6 007.14，汉字大写金额应写成"人民币陆仟零柒元壹角肆分"。阿拉伯金额数字万位或元位是"0"，或者数字中间连续有几个"0"，元位也是"0"，但千位、角位不是"0"时，汉字大写金额中可以只写一个"零"字，也可以不写"零"字，如¥1 580.32，应写成"人民币壹仟伍佰捌拾元零叁角贰分"，或者写成"人民币壹仟伍佰捌拾元叁角贰分"；又如¥107 000.53，应写成"人民币壹拾万柒仟元零伍角叁分"，或者写成"人民币壹拾万零柒仟元伍角叁分"。阿拉伯金额数字角位是"0"，而分位不是"0"时，汉字大写金额"元"后面应写"零"字，如¥16 409.02，应写成"人民币壹万陆仟肆佰零玖元零贰分"。

原始凭证记载的各项内容均不得涂改。原始凭证有错误的应当由出具单位重开或者更正，更正处应当加盖出具单位印章。支票等重要的原始凭证若填写错误，一律不得在凭证上更正，应按规定的手续注销留存，另行重新填写。

6. 责任明确

填制的原始凭证上必须有经办人员或部门的签名或签章，以明确经济责任，确保凭证的真实性和正确性。从外单位取得的原始凭证，必须盖有填制单位的公章或财务专用章（一般盖财务专用章）；从个人处取得的原始凭证，必须有填制人员的签名或盖章。自制原始凭证，必须有经办单位负责人或其指定人员的签名或盖章。对外开出的原始凭证，必须加盖本单位的公章或财务专用章（一般盖财务专用章）。有些特殊的原始凭证，出于习惯或使用单位认为不易伪造，可不加盖公章。但这些凭证一般具有固定的、特殊的、公认的标志，如车票、船票、飞机票等。

7. 连续编号

各种原始凭证要连续编号，如果凭证已预先印定编号，如发票、支票、收据等，在需要作废时，应加盖"作废"戳记，并连同存根和其他各联全部保存，不得随意撕毁。

5.2.3 原始凭证的审核

《会计法》第十四条规定："会计机构、会计人员必须按照国家统一的会计制度的规定对原始凭证进行审核，对不真实、不合法的原始凭证有权不予接受，并向单位负责人报告；对记载不准确、不完整的原始凭证予以退回，并要求按照国家统一的会计制度的规定更正、补充。"

为了保证原始凭证内容的真实性和合法性，防止不符合填制要求的原始凭证影响会计信息的质量，必须由会计部门对一切外来的和自制的原始凭证进行严格的审核。审核内容主要包括以下两个方面。

1. 审核原始凭证所反映的经济业务是否合法、合规、合理

合法性是指原始凭证所反映的会计事项要符合法律要求，不得逾越国家法律；合规性是指原始凭证所反映的会计事项在遵守国家法律的前提下，要符合根据企业自身情况制定的企业规章制度；合理性是指在合法的前提下，对特定环境下形成的会计事项在原始凭证审核时要根据事情的起因进行灵活但不拘泥常规的处理，既不可违法乱纪，又不可墨守成规。审核应以国家颁布的现行财经法规、财会制度，以及本单位制定的有关规则、预算和计划为依据，审核经济业务是否符合有关规定，有无弄虚作假、违法乱纪、贪污舞弊的行为；审核经济活动的内容是否符合规定的开支标准，是否履行规定的手续，有无背离经济效益原则的要求。

2. 审核原始凭证的填制是否符合规定的要求

首先应审核原始凭证是否具备作为合法凭证所必需的基本内容，所有项目是否填写齐全，有关单位和人员是否已签字盖章；其次要审核凭证中所列数字的计算是否正确，大、小写金额是否相符，数字和文字是否清晰等。

原始凭证的审核，是一项十分细致而严肃的工作，必须坚持原则，依法办事。对于不真实、不合法的原始凭证，会计人员有权不予受理，并要向单位负责人报告；对于记载不准确、不完整的原始凭证应予以退回，并要求按照国家统一的会计制度规定更正、补充。

原始凭证经审核无误后，才能作为编制记账凭证和登记明细分类账的依据。

5.3 记账凭证的填制与审核

5.3.1 记账凭证的基本内容

记账凭证虽然种类不一，编制依据各异，但各种记账凭证的主要作用都在于对原始凭证进行归类整理，运用账户和复式记账法编制会计分录，为登记账簿提供直接依据。因此，所有记账凭证都应满足记账的要求，都必须具备下列基本内容。

（1）填制单位的名称。

（2）记账凭证的名称。

（3）记账凭证的日期和编号。

（4）经济业务的内容摘要。

（5）账户名称（包括一级、二级账户等）、记账方向和金额。

（6）所附原始凭证的张数。

（7）填制、审核、记账、会计主管等有关人员的签章。

5.3.2 记账凭证的填制

1. 记账凭证的填制要求

填制记账凭证，要求会计人员将各项记账凭证要素按规定方法填写齐全，便于账簿登记。记账凭证虽有不同格式，但就记账凭证确定会计分录、便于保管和查阅会计资料角度来看，各种记账凭证除了严格遵循前述填制原始凭证的填制要求外，还应注意以下几点。

（1）摘要简明。

记账凭证的摘要应用简明扼要的语言，概括出经济业务的主要内容。既要防止简而不明，又要避免过于烦琐。为了满足登记明细分类账的需要，对不同性质的账户，其摘要填写应有所区别。例如，反映原材料等实物资产的账户，摘要中应注明品种、数量、单价；反映库存现金、银行存款或借款的账户，摘要中应注明收付款凭证和结算凭证的号码，以及款项增减原因、收付款单位名称等。

（2）会计科目运用准确。

必须按规定的会计科目及其核算内容，正确编制会计分录，确保科目的准确运用。每一项经济业务发生，取得或填制原始凭证后，会计人员在填记账凭证时，应当根据经济业务的性质，正确确定应借记哪个账户和应贷记哪个账户。为此，必须严格遵守会计科目所核算的内容，不得任意更改会计科目名称和不恰当地使用会计科目，以保证会计记录的口径一致，同时，必须严格遵守记账准则，正确反映会计科目之间的对应关系。必须按规定的会计科目及其核算内容，根据经济业务的性质，编写会计分录，以保证核算口径一致，便于综合汇总。

（3）连续编号。

记账凭证在一个月内应当连续编号，即每月都从1号编起，顺序编至月末，以便查核。采用通用记账凭证的，可按全部经济业务发生的先后顺序编号；采用专用记账凭证的，可按凭证类别分类编号，即可以按现金收付、银行存款收付和转账业务三个类别编号，即"现字第×号""银字第×号""转字第×号"，也可以按现金收入、现金支出、银行存款收入、银行存款支出和转账五类进行编号，即"现收字第×号""现付字第×号""银收字第×号""银付字第×号""转字第×号"。若一笔经济业务要填制多张记账凭证，可采用分数编号法，即按该项经济业务的记账凭证数量编列分号，如某笔经济业务要编制三张转账凭证，凭证的顺序号是20时，这三张凭证的编号应分别为转字第$20\frac{1}{3}$号、$20\frac{2}{3}$号、$20\frac{3}{3}$号。每月末最后一张记账凭证的号旁要加注"全"字，以免凭证散失。

（4）内容齐全。

① 记账凭证中的各项内容都应填写齐全，并按规定程序办理签章手续，不得简化。记账凭证的日期应以会计部门受理经济业务事项日期为准，年、月、日应写全，即收、付款凭证应按现金、银行存款收付款的日期填写。转账凭证原则上按收到原始凭证的日期填写；如果一份转账凭证依据不同日期的某类原始凭证填制时，可按填制凭证日期填写；在月终时，有些转账业务要等到下月月初方可填制转账凭证的，也可按月末的日期填写。

② 记账凭证所填金额要和原始凭证或原始凭证汇总表金额一致。记账凭证填写后，应进行复核和检查，有关人员均要签名或盖章。出纳人员根据收、付款凭证收入款项或付出款项时，应在凭证上加盖"收讫"或"付讫"的戳记，以免重收重付，出现差错。实行会计电算化的单位，采用的机制记账凭证应当符合记账凭证的一般要求，打印出来的机制记账凭证，有关人员要盖章或签字，

以加强审核、明确责任。

（5）填制依据明确。

记账凭证可以根据每一张原始凭证填制，或者根据若干张同类原始凭证汇总填制，也可以根据原始凭证汇总表填制，但不得将不同内容和类别的原始凭证汇总填制在一份记账凭证上。对一张原始凭证所列支出需要几个单位共同负担的，应将其他单位负担的部分，由保存原始凭证的单位开出原始凭证分割单，进行结算。除结账和更正错误的记账凭证可以不附原始凭证外，其他记账凭证必须附有原始凭证，并注明所附原始凭证的张数，以便核对摘要及所编会计分录是否准确无误。对于同一张原始凭证需填制两张记账凭证的（如采用单式记账凭证格式），应在未附原始凭证的记账凭证上注明其原始凭证在哪张记账凭证下，以便查阅。

（6）附件齐全。

记账凭证所附的原始凭证必须完整无缺，并在凭证上注明所附原始凭证的张数，以便核对摘要及所编会计分录是否正确无误。若两张或两张以上的记账凭证依据同一原始凭证编制，则应在未附原始凭证的记账凭证上注明"原始凭证×张，附于第×号凭证之后"，以便日后查阅。

（7）其他要求。

① 若记账之前发现记账凭证有错误，应重新编制正确的记账凭证，并将错误凭证作废或撕毁。已经登记入账的记账凭证，在当年内发现填写错误时，应用红字填写一张与原内容相同的记账凭证，在摘要栏注明"注销某月某日某号凭证"，同时再用蓝字重新填制一张正确的记账凭证，注明"订正某月某日某号凭证"。如果会计科目没有错误，只是金额错误，也可以将正确数字与错误数字之间的差额，另编一张调整的记账凭证，调增金额用蓝字，调减金额用红字。发现以前年度的错误，应用蓝字填制一张更正的记账凭证。

② 实行会计电算化的单位，其机制记账凭证应当符合对记账凭证的一般要求，并应认真审核，做到会计科目使用正确，数字准确无误。打印出来的机制记账凭证上，制单人员、审核人员、记账人员和会计主管人员应盖章或者签字，以明确责任。

2. 记账凭证的填制方法

（1）收款凭证、付款凭证和转账凭证的填制。

收款凭证是用来记录库存现金和银行存款收款业务的凭证，是会计人员根据审核无误的原始凭证填制的。其格式和填制方法举例如下。

收款凭证的填制方法：收款凭证左上角"借方账户"处，按照业务内容填写"银行存款"或"现金"；凭证上中方的"年　月　日"处，填写会计部门受理经济业务事项制证的日期即编制本收款凭证的日期；凭证右上角的"__字第__号"处填写"银收""现收"字和已填制凭证的顺序编号；"摘要"栏填写对所记录的经济业务性质和特征的简要说明；"贷方账户"和"明细账户"栏填写与银行存款或现金收入相对应的总账科目及其明细科目；"记账符号"栏则应在已经登记账簿后画"√"符号，表示已经入账，以免发生漏记或重记错误；"金额"栏填写该项经济业务事项的发生额；"合计"栏填写各发生额的合计数；凭证右边"附单据　张"处需填写所附原始凭证的张数；凭证下边分别由相关人员签字或盖章，以明确经济责任。

付款凭证是根据有关库存现金和银行存款的付款业务的原始凭证填制的。付款凭证的填制方法与收款凭证的填制方法基本相同。不同的是在付款凭证的左上角应填列相应的贷方账户，即"银行存款"或"库存现金"，"借方账户"和"明细账户"栏应填写与现金和银行存款相应的总账科目和明细科目。出纳人员对已经收讫和已经付讫的收付款凭证及其所附的各种原始凭证，都要加盖"收讫"和"付讫"的戳记，以免重收重付。值得说明的是，对于库存现金和银行存款之间的

会计学：新理念、新技术、新方法

互相划转业务，即从银行提取现金或将现金存入银行，一般只填写银行存款或现金付款凭证，不填收款凭证，以免重复记账。

转账凭证一般是根据转账业务（即不涉及库存现金和银行存款的业务）的原始凭证编制的。转账凭证中"总账账户"和"明细账户"栏应填写应借、应贷的总账科目和明细科目，借方账户应记金额应在同一行的"借方金额"栏填列，贷方账户应记金额应在同一行的"贷方金额"栏填列，"借方金额"栏合计数与"贷方金额"栏合计数应相等。

收款凭证、付款凭证、转账凭证的填制示例分别如表5-10、表5-11、表5-12所示。

表5-10　　　　　　　　　　　　　　收款凭证

借方账户：银行存款　　　　　　　20×1年12月01日　　　　　　　银收字第_1_号

摘要	贷方账户	明细账户	金额	记账符号
销售商品	主营业务收入	A商品	100 000	
	应交税费	应交增值税	13 000	
合计			¥113 000	

附单据2张

会计主管：×× 　　　记账：×× 　　　审核：×× 　　　制单：×× 　　　出纳：××

表5-11　　　　　　　　　　　　　　付款凭证

贷方账户：库存现金　　　　　　　20×1年12月01日　　　　　　　现付字第_1_号

摘要	借方账户	明细账户	金额	记账符号
职工借差旅费	其他应收款	张山	2 000	
合计			¥2 000	

附单据1张

会计主管：×× 　　　记账：×× 　　　审核：×× 　　　制单：×× 　　　出纳：××

表5-12　　　　　　　　　　　　　　转账凭证

20×1年12月01日　　　　　　　转字第_1_号

摘要	总账账户	明细账户	借方金额	贷方金额	记账符号
材料入库	原材料	甲材料	100 000		
	在途材料	甲材料		100 000	
合计			¥100 000	¥100 000	

附单据1张

会计主管：×× 　　　记账：×× 　　　审核：×× 　　　制单：××

（2）通用记账凭证的填制。

通用记账凭证常用的格式与转账凭证基本相同，填制示例如表5-13所示。

表5-13　　　　　　　　　　　　　　通用记账凭证

20×1年12月01日　　　　　　　第_1_号

摘要	借方科目		贷方科目		金额	记账符号
	总账科目	明细科目	总账科目	明细科目		
提现备用	库存现金				10 000	
			银行存款		10 000	
合计					¥10 000	

附单据1张

会计主管：×× 　　　记账：×× 　　　稽核：×× 　　　制单：×× 　　　出纳：××

5.3.3　记账凭证的审核

记账凭证是登记账簿的直接依据，为了保证账簿记录的正确性，以及会计信息的质量，记账前必须由专人对已编制的记账凭证进行认真、严格的审核。审核的内容主要有以下几个方面。

首先，审核记账凭证是否附有原始凭证，记账凭证的内容与所附原始凭证的内容是否相符，金额是否一致。

其次，审核凭证中会计科目的使用是否正确，明细科目是否齐全；账户对应关系是否清晰；金额计算是否准确无误。

最后，审核记账凭证中有关项目是否填列齐全，有关人员是否签名盖章。在审核中若发现记账凭证填制有错误，应查明原因，予以重填或按规定方法及时更正。只有经审核无误的记账凭证，才能据以记账。

5.4
会计凭证的传递与保管

5.4.1　会计凭证的传递

会计凭证的传递是指凭证从取得或填制时起，经过审核、记账、装订到收档保管时止，在单位内部各有关部门和人员之间按规定的传递顺序办理业务手续的过程。

正确、合理地组织会计凭证的传递，对于及时处理和登记经济业务，协调单位内部各部门、各环节的工作，加强经营管理的岗位责任制，实行会计监督，具有重要作用。会计凭证的传递包括凭证的传递路线、传递时间和传递手续三个方面。

1. 会计凭证的传递时间

会计凭证的传递时间是指各种凭证在各经办部门、环节所停留的最长时间。它应根据各部门和有关人员，在正常情况下办理经济业务所需时间来合理确定。明确会计凭证的传递时间，能防止拖延处理和积压凭证，保证会计工作的正常秩序，提高工作效率。一切会计凭证的传递和处理，都应在报告期内完成。否则，将会影响会计核算的及时性。

2. 会计凭证的传递路线

确定会计凭证传递路线，要求各单位根据自己的经济业务特点、机构设置、人员分工等具体情况，以及经营管理上的需要，明确规定会计凭证的联次及流程。会计凭证传递路线既要使会计凭证经过必要的环节进行审核和处理，又要避免会计凭证在不必要的环节停留，从而保证会计凭证按照最简捷、合理的路线传递。

3. 会计凭证的传递手续

会计凭证的传递手续，是指凭证传递过程中的衔接手续。应该做到责任明确，手续完备、严密，以保证会计凭证的安全、完整。

5.4.2　会计凭证的保管

会计凭证的保管是指会计凭证记账后的整理、装订、归档和存查工作。会计凭证作为记账的依据，是重要的会计档案和经济资料。本单位以及有关部门、单位，可能因各种需要查阅会计凭证，特别是发生贪污、盗窃、违法乱纪行为时，会计凭证还是依法处理的有效依据。因此，每个单位都要建立会计凭证保管制度，任何单位在完成经济业务手续和记账之后，必须按规定的立卷归档制度，将会计凭证妥善加以保管，防止丢失和毁损，以便于上级机关和其他有关部门进行凭证检查，也便于本单位随时抽查和利用。不得任意销毁会计凭证，以便于日后随时查阅。

1．会计凭证的整理归类

会计部门在记账以后，应定期（一般为每月）将会计凭证加以归类整理，即把记账凭证及其所附原始凭证，按记账凭证的编号顺序进行整理，在确保记账凭证及其所附原始凭证完整无缺后，将其折叠整齐，加上封面、封底，装订成册，并在装订线上加贴封签，以防散失和任意拆装。在封面上要注明单位名称、凭证种类、所属年月和起讫日期、起讫号码、凭证张数等。会计主管或指定装订人员要在装订线封签处签名或盖章，然后入档保管。

对于那些数量过多或各种随时需要查阅的原始凭证，可以单独装订保管，在封面上注明记账凭证的日期、编号、种类，同时在记账凭证上注明"附件另订"。各种经济合同和重要的涉外文件等凭证，应另编目录，单独登记保管，并在有关记账凭证和原始凭证上注明。

2．会计凭证的造册归档

对各种会计凭证要分门别类、按照编号顺序整理，装订成册。会计部门根据凭证登记账簿之后，应定期（每天、每旬或每月）对各种会计凭证进行分类整理，将各种记账凭证按照编号顺序，连同所附的原始凭证一起加封面、封底，装订成册，并在装订线上加贴封签，由装订人员在装订线封签处签名或签章。从外单位取得的原始凭证遗失时，应取得原签发单位盖有公章的证明，并注明原始凭证的号码、金额、内容等，由经办单位会计机构负责人、会计主管人员和单位负责人批准后，才能代作原始凭证。若确实无法取得证明的，如车票丢失，则应由当事人写明详细情况，由经办单位会计机构负责人、会计主管人员和单位负责人批准后，代作原始凭证。当年的会计凭证，会计年度结束后，可由会计部门保管一年，期满后，应由会计部门编造移交清册移交本单位档案部门保管。会计凭证必须妥善保管，存放有序，查找方便，并严防销毁、丢失和泄漏。

3．会计凭证的借阅

会计凭证原则上不得借出，如有特殊需要，须报请批准，但不得拆散原卷册，并应限期归还。需要查阅已入档的会计凭证时，必须办理借阅手续。其他单位因特殊原因需要使用原始凭证时，经本单位负责人批准，可以复制。但向外单位提供的原始凭证复印件，应在专设的登记簿上登记，并由提供人员和收取人员共同签名或盖章。

4．会计凭证的销毁

会计凭证的保管期限，一般为30年。保管期限未满，任何人都不得随意销毁会计凭证。按规定销毁会计凭证时，必须开列清单，报经批准后，由档案部门和会计部门共同派员监销。在监销前，监销人应认真清点核对，销毁后，在销毁清册上签名或盖章，并将销毁情况报本单位负责人。

习题

一、思考题

（1）什么是会计凭证？填制和审核会计凭证有哪些作用？

（2）什么是原始凭证？原始凭证应具备哪些基本内容？

（3）什么是记账凭证？记账凭证应具备哪些基本内容？

（4）填制原始凭证应遵循哪些要求？

（5）填制记账凭证应遵循哪些要求？

（6）审核原始凭证有什么意义？有哪些要求？

（7）如何审核原始凭证？如何审核记账凭证？

（8）收款、付款、转账凭证各用于填制何种经济业务？

（9）涉及库存现金、银行存款之间的相互划转业务应填制哪种记账凭证？

（10）如何组织会计凭证的传递？

（11）会计凭证保管的一般要求有哪些？

二、判断题

（1）一次原始凭证是指在一张凭证上只记载一项交易或事项，填制手续一次完成的原始凭证。

（　　）

（2）原始凭证都是直接根据实际发生的交易或事项填制的。（　　）

（3）外来原始凭证一般为一次凭证。（　　）

（4）企业在交易中取得的增值税专用发票属于外来原始凭证。（　　）

（5）重编原始凭证是指根据账簿记录的结果对某些特定事项加以归类、整理后而重新编制的原始凭证。

（　　）

三、单项选择题

（1）下列凭证中不能作为编制记账凭证依据的是（　　）。

    A. 收货单　　　　B. 发票　　　　　C. 发货单　　　　　D. 购销合同

（2）从银行提取现金，一般应根据有关原始凭证填制（　　）。

    A. 收款凭证　　　B. 付款凭证　　　C. 转账凭证　　　　D. 收款和付款凭证

（3）用现金支票支付购货款，应填制（　　）。

    A. 银行存款收款凭证　　　　　　　　B. 银行存款付款凭证

    C. 现金收款凭证　　　　　　　　　　D. 现金付款凭证

（4）限额领料单属于（　　）。

    A. 累计凭证　　　B. 外来凭证　　　C. 汇总凭证　　　　D. 付款凭证

（5）将会计凭证划分为原始凭证和记账凭证两类的主要依据是（　　）。

    A. 凭证填制的时间　　　　　　　　　B. 凭证填制的人员

    C. 凭证填制的程序和用途　　　　　　D. 凭证反映的经济内容

四、多项选择题

（1）各种原始凭证必须具备的基本内容包括（　　）。

    A. 凭证的名称、填制日期和编号　　　B. 应借、应贷的会计科目名称

    C. 填制和接受凭证的单位名称　　　　D. 经济业务的基本内容

    E. 所附原始凭证的张数

（2）记账凭证必须具备的基本要素包括（　　）。

    A. 填制凭证的日期　　　　　　　　　B. 原始凭证的张数

    C. 接受凭证的单位名称　　　　　　　D. 凭证编号和经济业务内容摘要

    E. 会计科目、记账方向、记账金额

（3）下列可作为记账凭证编制依据的有（　　）。

    A. 转账凭证　　　B. 一次凭证　　　C. 付款凭证

    D. 汇总原始凭证　　E. 累计凭证

（4）外来原始凭证是（   ）。

    A. 从企业外部取得的   B. 累计凭证

    C. 一次凭证   D. 汇总原始凭证   E. 企业内部产生的

（5）下列属于外来原始凭证的有（   ）。

    A. 购货发票   B. 出差人员车船票   C. 银行结算凭证

    D. 领料单   E. 发料单

🔍 知识拓展——新方法：财务共享下的会计凭证

会计凭证电子化管理

随着信息科技的不断发展，企业财务系统在不断升级换代，业务系统、费用管控、资金管理、影像管理、电子凭证管理等财务外围辅助系统也在日益成熟。因此，财务共享服务的效能日益凸显，促进了整个财务行业的变革创新，成为财务数智化转型的基础性架构。

作为电子交易的重要媒介——电子会计凭证，其应用逐渐普及，对促进互联网经济的发展、社会资源的节约、大数据的整合等均具有重要意义，也是未来构建财务共享中心的重要基础和前提。以规范电子会计凭证使用和管理为契机，未来构建集团层面的财务共享中心，将信息电子化管理向业务终端延伸，推动技术、业务、组织等更多部门加入进来，集团治理体系和治理能力现代化离不开大数据的支撑。

为实现"信息管税"的总体目标，国家税务总局等部门自2020年起正式开启增值税电子专票的试点工作，2021年度正式开启全电发票的试点工作。伴随大量电子票据的出现，财政部、国家档案局、国家税务总局等单位针对电子会计凭证的财务处理合规性，提出了具体要求。这也给财务共享的运营优化提出了新的挑战。

📄 关键术语

原始凭证	外来原始凭证	自制原始凭证	一次凭证	累计凭证	汇总凭证
通用记账凭证	专用记账凭证	凭证填制	凭证审核	凭证传递	凭证保管

会计账簿在会计日常活动中发挥着重要的作用。本章首先介绍了会计账簿在会计工作中的意义和种类；其次从会计账簿的设置和登记出发，阐述了会计账簿的基本内容；最后分析了在具体工作中应如何进行对账和结账。

育人目标

（1）培养填制会计账簿严谨细致的工作作风；

（2）能及时用正确方法改正自身错误；

（3）树立正确价值观。

教学目标

（1）掌握账簿按用途的分类和各种账簿的格式；

（2）掌握总分类账和明细分类账之间的关系；

（3）掌握明细分类账簿的登记规则和账簿的更正方法；

（4）理解账簿按形式的分类，账簿的更换；

（5）了解账簿的意义。

6.1 会计账簿的意义和种类

6.1.1 会计账簿的意义

核算工作中，每项经济业务发生以后，首先要取得或填制会计凭证，并加以审核确认，然后据以在有关账户中进行登记。而账户则是按照规定的会计科目在账簿中分别设立的，根据会计凭证把经济业务记入有关的账户，就是指把经济业务记入设立在会计账簿中的账户。所谓账簿是指以会计凭证为依据，序时、连续、系统、全面地记录和反映企业、机关和事业单位等经济活动全部过程的簿籍。这种簿籍是由若干具有专门格式，又相互联结的账页组成的。账页一旦标明会计科目，这个账页就成为用来记录该科目所核算内容的账户。也就是说，账页是账户的载体，账簿则是若干账页的集合。根据会计凭证在有关账户中进行登记，就是指把会计凭证所反映的经济业务内容记入设立在账簿中的账户，即通常所说的登记账簿，也称记账。

设置账簿是会计工作的一个重要环节，登记账簿则是会计核算的一种专门方法。科学地设置账簿和正确地登记账簿对全面完成会计核算工作具有重要意义。

1. 会计账簿是对凭证资料的系统总结

在会计核算中，填制和审核会计凭证，可以反映和监督每项经济业务的完成情况。然而一张会计凭证只能反映一项或几项经济业务，所提供的信息是零星的、不连续的，不能把某一时期的全部经济活动完整地反映出来。账簿既能够提供总括的核算资料，又能够提供详细的资料；既能够提供分类核算资料，又能够提供序时核算资料，进而反映经济活动的轨迹，这对企业、单位加强经济核算、提高管理水平、探索资金运动的规律具有重要的作用。

2. 会计账簿是考核企业经营情况的重要依据

登记账簿，可以发现整个经济活动的运行情况，完整地反映企业的经营成果和财务状况，评价企业的总体经营情况；同时，可以监督和促进各企业、单位遵纪守法、规范经营。

3. 会计账簿是财务报表资料的主要来源

企业定期编制的资产负债表、利润表、现金流量表等财务报表的各项数据均来源于账簿。企业在编制财务报表及其附注时，对于生产经营状况、利润实现和分配情况、税金缴纳情况、各种财产物资变动情况进行说明时，也主要以账簿记录的数据为依据。从这个意义上说，账簿的设置和登记是否准确、真实、齐全，直接影响财务报表的质量。

6.1.2 会计账簿的种类

账簿的种类繁多，不同的账簿，其用途、形式、内容和登记方法都各不相同，为了更好地了解和使用各种账簿，有必要对账簿进行分类。在实际工作中，人们常用的有以下两种分类方法。

1. 按照账簿的用途分类

账簿按照用途的不同可以分为三大类，即序时账簿、分类账簿和备查账簿。

（1）序时账簿，也称日记账，是按照经济业务完成时间的先后顺序进行逐日逐笔登记的账簿。在古代会计中也把它称为"流水账"。日记账又可分为普通日记账和特种日记账。普通日记账是企业将每天发生的所有经济业务，不论其性质如何，按其先后顺序，编成会计分录记入所形成的账簿；特种日记账是按经济业务性质单独设置的账簿，按经济业务顺序记录特定项目，反映其详细情况，如现金日记账和银行存款日记账。特种日记账的设置，应根据业务特点和管理需要而定，特别是那些发生频繁、需严加控制的项目，应予以设置。

（2）分类账簿，也称分类账，是对全部经济业务按总分类账和明细分类账进行分类登记的账簿。总分类账簿，简称"总账"，是根据总账科目开设账户，用来分类登记全部经济业务，提供总括核算资料的账簿。明细分类账簿，简称"明细账"，是根据总账科目所属明细科目开设账户用以分类登记某一类经济业务，提供明细核算资料的账簿。

（3）备查账簿，又称辅助账簿，是对某些在日记账和分类账等主要账簿中未能记载的会计事项或记载不全的经济业务进行补充登记的账簿。所以，备查账簿也叫补充登记簿。它可以对某些经济业务的内容提供必要的参考资料。备查账簿的设置应视实际需要定，并非一定要设置，而且没有固定格式。

2. 按照账簿的形式分类

纸质账簿按照形式的不同可以分为订本式账簿、活页式账簿和卡片式账簿等。

（1）订本式账簿，简称"订本账"，是把具有一定格式的账页加以编号并订成固定本册的账簿。它可以避免账页的散失或被抽换，但不能根据需要来增减账页。一本订本账同一时间只能由一人记账，不便于会计人员分工协作记账，也不便于计算机打印记账。但特种日记账，如现金日记账、银行存款日记账以及总分类账必须采用订本账。

（2）活页式账簿，简称"活页账"，是把零散的账页装在账夹内，可以随时增添账页的账簿。它可以根据需要灵活添页或排列，但账页容易散乱丢失。活页账由于账页并不事先固定装订在一起，同一时间可以由若干会计人员分工记账。

（3）卡片式账簿，简称"卡片账"，是将硬卡片作为账页，存放在卡片箱内保管的账簿。它实际上是一种活页账，为了防止因经常抽取造成破损而采用硬卡片形式，可以跨年度使用。固定资产明细账常采用卡片账形式。

6.2 会计账簿的设置

6.2.1 日记账的设置

1. 普通日记账的格式与登记

普通日记账一般只设置借方和贷方两个金额栏，以便分别记录各项经济业务所确定的账户名称及其借方和贷方的金额，也称为两栏式日记账，或分录簿，其格式见表 6-1。

表 6-1   普通日记账   单位：元

2×15年		凭证号数	摘要	对应账户	金额		过账
月	日				借方	贷方	
5	6	略	购入材料，价税未付	在途物资	50 000		
				应交税费	8 500		
				应收账款		58 500	
	18		偿还欠款	应付账款	58 500		
				银行存款		58 500	

采用这种日记账，每天应按照经济业务完成时间的先后顺序，逐笔进行登记。登记时，首先，记入经济业务发生的具体时间，如 2×15 年 5 月 6 日等；其次，在"摘要"栏里写下经济业务的简要说明；再次，在"对应账户"栏里记入应借或应贷的账户名称即会计科目；最后，将借方金额和贷方金额分别记入两个金额栏内。除了上述登记外，每天还应根据日记账中应借和应贷的账户名称和金额登记总分类账。

2. 特种日记账的格式与登记

特种日记账是专门用来登记某一类经济业务的日记账，它是普通日记账的进一步发展。常用的特种日记账主要有现金日记账和银行存款日记账。

（1）现金日记账。

现金日记账是顺序登记库存现金收、付业务的日记账。它由出纳人员根据审核无误的有关收款凭证和付款凭证，序时逐日逐笔地登记。其中，根据现金收款凭证（如果是到银行提取现金业务，应是根据银行存款的付款凭证）登记收入金额，根据现金付款凭证登记支出金额。每日业务终了应分别计算库存现金收入和支出合计数并结出账面余额。其计算公式为：

$$日余额=上日余额+本日收入额-本日支出额$$

结出日余额后，还应将账面余额数与库存现金实有数相核对，检查每日库存现金收、支、存的情况，做到日结日清。对于从银行提取现金的业务，为了避免重复记账，可以规定填制减少方的凭证，即银行存款付款凭证，并根据银行存款付款凭证登记现金日记账的收入金额。

现金日记账除了三栏式外，也可采用多栏式，即在"收入"和"支出"栏内进一步设对方科目，亦即在"收入"栏内设应贷科目（借方为库存现金），在"支出"栏内设应借科目（贷方为库存现金）。现金日记账的格式见表 6-2。

表6-2 现金日记账 单位：元

2×15年		凭证号数	摘要	对方账户	收入	支出	结余
月	日						
5	1	略	月初余额				500
	6	略	从银行提取现金	银行存款	16 000		16 500
	10	略	购买办公用品	管理费用		10 000	6 500
			......				

（2）银行存款日记账。

银行存款日记账是用来序时反映企业银行存款的增加、减少和结存情况的账簿。该账簿由出纳人员根据银行存款的收款和付款凭证序时逐日逐笔登记，每日终了结出该账户全日的银行存款收入、支出合计数和余额，并定期与银行对账单对账（核对方法是通过编制银行存款余额调节表来进行，详见本书第 8 章）。银行存款日记账的登记方法与现金日记账的登记方法基本相同。银行存款日记账的格式一般为三栏式，但也可以采用多栏式。三栏式银行存款日记账的格式见表6-3。

表6-3 银行存款日记账 单位：元

20×1年		凭证号数	摘要	对方账户	收入	支出	结余
月	日						
5	1	略	月初余额				80 000
	6	略	从银行提取现金	库存现金		16 000	64 000
	7	略	收回货款	应收账款	30 000		94 000
	10	略	归还短期借款	短期借款		40 000	54 000

设置特种日记账，既能减少根据日记账过入总账的工作量，又能减少登记总账的工作量，还可以根据管理的不同要求设置相关的日记账，而且这些日记账同一时间可以由不同的会计人员进行登记，既便于会计人员分工协作，又可以提高记账效率和明确记账责任。

6.2.2 分类账的设置

分类账分为总分类账和明细分类账两种。

1. 总分类账

总分类账（以下简称"总账"）是按一级会计科目设置，提供总括资料的账簿，只能以货币作为计量单位。其常用的格式为三栏式，即分为借方金额、贷方金额、余额三栏。总账可以按记账凭证逐笔登记，也可以将记账凭证汇总进行登记，还可以根据多栏式日记账在月末汇总登记。总之，其登记方法主要取决于所采用的会计核算组织程序。三栏式总账的格式见表6-4。

表6-4 原材料总账 单位：元

2×15年		凭证		摘要	借方	贷方	借或贷	余额
月	日	种类	号数					
5	1			月初余额			借	120 000
	6			购入	20 000		借	140 000
	10			领用		5 000	借	135 000
				......				
	31			本月合计	400 000	44 000		
	31			月末余额			借	476 000

2. 明细分类账

明细分类账（以下简称"明细账"）是登记某类经济业务详细情况的账簿，它既可以反映资产、负债、所有者权益、收入、费用等价值变动情况，又可以反映资产等实物量增减情况。明细账的格式主要是根据它所反映的经济业务的特点，以及实物管理的不同要求来设计的，明细账应根据原始凭证或原始凭证汇总表登记，也可以根据记账凭证登记。其主要格式有以下三种。

（1）三栏式明细账。

三栏式明细账主要适用于只反映金额的经济业务，它一般记录只有金额而没有实物量的经济业务，如应收账款、应付账款、其他应收款、长期待摊费用等。三栏式明细账的格式见表 6-5。

表 6-5　　　　　　　　　　　　　　　　其他应收款明细账　　　　　　　　　　　　　　　　单位：元

2×15年		凭证		摘要	借方	贷方	借或贷	余额
月	日	种类	号数					
5	1			月初余额			借	400
	6			报销差旅费		350	借	50
	10			报销差旅费		50	平	0
	31			本月发生额及月末余额		400	平	0

（2）数量金额式明细账。

数量金额式明细账在收入、发出、结存三栏内，再增设数量、单价等栏目，分别登记实物的数量和金额。所以，它适用于既需要反映金额，又需要反映数量的经济业务，如原材料、库存商品、自制半成品等的明细核算。数量金额式明细账实质上是在三栏式明细账基础上发展起来的，是三栏式明细账的扩展，其格式见表 6-6。

表 6-6　　　　　　　　　　　　　　　　原材料明细账

二级科目：原材料及主要材料　　　　　　　　　　　　　　　　　　　　　　　　计量单位：元/千克

材料名称：G 材料　　　　　　　　　　　　　　　　　　　　　　　　　　　　最高储备：

材料规格：　　　　　　　　　　　　　　　　　　　　　　　　　　　　　　最低储备：

2×15年		摘要	收入			发出			结存		
月	日		数量	单价	金额	数量	单价	金额	数量	单价	金额
5	1	月初余额							500	2	1 000
	6	车间领用				100	2	200	400	2	800
	10	购入	1 000	2	2 000				1 400	2	2 800
	12	车间领用				500	2	1 000	900	2	1 800
	31	本月发生额及月末余额	1 000	2	2 000	600	2	1 200	900	2	1 800

（3）多栏式明细账。

多栏式明细账是根据经济业务的特点和经营管理的要求，在某一总账项下，对属于同一一级科目或二级科目的明细科目设置若干栏目，用以在同一张账页上集中反映各有关明细项目的详细资料。它主要适用于费用、成本、收入和利润等科目的明细核算。由于各种多栏式明细账所记录的经济业务内容不同，所需要核算的指标也不同，因此，栏目的设置也不尽相同。多栏式明细账的格式见表 6-7。

表 6-7   生产成本明细账

产品名称：甲产品   单位：元

2×15年		凭证		摘要	成本项目			
月	日	种类	号数		直接材料	直接人工	制造费用	合计
6	1			月初余额	6 000	3 400	1 600	11 000
	30			本月领用材料	13 000			13 000
	30			生产工人薪酬		7 400		7 400
	30			本月电费	1 250			1 250
	30			本月制造费用			2 450	2 450
	30			本月发生额	14 250	7 400	2 450	24 100
	30			结转完工产品成本	20 250	10 800	4 050	35 100
	30			月末余额	0	0	0	0

6.3 | 会计账簿的登记

6.3.1 账簿的登记规则

账簿必须按以下要求进行登记。

（1）账簿必须根据审核无误的会计凭证连续、系统地登记，不能错记、漏记，同时应将会计凭证的序号记入账簿，在记账时必须使用会计科目、子目、细目的全称。

（2）登记账簿时必须使用钢笔或签字笔，用蓝黑或黑墨水登记，而不能使用圆珠笔或铅笔，红墨水只能在结账划线、改错和冲账时使用，以防篡改。

（3）各种账簿必须按照事先编定的页码连续登记，不能隔页、跳行，如果不慎发生类似的情况，应在空页或空行处用红墨水划对角的叉线，并注明此页或此行空白，再加盖印鉴，不得任意撕毁或抽换账页。

（4）登账时或登账后如果发现差错，应根据错误的具体情况，按照更正错账的方法进行更正，不得刮擦、挖补、涂改和用褪色药水更改字迹，而应保持字迹清晰明了、账簿干净整洁。

（5）摘要栏的文字应简明扼要，并采用标准的简化汉字，不能使用不规范的汉字；金额栏的数字应该采用阿拉伯数字，并且对齐位数，注意"0"不能省略和连写；数字文字一般应书写在行距下方的 1/2 处，为更正错误留有余地。

（6）每登满一张账页，应该在该页的最后一行加计本页的发生额及余额，在摘要栏中注明"过次页"，并在下一页的首行记入上页的发生额和余额，在摘要栏内注明"承前页"，以便对账和结账。

6.3.2 错账的更正方法

1. 错账查找方法

错账查找方法主要有两种：个别检查法和全面检查法。

（1）个别检查法。

所谓个别检查法，就是针对错账的数字进行检查的方法。这种方法适用于检查方向记反、数字错位和数字颠倒等造成的记账错误。个别检查法又可以分为差数法、倍数法和除 9 法三种。

差数法就是记账人员首先确定错账的差数，再根据差数去查找错误的方法。这种方法对发现漏记账目比较有效，也很简便。

倍数法也叫除 2 法，就是记账人员首先算出借方和贷方的差额，再根据差额的一半去查找错误的方法，这种方法适用于会计账簿因栏次错写而造成方向错误的情况。

除 9 法就是先算出借方与贷方的差额，再除以 9 来查找错误的方法，适用于数字错位和数字颠倒两种情况。

（2）全面检查法。

全面检查法就是对一定时期的账目进行全面核对的检查方法，具体又分为顺查法和逆查法两种方法。

顺查法就是按照记账的顺序，从头到尾依次检查原始凭证、记账凭证、总账、明细账以及科目余额表等的方法。

逆查法是按照与记账顺序相反的顺序，也就是首先检查科目余额表中数字的计算是否正确，其次检查各账户的计算是否正确，再次核对各账簿与记账凭证是否相符，最后检查记账凭证与原始凭证是否相符的方法。

2．错账更正方法

在发现错账之后，要根据产生错账的不同原因，使用不同的更正方法。

（1）划线更正法。

划线更正法的应用是：先将错误数字或文字全部划一条红线予以注销，并使原来的字迹仍然清晰可见，然后在红线上方空白处，进行正确的记录，并由记账人员在更正处盖章。划线更正法适用于结账前或结账时发现账簿记录中文字或金额有错误，而记账凭证没有错误，即纯属文字或数字过账时的笔误及账簿数字计算错误等情况。

（2）红字更正法。

红字更正法也叫赤字冲账法、红笔订正法。应用这种方法时应先用红字填制一张内容与错误的记账凭证完全相同的记账凭证，在摘要栏中注明"更正第×张凭证的错误"，并据以用红字登记入账，冲销原有错误记录，然后，再填制一张正确的记账凭证，并据以登记入账。

红字更正法适用于记账凭证填错，并已经登记入账而形成的错账。无论是在结账前还是在结账后发现这种差错，无论是分录所用科目错误还是金额错误，都可以采用此方法更正。

（3）补充登记法。

补充登记法是在科目对应关系正确时，将少记的金额填制一张记账凭证，在摘要栏中注明"补记×字第×号凭证少记数"，并据以登记入账，以补充原来少记金额的方法。这种方法适用于记账后发现记账凭证所填的金额小于正确的金额的情况。对于这种错误可以采用红字更正法，也可以采用补充登记法。

6.3.3 账簿的启用、更换和保管

1．账簿的启用

新的会计年度开始，每个会计主体都应该启用新的会计账簿。在启用新账簿时，应在账簿的有关位置记录以下相关信息。

（1）设置账簿的封面与封底。除订本账不另设封面以外，各种活页账都应设置封面和封底，并登记单位名称、账簿名称和所属会计年度。

（2）填写账簿启用及经管人员一览表。在启用新会计账簿时，应首先填写扉页上印制的账簿启用及交接表中的启用说明，其中包括单位名称、账簿名称、账簿编号、起止日期、单位负责人、主

管会计、审核人员和记账人员等项目，并加盖单位公章。在会计人员发生变更时，应办理交接手续并填写账簿启用及交接表中的交接说明。

（3）填写账户目录。总账应按照会计科目的编号顺序填写科目名称及启用页码。在启用活页式明细账时，应按照所属会计科目填写科目名称和页码，在年度结账后，撤去空白账页，填写使用页码。

（4）粘贴印花税票。印花税票应粘贴在账簿的右上角，并且划线注销。在使用缴款书缴纳印花税时，应在右上角注明"印花税已缴"及缴款金额。

2. 账簿的更换

账簿的更换是指在会计年度终了时，将上年度的账簿更换为次年度的新账簿。在每一会计年度结束，新一会计年度开始时，应按会计制度的规定，更换一次总账、日记账和大部分明细账。一小部分明细账还可以继续使用，年初可以不必更换账簿，如固定资产明细账等。

更换账簿时，应将上年度各账户的余额直接记入新年度相应的账簿中，并在旧账簿中各账户年终余额的摘要栏内加盖"结转下年"戳记。同时，在新账簿中相关账户的第一行摘要栏内加盖"上年结转"戳记，并在余额栏内记入上年余额。

3. 账簿的保管

会计账簿是会计工作的重要历史资料，也是重要的经济档案，在经营管理中具有重要作用。因此，每一个企业、单位都应按照国家有关规定，加强对会计账簿的保管，做好账簿的保管工作。

账簿的保管应该明确责任，保证账簿的安全和会计资料的完整，防止交接手续不清和可能发生的舞弊行为。在账簿交接保管时，应将该账簿的页数、记账人员姓名、交接日期等列表附在账簿的扉页上，并由有关人员签字盖章。账簿要定期（一般年终）收集，审查核对，整理立卷，装订成册，专人保管，严防丢失和损坏。

账簿应按照规定期限保管。各账簿的保管期限分别为：日记账一般为 30 年；固定资产卡片在固定资产报废清理后应继续保存 5 年；总账、明细账和辅助账簿应保存 30 年。保管期满后，要按照《会计档案管理办法》的规定，由会计部门和档案部门共同鉴定，报经批准后进行处理。

合并、撤销单位的会计账簿，要根据不同情况，分别移交给并入单位、上级或主管部门指定的其他单位保管，并由交接双方在移交清册上签名盖章。

账簿日常应由各自分管的记账人员专门保管，未经领导和会计负责人或有关人员批准，不许非经管人员翻阅、查看、摘抄和复制。会计账簿除非特殊需要或司法介入要求，一般不允许携带外出。

新会计年度对更换下来的旧账簿应进行整理、分类，对有些缺少手续的账簿，应补办必要的手续，然后装订成册，并编制目录，办理移交手续，按期归档保管。

对会计账簿的保管既是会计人员应尽的职责，又是会计工作的重要组成部分。

6.4 对账与结账

6.4.1 对账

1. 对账的含义

对账就是核对账目。一般是在会计期间（月度、季度、年度）终了时，检查和核对账证、账账、账实、账表是否相符，以确保账簿记录的正确性。会计人员在填制凭证、登记账簿等一系列工作中出现的差错，因管理工作不善而带来的财产管理中的各种问题以及其他一些因素的影响，都可能给账簿记录的真实性、正确性带来影响。为了保证账簿记录的真实、正确、可靠，必须对账簿和账户所记录的有关数据加以检查和核对。

2. 对账的内容

对账的内容一般包括如下几个方面。

（1）账证核对。

账证核对是指将各种账簿记录与会计凭证进行核对。这种核对主要在日常编制凭证和记账过程中进行。必要时，也可以采用抽查核对和目标核对的方法进行。核对的重点是凭证所记载的业务内容、金额和分录是否与账簿中的记录一致。若发现差错，应重新对账簿记录和会计凭证进行复核，直到查出错误的原因为止，以保证账证相符。

（2）账账核对。

账账核对是对各种账簿之间的有关数字进行核对。

账账核对包括：

① 总分类账各账户的借方期末余额合计数与贷方期末余额合计数核对相符；

② 明细分类账各账户的余额合计数与有关的总分类账的余额核对相符；

③ 日记账的余额与总分类账各账户的余额核对相符；

④ 会计部门各种财产物资明细分类账的期末余额与保管或使用部门的财产物资明细分类账的期末余额核对相符；

⑤ 本单位会计部门有关账簿的发生额和余额应该与外单位相应账簿的发生额和余额核对相符。

（3）账实核对。

账实核对就是将账面数字和实际的物资、款项进行核对。账实核对包括现金日记账账面余额与库存现金实有数相互核对；银行存款日记账账面余额与开户银行出具的银行对账单相互核对；各种材料物资明细账账面余额与材料物资实存数额相互核对；各种应收、应付款项明细账账面余额与有关的债权、债务单位相互核对。保证账实相符，一般通过财产清查来进行。

（4）账表核对。

账表核对是指将账簿记录与各种会计报表相互核对。

通过上述的对账工作，就能做到账证相符、账账相符、账实相符和账表相符，使会计核算资料真实、正确、可靠。

6.4.2 结账

1. 结账的含义

结账就是把一定时期内所发生的经济业务，在全部登记入账的基础上，结算出每个账户的本期发生额和期末余额，并将期末余额转入下期或下年新账（期末余额结转到下期即为下期期初余额）。根据会计分期的不同，结账工作相应地可以在月末、季末、年末进行，但不能为减少本期的工作量而提前结账，也不能将本期的会计业务推迟到下期或编制报表之后再进行结账。资产、负债和所有者权益等实账户可以在会计期末直接结账，而收入、费用等虚账户，因为它们在结账前应按权责发生制要求先进行调整，所以，应在调整之后再结账。权责发生制要求以应收和应付为标准确认本期收入和费用，即凡是属于本期应该赚取的收入或发生的费用，不论款项是否收到或付出，均应作为本期的收入和费用入账；反之，凡是不属于本期应该赚取的收入或发生的费用，即使款项在本期收到或支付也不应作为本期的收入或费用入账。根据权责发生制，只有将企业发生的收入和费用按照会计期间正确划分其归属后，才能真实反映企业本期的财务状况和经营成果。为了保证结账工作的顺利进行，结账前应该做好一些准备工作，具体包括检查凭证和账簿的正确性、进行相应的账项调整，如收入的确认、成本的结转等。简单地说，结账工作主要由两部分构成：一是结出总分类账和明细分类账的本期发生额和期末余额（包括本期累计发生额），并将余额在本期和下期之间进行结转；二是损益类账户，即收入、成本、费用类账户的结转，并计算本期利润或亏损（利润的确定一般在年结时进行）。

结账有利于企业管理者定期总结生产经营情况，对不同会计期间的数据资料进行比较分析，以便发现问题，采取措施及时解决；结账也有利于编制报表，提供报表所需的数据资料，为与企业有利益关系的投资者、债权人作出正确的投资决策提供依据，满足国家的宏观调控要求。另外，企业因撤销、合并而办理账务交接时，也需要办理结账手续。

2．结账的步骤

（1）检查结账日以前所发生的全部经济业务是否都已经登记入账。检查账簿记录的完整性和正确性，不能漏记、重记每一项经济业务，也不能有错误的记账分录。值得注意的是，各种收入和费用应该按照权责发生制的要求进行处理。

（2）编制结账分录。在有关经济业务都已经登记入账的基础上，要将各种收入、成本和费用等账户的余额进行结转，编制各种转账分录，结转到"本年利润"账户，再编制利润分配的分录。

（3）计算发生额和余额。计算出各账户的发生额和余额，并进行结转，最终计算出资产、负债和所有者权益类账户的本期发生额和余额。

3．结账的方法

结账分为月结、季结和年结三种。月结时，应该结出本月借、贷双方的月内发生额和期末余额，在摘要栏内注明"本期发生额及期末余额"，同时，在"本期发生额及期末余额"行的上、下端各划一条红线，表示账簿记录已经结束；季结时，应在后一个月的结账数字的红线下边一行，把本季度三个月的借、贷双方月结数汇总，并在摘要栏内注明"本季发生额及季末余额"，同样在数字下端划一条红线；年结时，应将四个季度的借、贷双方季结数额加以汇总，在摘要栏内注明"本年发生额及年末余额"并在数字下端划双红线，表示本年度账簿记录已经结束。年结后，各账户的相关内容应转入下年度的新账簿。

习题

一、思考题

（1）为什么要设置账簿？它有什么作用？

（2）账簿按用途可分为哪几类？按形式可分为哪几类？其优缺点各是什么？

（3）日记账登记的依据是什么？

（4）会计人员在记账过程中可能发生哪些错误？

（5）明细账有哪几种格式？各适用于哪些经济业务？

（6）对账簿的启用和登记有哪些具体要求？

（7）错账的更正方法有哪些？每种方法适用的条件是什么？怎样使用？

（8）什么是对账？对账包括哪些内容？

（9）什么是结账？结账包括哪些内容？

（10）什么是账簿的更换？如何进行账簿的更换？

（11）对账簿的保管有哪些基本要求？

二、判断题

（1）现金日记账和银行存款日记账必须采用订本式账簿。 （ ）

（2）记账以后，发现记账凭证中应借应贷科目错误，应采用红字更正法更正。 （ ）

（3）凡是明细账都使用活页账，以便于根据实际需要，随时添加空白账页。 （ ）

三、单项选择题

（1）登记账簿的依据是（ ）。

    A. 经济合同   B. 会计分录   C. 记账凭证   D. 有关文件

（2）下列账户的明细账采用三栏式账页的是（ ）。

    A. 管理费用   B. 销售费用   C. 库存商品   D. 应收账款

（3）从银行提取库存现金，登记现金日记账的依据是（ ）。

    A. 库存现金收款凭证   B. 银行存款付款凭证

    C. 银行存款收款凭证   D. 备查账

（4）若记账凭证上的会计科目和应借应贷方向未错，但所记金额大于应记金额，并据以登记入账，应采用的更正方法是（ ）。

    A. 划线更正法   B. 红字更正法   C. 补充登记法   D. 编制相反分录冲减

（5）专门记载某一类经济业务的序时账簿称为（ ）。

    A. 普通日记账   B. 特种日记账   C. 转账日记账   D. 分录簿

四、多项选择题

（1）总分类账和明细分类账平行登记的要点有（ ）。

    A. 登记的依据相同   B. 登账的次数相同

    C. 登记的方向一致   D. 登账的人员和时间相同

    E. 登记的金额相同

（2）会计账簿按其用途不同可以分为（ ）。

    A. 序时账簿   B. 分类账簿   C. 备查账簿

    D. 活页账簿   E. 卡片账簿

（3）会计账簿按其形式不同可分为（ ）。

    A. 总账账簿   B. 明细账账簿   C. 订本式账簿

    D. 活页式账簿   E. 卡片式账簿

（4）登账时遇到（ ）应用红色墨水书写。

    A. 直接更改错误的文字和数字记录

    B. 在不设减少金额栏的多栏式账页中，登记减少数

    C. 在三栏式账户的余额栏前，如未说明余额方向的，在余额栏内登记负数金额

    D. 月末结账计算合计数

    E. 补充登记漏记的金额

（5）对账包括（ ）。

    A. 各种账簿记录与有关会计凭证进行核对

B. 会计人员与出纳人员进行核对

C. 各种账簿之间的有关数字进行核对

D. 企业与税务部门进行核对

E. 各种财产物资的账面余额与实存数额进行核对

 知识拓展——新技术：会计账簿与区块链技术

区块链下的分布式账簿

区块链是数学、经济学和密码学等多个学科融合的结果，区块链是一个分布式数字账本，其交易信息经过加密签名后以区块形式存储。

中国信息通信研究院发布的《区块链白皮书（2018年）》指出，近年来随着区块链技术的发展及革新升级，区块链服务以云计算平台为依托，使开发者可以专注将区块链技术应用到不同的业务场景，为银行、企业及政府等相关客户创造产品和商业模式。

微课堂

会计账簿与区块链技术

区块链下的分布式账簿对每一个节点在不同时间段的数据信息按照链式排列，每个节点都保留了独立的包括交易、记录、清算在内所有信息的全部数据信息，并且对每个节点的数据信息进行审查。在区块链程序和加密算法应用下，会计计量显现出相对稳定性，区块链技术可以使会计计量变得更加透明、更加具体，提供的会计信息更加具有客观性、准确性。区块链技术在保障账簿中储存信息、资产的安全性和准确性及降低成本、增加收入等方面体现出了强大的优势。

关键术语

序时账簿	分类账簿	备查账簿	订本式账簿	活页式账簿	卡片式账簿
普通日记账	特种日记账	总分类账	明细分类账	对账	结账

成本计算 | 第7章

成本计算是按一定的成本对象，对生产、经营过程中所发生的成本、费用进行归集，以便计算出各种产品总成本和单位成本的方法。本章首先介绍了成本的定义及成本计算的意义；其次阐述了成本计算的原理及其程序；最后分析了成本计算方法的具体应用，包括材料采购与发出成本的计算、完工产品成本的计算以及主营业务成本的计算。

 育人目标

（1）培养尊重会计科学性意识，理解守正创新和数字经济对成本计算的影响；
（2）树立理论指导实践思想，将成本计算的理论用于企业成本核算中；
（3）培养自主、合作、探究的学习方式。

📋 教学目标

（1）能区分成本与费用；
（2）知道材料采购成本和完工产品成本的基本构成，学会主要费用的分配方法；
（3）理解并掌握完工产品成本的计算方法。

7.1 成本的定义及成本计算的意义

7.1.1 成本的定义

成本属于价值的范畴，是新增（或已耗）资产价值的组成部分。一般而言，资产的价值由以下三部分组成：①已耗生产资料（劳动手段和劳动资料）的转移价值；②支付给劳动者的劳动报酬；③劳动者为社会作出的贡献额。前两者是成本价值的基础。

已耗生产资料的转移价值和支付给劳动者的劳动报酬，按受益对象不同，可以分为三个部分：一是用于工程建造，形成长期资产；二是用于存货的建造，形成各种存货；三是用于包括上述两者在内的日常经营活动，形成期间费用。

费用和成本是既有联系又有区别的两个概念。资产的成本随着企业经营活动的开展，逐步转化为某一会计期间的费用。费用是与特定的会计期间相联系的，是根据权责发生制、配比原则及划分收益性支出与资本性支出等要求来确定的，从资金循环的意义上讲，这些费用主要通过经营收入收回的资产来补偿。成本是与特定的计算对象相联系的，是根据受益性原理和重要性要求计算出来的，是计算对象的受益费用。

7.1.2 成本计算的意义

成本是会计信息的重要组成部分，同其他会计信息一样，它也是通过对相关原始数据的收集、整理和加工形成的。成本计算就是采用一系列专门的方法，把企业供应、生产和销售过程中所发生的各种费用，根据受益关系，在不同的对象之间进行归集和分配，借以确定各成本计算对象的总成本和单位成本的一项会计工作。成本计算对加强企业经营管理、提高经济效益具有重要意义。

第一，通过成本计算，可以取得企业的实际成本资料，并据以确定实际成本同计划成本的差异，考核成本计划的完成情况，分析成本升降的原因，进一步挖掘降低成本的潜力。

第二，通过成本计算，可以反映和监督企业各项费用的支出，揭露企业经营管理中存在的问题，奖优罚劣，及时采取有效措施，改善经营管理。

第三，通过成本计算，可以为企业进行下一期各项成本指标的预测和规划，提供必要的参考数据。

总之，正确地进行成本计算，对不断地改进成本管理工作、争取以更少的资源耗费取得更大的经济效益，以及为社会增加更多的财富等方面具有重要的意义。

7.2 成本计算的原理及其程序

7.2.1 成本计算的原理

成本计算的原理大体分三种。一是直接受益直接分配原理。如为某种产品生产而耗用的原材料费用的受益对象就是该种产品。当可以直接确定某种费用是为某项经营活动产生时，称这种费用为该成本计算对象的直接费用。二是共同受益间接分配原理。如在企业的日常经营中，有的费用是为了若干受益对象而共同发生的，应由相应的若干受益对象共同承担，会计上把这种由若干受益对象共同承担的费用称为共同性费用。共同性费用应确定可供分配的总额和分配标准，然后按一定的方法在受益对象之间合理分配。三是重要性原理。如那些与受益对象的受益关系不十分

微课堂

企业产品成本核算制度——油气管网企业

明显，费用金额不大，不易确定客观的分配方法，费用计入或不计入受益对象的成本对受益对象的成本升降水平影响不大的共同性费用，根据重要性原理可以不计入相应受益对象的成本。

7.2.2 成本计算的一般程序

不同的成本计算对象，需要用不同的计算方法，因此，会计上形成了不同的成本计算方法。但不论哪种成本计算方法，它们在成本计算基本程序方面，一般是相同的。概括说来应包括以下几个方面。

1. 收集、整理成本计算资料

成本计算资料的收集、整理是成本计算的前提。完整、正确地提供计算数据，是成本计算的基础。因此，企业对购进、领用的各种原材料，各项费用支出、工时动力等消耗，产品的质量情况，在产品、半成品的内部转移和产成品的入库、出库等，都要根据各项活动的特点，分别取得或填制不同格式的原始凭证。原始凭证提供的是企业经营活动的第一手资料，是成本计算所需的原始记录。这些原始记录的正确性，提供的及时性，直接影响成本计算的可靠性和及时性。所以，成本计算资料的收集、整理工作很重要，必须以完整、正确的原始记录作为成本计算的依据。成本计算资料一般包括资产的形成、耗费或转出价值资料，预提费用的提取方面的资料等。

2. 确定成本核算中心和成本计算对象

成本计算对象就是承担和归集费用的对象，即费用的受益对象，它是费用归集和分摊的依据。为了便于成本控制，落实成本责任制，进行成本考核以降低成本费用，应按成本责任环节（或单位）来计算成本，即计算各成本责任环节的成本。因此，在计算具体的成本前，应先根据不同的成本责

任环节设立不同的成本核算中心，再按每一个成本核算中心来确定成本计算对象，计算成本。只有在职责能够明确划分和鉴别的部门、车间、班组和个人处设置成本核算中心，对成本发生情况的控制和管理才能发挥作用。

在确定了成本核算中心后，就应按成本核算中心来确定成本计算对象。确定成本计算对象的基本要求是所计算的成本必须是有用的会计信息。对主要的产品，应从细确定成本计算对象；对一般的产品，可以概略地确定成本计算对象。

3. 确定成本计算期

要及时取得成本方面的会计信息，就必须及时进行成本计算，这就要解决在什么时候计算，多长时间计算一次成本的问题。以制造企业为例，产品生产完工之时，才是产品成本完全形成之日。因此，在产品生产完工之时计算产品生产成本，以产品生产周期作为成本计算期，是较为合理的。如何确定成本计算期，取决于企业生产组织的特点和管理要求。如企业采用单件、小批量的生产组织方式时，可以把产品生产期作为成本计算期；如果企业的生产特点是经常反复不断地大量生产同一种或几种产品，为了及时取得成本指标，加强成本计划管理，一般以会计分期作为成本计算期。

4. 确定成本项目

产品成本的计算是生产费用形成和分配的计算。企业发生的各项费用，可以按不同的标准进行分类。生产费用按支出的经济内容来分，可分为反映劳动耗费的费用，如人工费用；反映劳动对象耗费的费用，如外购原材料、燃料等；反映劳动资料耗费的费用，如固定资产折旧费用等；反映用货币资金支付的费用，如差旅费、办公费、水电费等。生产费用按支出的经济内容来分类，在会计上称为费用要素，它表明了企业为进行生产支付了些什么费用，数额是多少，可以用来分析企业各个生产时期生产费用的支出水平。但是这种分类不能与成本计算对象联系起来说明生产费用的用途。为了取得更多的会计信息，还要将生产费用按其用途进行分类。生产费用按其用途分类，在会计上称为成本项目，一般包括直接材料、直接人工和制造费用等。借助于成本项目，可以清楚地了解费用的经济用途和成本的经济构成，获得更多有用的会计信息，通过对一定对象的成本项目的分析，可以初步查明成本升降的原因，挖掘降低成本的潜力。

5. 正确地归集和分配各种费用

正确地归集和分配各种费用，是正确地进行成本计算的前提。它一方面要求根据真实的原始数据来正确地归集和分配各种费用，另一方面要求在费用的归集和分配中遵循相关性要求，并且，在费用的归集和分配中要遵守国家的相关法律及规章制度。

为正确地归集和分配各种费用，就要遵循权责发生制要求，正确地确定费用的受益期限。如对产品生产来说，对应计入产品成本的费用，还应划分为应由本期产品负担的费用和应由其他各期产品负担的费用。这对如实反映各期生产费用、正确计算各期产品成本是十分重要的。

在费用的归集、分配和成本计算中，还应严格遵守相关法律规章规定的成本开支范围和费用开支标准。不能随意扩大成本开支范围，提高费用开支标准。凡超出开支范围和开支标准的费用，经企业权力机关认可，可以计入企业相关经营活动的成本或作为某个会计期间的期间费用，但不得从企业的应纳税所得额中扣除，要视同利润进行纳税。

6. 设置和登记明细分类账、编制成本计算表

在成本计算过程中，为系统地归集、分配应计入各种成本计算对象的费用，应按成本计算对象和成本项目分别设置和登记费用、成本明细分类账，然后根据这些账户资料，编制各种成本计算表，借以计算确定各种成本计算对象的总成本和单位成本，全面、系统地反映各种成本指标的经济构成

和形成情况。

7.3 成本计算方法的具体应用

制造企业的经营过程一般要经过供应、生产和销售三个阶段。各个阶段要分别计算存货采购成本、产品生产成本和产品销售成本。在存货采购成本的计算中，以原材料采购成本的计算最具代表性。关于企业经营过程中成本计算的详细方法，将在成本会计课程中进行讲解，这里我们简要说明原材料采购成本、产品生产成本和产品销售成本（主营业务成本）的基本计算方法。

7.3.1 材料采购与发出成本的计算

1. 原材料采购成本的计算

计算原材料采购成本，首先应按材料的品种或类别作为成本计算对象，并在"材料采购"或"在途物资"账户下按材料的品种或类别分别设置明细分类账户，用以归集和分配应计入原材料采购成本的各种费用，然后根据这些账户资料，编制各种原材料采购成本计算表，借以计算确定各种原材料采购的总成本和单位成本。

（1）原材料采购成本的构成。

原材料的采购成本一般由买价和采购费用两个成本项目构成。

$$原材料采购成本=买价+采购费用$$

其中，买价是指供应单位开具的购货发票上标明的货物价格。

采购费用包括：①运杂费，包括原材料采购过程中的运输费用、装卸费用、保险费用、包装费用、仓储费用等；②运输途中的合理损耗；③入库前的挑选整理费用，如在挑选整理中扣除回收下脚残料价值后的各种费用支出和必要的损耗等；④购入原材料应负担的税金和其他费用。

（2）原材料采购成本的计算。

原材料的买价一般属于直接费用，应直接计入相应原材料的采购成本。

对于采购费用，凡是能直接分清受益对象的，应直接计入相应原材料的采购成本；凡是不能直接分清受益对象，且费用金额较大，不计入原材料的采购成本会导致原材料采购成本不实的采购费用，应在原材料的重量、买价、体积等中选择合适的分配标准，采用一定的方法，间接计入相应原材料的采购成本。但对于企业供应部门或原材料仓库所发生的经常性费用、采购人员的差旅费、采购机构经费以及市内小额的运杂费等，一般不易分清具体的受益对象，费用金额较小，对原材料采购成本的影响不大，按重要性要求，这些费用不计入原材料的采购成本，而是作为期间费用处理，列入管理费用。

各种原材料的采购成本，应当在设置的"材料采购"或"在途物资"明细账中进行分类归集计算。现举例说明原材料采购成本的计算方法。

【例7-1】宏源公司分两批购进甲、乙两种材料。第一批购进甲材料2 000千克，单价1.90元，乙材料6 000千克，单价1.00元，将甲、乙两种材料运回企业共支付运杂费480元（不考虑运费中涉及的增值税问题，下同）。第二批购进乙材料3 000千克，单价1.00元，将乙材料运回企业共支付运杂费180元。按审核后的会计凭证，整理后的材料采购资料见表7-1。

| 表 7-1 | | | | 材料采购资料 | | 金额单位：元 |

材料名称	质量/千克	单价	买价	运费	
				直接	间接
甲	2 000	1.90	3 800		480
乙	6 000	1.00	6 000		
	3 000	1.00	3 000	180	

根据上述资料，材料的采购成本计算如下。

首先，将采购甲、乙两种材料所发生的直接费用，分别计入甲、乙两种材料的采购成本明细账中，分别见表7-2和表7-3。

表 7-2　　　　　　　　　　　　　在途物资明细账

材料名称：甲材料　　　　　　　　　　　　　　　　　　　　　　　　　单位：元

2×15 年		凭证号数	摘要	借方			贷方
月	日			买价	采购费用	合计	
略	略	1	材料买价	3 800		3 800	
			本期发生额	3 800		3 800	

表 7-3　　　　　　　　　　　　　在途物资明细账

材料名称：乙材料　　　　　　　　　　　　　　　　　　　　　　　　　单位：元

2×15 年		凭证号数	摘要	借方			贷方
月	日			买价	采购费用	合计	
略	略	1	材料买价	6 000		6 000	
		2	材料买价	3 000		3 000	
		3	运杂费		180	180	
			本期发生额	9 000	180	9 180	

其次，把甲、乙两种材料共同发生的运杂费480元按适当的方法，分配计入甲、乙两种材料的采购成本（假定按材料的采购重量比率分配）。

分配率=480÷（2 000+6 000）=0.06（元／千克）

甲材料应承担的运费=2 000×0.06=120（元）

乙材料应承担的运费=6 000×0.06=360（元）

根据上述分配结果，分别将120元、360元计入甲、乙材料采购成本明细账中，分别见表7-4和表7-5。

表 7-4　　　　　　　　　　　　　在途物资明细账

材料名称：甲材料　　　　　　　　　　　　　　　　　　　　　　　　　单位：元

2×15 年		凭证号数	摘要	借方			贷方
月	日			买价	采购费用	合计	
略	略	1	材料买价	3 800		3 800	
		4	运杂费		120	120	
		5	材料验收入库				3 920
			本期发生额	3 800	120	3 920	3 920

表7-5 在途物资明细账

材料名称：乙材料 单位：元

2×15年		凭证号数	摘要	借方			贷方
月	日			买价	采购费用	合计	
略	略	1	材料买价	6 000		6 000	
		2	材料买价	3 000		3 000	
		3	运杂费		180	180	
		4	运杂费		360	360	
		5	材料验收入库				9 540
			本期发生额	9 000	540	9 540	9 540

最后，根据明细账所归集的费用资料，编制材料采购成本计算表，计算甲、乙材料的采购成本，见表7-6。

表7-6 材料采购成本计算表 单位：元

成本项目	甲材料（2 000千克）		乙材料（9 000千克）		成本合计
	总成本	单位成本	总成本	单位成本	
买价	3 800	1.90	9 000	1.00	12 800
采购费用	120	0.06	540	0.06	660
成本合计	3 920	1.96	9 540	1.06	13 460

2. 存货发出成本的计价方法

在实际成本计价法下，存货发出成本的确认取决于企业所采用的计价方法。由于同一种存货各批次购入或生产入库的单位成本不同，就产生了不同的存货发出计价方法。存货发出成本的计价方法主要有先进先出法、加权平均法和个别计价法等。

（1）先进先出法。

先进先出法是以先购入的存货应先发出这一实物流转假设为前提，对发出存货进行计价的方法。采用这种方法，先购入存货的成本在后购入存货成本之前转出，据此确定发出存货和期末存货成本。

【例7-2】东方公司2×13年11月1日结存甲材料850件，单位成本12元；5日购入500件，单位成本13元；12日发出1 000件；16日购入1 200件，单位成本14元；22日发出680件。上述资料的账户登记情况如表7-7所示。

表7-7 原材料明细账

材料名称：甲材料 数量单位：件 金额单位：元

2×13年		摘要	收入			发出			结存		
月	日		数量	单价	金额	数量	单价	金额	数量	单价	金额
11	1	期初结存							850	12	10 200
	5	入库	500	13	6 500				1 350		16 700
	12	发出				850	12	10 200	350	13	4 550
						150	13	1 950			
	16	入库	1 200	14	16 800				350	13	4 550
									1 200	14	16 800
	22	发出				350	13	4 550	870	14	12 180
						330	14	4 620			
	30	合计	1 700		23 300	1 680		21 320	870	14	12 180

本月甲材料发出成本=（12×850+13×150）+（13×350+14×330）=21 320（元）

期末甲材料库存成本=10 200+23 300−21 320=12 180（元）

（2）加权平均法。

加权平均法又包括两种方法，即一次加权平均法和移动加权平均法。

① 一次加权平均法，又称全月一次加权平均法，是指以本月全部进货成本加上月初存货成本作为权数，除以当月全部进货数量和月初存货数量之和，计算出存货的加权平均单位成本，以此为基础计算本月发出存货的成本和月末存货成本的一种方法。公式为：

$$加权平均单位成本=（月初存货成本+本月全部进货成本）÷$$
$$（月初存货数量+当月全部进货数量）$$
$$本月发出存货实际成本=本月发出存货数量×加权平均单位成本$$
$$月末存货结存成本=月初存货成本+本月全部进货成本$$
$$−本月发出存货实际成本$$

【例7-3】仍以【例7-2】资料为例。甲材料账户登记情况如表7-8所示。

表7-8　　　　　　　　　　　　　　　原材料明细账

材料名称：甲材料　　　　　　　　　　　数量单位：件　　　　　　　　　　　金额单位：元

2×13年		摘要	收入			发出			结存		
月	日		数量	单价	金额	数量	单价	金额	数量	单价	金额
11	1	期初结存							850	12	10 200
	5	入库	500	13	6 500				1 350		
	12	发出				1 000			350		
	16	入库	1 200	14	16 800				1 550		
	22	发出				680			870		
	30	合计	1 700		23 300	1 680	13.14	22 075.20	870		11 424.80

加权平均单位成本=（10 200+23 300）÷（850+1 700）=13.14（元）

本月发出甲材料成本=13.14×1 680=22 075.20（元）

月末甲材料库存成本=10 200+6 500+16 800−22 075.20=11 424.80（元）

② 移动加权平均法。它是在每次进货以后，立即以本次购入和结存的存货成本及数量计算出新的加权平均单位成本，作为下次发货计价基础的一种方法。公式为：

$$加权平均单位成本=（收入存货前结存存货实际成本+本期收入存货实际成本）$$
$$÷（收入存货前结存存货数量+本期收入存货数量）$$
$$本期发出存货实际成本=本期发出存货数量×加权平均单位成本$$

采用移动加权平均法能够使管理当局及时了解存货的结存情况，计算的平均单位成本及发出和结存的存货成本比较客观。但由于每次收货都要计算一次加权平均成本，所以计算工作量较大，对收发货较频繁的企业不适用。

（3）个别计价法。

它是指每次发出存货的实际成本按其购入时的实际成本分别计价的方法。在这种方法下，各批存货必须是可以具体辨认的，而且各种存货都要有入库时单位成本的详细记录。发出存货和结存存货的成本，按其所属购进批次或生产批次的实际成本确定。

采用个别计价法计算的成本准确，符合实际情况，但在存货收发频繁的情况下，分辨发出成本的工作量较大。

7.3.2 完工产品成本的计算

计算产品生产成本，首先，应确定成本计算期，产品成本计算通常是定期按月进行的。对于单件小批生产、生产周期较长的产品，也可把产品生产周期作为成本计算期。其次，应按产品品种或批次确定成本计算对象，然后将生产过程中发生的应计入产品生产成本的生产费用分配计入各相应产品，进而计算其总成本和单位成本。

1. 产品成本项目的确定

生产过程中发生的应计入产品生产成本的生产费用，在计入相应产品成本时，应按生产费用的经济用途进行归集，计入相应的成本项目。产品成本计算的成本项目，一般由以下三项组成。

（1）直接材料，是指为产品生产而耗费的原材料、辅助材料、备品备件、外购半成品、燃料、动力、包装物、低值易耗品以及其他直接材料等。

（2）直接人工，是指直接从事产品生产的工人工资、奖金、津贴和福利费等薪酬。

（3）制造费用，是指企业各生产单位为组织和管理生产所发生的各项费用，包括车间管理人员薪酬、固定资产折旧费和修理费、机物料耗费、办公费、差旅费、水电费、劳动保护费等。

其中，第（1）、（2）项与相应产品生产的关系较为密切，一般可以直接确定应计入产品生产成本的金额有多少，应将其直接计入产品生产成本。第（3）项一般为应由多种产品共同负担的共同性费用，一般不能直接计入产品的生产成本，应确定适当的分配标准和合理的分配方法，分配计入各种产品生产成本。

2. 产品成本计算

企业应设置生产成本明细账，用以归集、分配生产过程中发生的应计入产品生产成本的生产费用。生产成本明细账应按产品品种、批次或类别分别设置，采用一定的成本计算方法，计算、确定产品生产成本。

计算产品的生产成本，必须根据企业的生产类型（生产组织和工艺技术）和管理要求，采用如品种法、分批法、分步法等不同的成本计算方法。这些具体的成本计算方法，将在成本会计学中讲述，本课程不讲解。

【例7-4】某企业产品生产过程中发生的相关生产费用，构成产品生产成本的内容，经整理有关会计凭证归纳如下。

（1）期初在产品成本资料见表7-9。

表7-9　　　　　　　　　　　　　　　期初在产品成本资料　　　　　　　　　　　　　　　单位：元

产品名称	直接材料	直接人工	制造费用	合计
A产品	320	114	118	552
B产品	1 600	684	676	2 960
合计	1 920	798	794	3 512

（2）本月发生的各项生产费用见表7-10。

表7-10　　　　　　　　　　　　　　　各项生产费用资料　　　　　　　　　　　　　　　单位：元

产品名称	直接材料	直接人工	制造费用
A产品	2 000	798	2 550
B产品	4 400	1 140	
合计	6 400	1 938	2 550

（3）期末产量资料。

A产品50件已全部完工；B产品120件，其中，完工产品100件，在产品20件。在产品成本按定额成本标准计算。单位B在产品各成本项目的定额成本为：直接材料50元、直接人工8元、制造费用8.5元。

（4）产品生产成本的计算。

① 根据期初在产品成本资料，分别登记A、B产品生产成本明细分类账中的相应成本项目，分别见表7-11和表7-12。

② 根据本月发生的生产费用资料，将其中的直接材料、直接人工，分别登记在A、B产品生产成本明细分类账的相应成本项目内，分别见表7-11和表7-12。

③ 根据本月发生的制造费用，采用一定的分配方法，分配记入A、B两种产品成本（假定按生产工人薪酬的比例分配）。

分配率＝2 550÷（798+1 140）≈1.316（元）

A产品应负担的制造费用＝798×1.316≈1 050（元）

B产品应负担的制造费用＝1 140×1.316≈1 500（元）

根据上述计算结果，分别登记在A、B产品生产成本明细分类账中相应项目内，分别见表7-11和表7-12。

表 7-11 生产成本明细分类账

产品名称：A产品 单位：元

2×15年		凭证号数	摘要	借方			
月	日			直接材料	直接人工	制造费用	合计
略	略	略	期初在产品成本	320	114	118	552
			材料费用	2 000			2 000
			生产工人薪酬		798		798
			分配制造费用			1 050	1 050
			本期发生额	2 000	798	1 050	3 848
			结转完工产品成本（50件）				

表 7-12 生产成本明细分类账

产品名称：B产品 单位：元

2×15年		凭证号数	摘要	借方			
月	日			直接材料	直接人工	制造费用	合计
略	略	略	期初在产品成本	1 600	684	676	2 960
			材料费用	4 400			4 400
			生产工人薪酬		1 140		1 140
			分配制造费用			1 500	1 500
			本期发生额	4 400	1 140	1 500	7 040
			结转完工产品成本（100件）				
			期末在产品成本	1 000	160	170	1 330

会计学：新理念、新技术、新方法

④ 根据A、B产品生产成本明细分类账中的各成本项目记录和在产品资料，计算A、B两种产品总成本和单位成本，编制完工产品生产成本计算表，见表7-13。

表7-13　　　　　　　　　　　　完工产品生产成本计算表　　　　　　　　　　　　单位：元

成本项目	A产品（50件）		B产品（100件）	
	总成本	单位成本	总成本	单位成本
直接材料	2 320	46.40	5 000	50.00
直接人工	912	18.24	1 664	16.64
制造费用	1 168	23.36	2 006	20.06
合计	4 400	88.00	8 670	86.70

上述A、B完工产品的生产成本根据如下计算公式求得。

完工产品生产成本=期初在产品成本+本月发生的生产费用-期末在产品成本

A、B两种产品生产成本计算如下。

A产品，由于A产品全部完工，没有在产品，所以其总成本就是期初在产品成本与本月发生的生产费用之和，按成本项目计算如下。

直接材料=320+2 000=2 320（元）

直接人工=114+798=912（元）

制造费用=118+1 050=1 168（元）

B产品，由于120件B产品尚有20件未完工，所以应将期初在产品成本与本期发生的生产费用的合计数，按一定的方法在完工产品和在产品之间进行分配。按本例所给的条件，B在产品按定额成本计算，其计算方法和结果如下。

B在产品成本：

直接材料=20×50=1 000（元）

直接人工=20×8=160（元）

制造费用=20×8.5=170（元）

B产成品成本：

直接材料=1 600+4 400-1 000=5 000（元）

直接人工=684+1 140-160=1 664（元）

制造费用=676+1 500-170=2 006（元）

7.3.3　主营业务成本的计算

主营业务成本即产品销售成本，是指已售产品的生产成本，根据已售产品的数量乘以产品平均单位成本计算求得。平均单位成本，可采用加权平均法、先进先出法和个别计价法等计价方法确定。

【例7-5】对【例7-4】某企业销售过程业务进行整理，相关资料如下。

本月已售出A产品50件、B产品50件。A、B两种产品的库存商品明细分类账分别见表7-14和表7-15。

表 7-14　　　　　　　　　　　　　　库存商品明细分类账

产品名称：A产品　　　　　　　　　　　　　　　数量单位：件　　　　　　　　　　　　　　　金额单位：元

2×15年		摘要	收入			发出			结存		
月	日		数量	单价	金额	数量	单价	金额	数量	单价	金额
	1	期初余额							30	120	3 600
		本月完工入库	50	88	4 400						
		本月销售				50	100	5 000			
	30	期末余额							30	100	3 000

表 7-15　　　　　　　　　　　　　　库存商品明细分类账

产品名称：B产品　　　　　　　　　　　　　　　数量单位：件　　　　　　　　　　　　　　　金额单位：元

2×15年		摘要	收入			发出			结存		
月	日		数量	单价	金额	数量	单价	金额	数量	单价	金额
	1	期初余额							30	101	3 030
		本月完工入库	100	86.70	8 670						
		本月销售				50	90	4 500			
	30	期末余额							80	90	7 200

根据库存商品明细分类账资料，采用一次加权平均法，A、B产品的平均单位成本计算如下。

A产品平均单位成本＝（3 600+4 400）÷（30+50）=100（元）

B产品平均单位成本＝（3 030+8 760）÷（30+100）=90（元）

根据上述A、B产品的平均单位成本和已售A、B两种产品的数量，即可求得A、B产品的销售成本。

A产品销售成本=100×50=5 000（元）

B产品销售成本=90×50=4 500（元）

习题

一、思考题

（1）费用与成本之间的关系是怎样的？

（2）成本有哪些作用？

（3）成本计算的意义如何？

（4）成本计算基本原理的具体内容有哪些？

（5）成本计算的基本要求是什么？

（6）成本计算的一般程序是什么？

（7）材料采购成本由哪些具体项目构成？如何计算？

（8）产品生产成本由哪些具体项目构成？如何计算？

（9）采用加权平均法如何计算产品销售成本？

二、判断题

（1）成本属于价值范畴。　　　　　　　　　　　　　　　　　　　　　　　　（　　）

（2）成本计算原理，就是不同时期、不同性质的成本的共同计算原理。　　　　（　　）

（3）金额不大的费用按受益关系计入受益对象的成本。　　　　　　　　　　　（　　）

（4）确定成本核算中心和成本计算对象是成本计算的前提。　　　　　　　　　（　　）

（5）原材料的买价一般属于直接费用。　　　　　　　　　　　　　　　　　　（　　）

三、单项选择题

（1）以先购入的存货应先发出这一实物流转假设为前提，对发出存货进行计价的方法是（　　　）。

　　　A. 先进先出法　　　B. 一次加权平均法　　C. 移动加权平均法　　D. 个别计价法

（2）在每次进货以后，立即以本次购入和结存的存货计算出新的加权平均单位成本，作为下次发货计价基础的存货发出成本计价方法是（　　　）。

　　　A. 先进先出法　　　　B. 一次加权平均法　　C. 移动加权平均法　　D. 个别计价法

（3）下列项目中，不属于制造费用的是（　　　）。

　　　A. 生产车间固定资产折旧　　　　　　　B. 生产车间管理人员工资及福利费

　　　C. 生产车间办公费　　　　　　　　　　D. 行政管理人员的工资及福利费

（4）已售产品的生产成本是（　　　）。

　　　A. 主营业务成本　　B. 材料采购成本　　　C. 完工产品成本　　　D. 在途物资

（5）下列项目中不属于材料采购费用的是（　　　）。

　　　A. 运杂费　　　　　　　　　　　　　　B. 运输途中的合理损耗

　　　C. 入库前的挑选整理费用　　　　　　　D. 可以抵扣的增值税进项税额

四、多项选择题

（1）成本计算的主要原理有（　　　）。

　　　A. 直接受益直接分配原理　　　　　　　B. 共同受益间接分配原理

　　　C. 重要性原理　　　　　　　　　　　　D. 可比性原理

　　　E. 可靠性原理

（2）成本计算的一般程序包括（　　　）。

　　　A. 确定成本计算对象　　　　　　　　　B. 确定成本项目

　　　C. 归集所发生的全部费用　　　　　　　D. 将成本转入本年利润

　　　E. 确定成本计算期

（3）以下费用不计入原材料的采购成本，而是作为期间费用处理，列入管理费用的有（　　　）。

　　　A. 供应部门经常性费用　　　　　　　　B. 原材料仓库经常性费用

　　　C. 采购人员的差旅费　　　　　　　　　D. 采购机构经费

　　　E. 市内小额的运杂费

（4）原材料采购成本应在"（　　　）"明细账中进行分类归集计算。

　　　A. 应付职工薪酬　　B. 管理费用　　　　C. 材料采购

　　　D. 在途物资　　　　E. 制造费用

（5）产品成本计算的成本项目，一般由（　　　）组成。

　　　A. 直接材料　　　B. 买价　　　　C. 采购费用

　　　D. 直接人工　　　E. 制造费用

知识拓展——新理念：业财融合的成本管理模式

业财融合

"业财融合"并非新兴词汇，从字面意思理解，业财融合即将业务和财务的工作结合起来，通过信息化技术和手段实现业务部门和财务部门业务流、信息流、资金流的数据共享，并基于企业价值目标共同进行规划决策、控制、评价等管理活动，从而实现企业价值创造的过程。在资源有限的前提下，财务人员在掌握财务目标的同时了解企业运作实况，能帮助企业实现资源合理配置，降低财务成本。财务人员在与业务部门对接时，既要发挥财务管控职能，又要重视财务服务职能，因为财务工作不再是业务监督和事后核算，而是从价值角度进行前台业务事前预测，计算业务活动绩效并反馈给具体业务人员，为其业务活动提供参考，发挥策略咨询的职能。实现业财融合的关键在于业务、财务、信息技术的三位一体，绝不只是单纯意义上的业务和财务融合，而是要加入很多信息技术。例如利用可扩展商业报告语言进行业务和财务信息的定义和交换，大数据、"互联网+"等技术促进财务管理、管理会计、业务财务三者合一，方能视作完整的业财融合体系。

创新组织结构和管理流程

财务成本管理强调充分发掘企业可利用的资源，排除无法创造价值的无效作业和行动，实现资源优化配置，在降低生产成本的同时提高盈利。在业财融合背景下，服务对象需从以往各自部门转变为企业整体。以某轨道交通设备制造类企业为例，该企业根据自身定位对组织结构进行创新，将财务管理重心放在资金管理、资产管理和预算管理三个方面，并通过业务和财务的有效资源整合形成竞争力强的产业。此外，该企业成立了对应的管控小组对预算和资金进行强化管理，企业领导为组长，业务、财务部门工作人员为组员，面向业务和财务部门建立合作平台。从以上案例可看出，实现业财融合的组织创新首先需从实际出发，以业财融合机制为依据统一财务流程，促进业务和财务部门的合作，加大预算和资金管控力度；其次对各部门和岗位的权责进行合理分配，掌握业财融合对应的工作风格和决策形式，提高业财融合有效性；最后合理分配工作人员的权限和职能，以降低企业运营成本为目标完成后续组织设置工作。

消除信息孤岛，提供技术保障

优化业务流程和管理过程，建立业财信息传递窗口，实现信息共享，促进业财融合，打破信息孤岛。①以产品数据管理（Product Data Management，PDM）和企业资源计划（Enterprise Resource Planning，ERP）为主线，将人力资源管理系统和质量信息管理系统融合，构建资金一体化管控体系，在企业管理主流程的基础上实现业务流和信息流的高度集成。②做好智能化改造，积极应用智能物流系统和智能制造执行系统，在系统中整合采购管理，信息管理，完善异常管理等信息平台，详细分析生产过程中的工时、产能、质量、设备和物流情况，并通过物联网技术和智能工具重构制造系统，实现生产作业和管理的智能化。③从制度管理驱动转变为信息管理驱动，在设计工艺、采购物流、生产、成本管控、质量管理平台上实现信息数据的有效传递，实现信息资源的高度共享，避免业务部门与财务部门因数据口径不一致而出现矛盾。

关键术语

成本	材料采购成本	存货发出成本	先进先出法	移动加权平均法
完工产品成本	主营业务成本	制造费用	直接费用	共同性费用

第8章 财产清查

财产清查是对各项财产物资进行实物盘点、账面核对以及对各项往来款进行查询、核对，以保证账账、账实相符的一种专门方法。本章首先介绍了财产清查的意义和种类；其次阐述了财产清查的内容和方法，包括货币资金清查、存货清查、固定资产清查以及往来款项清查；最后在案例中分析了如何处理财产清查结果。

育人目标

（1）树立坚守职业道德与规范的理念；

（2）培养细致、规范、严谨的工作作风；

（3）学习从防范舞弊的角度贯彻财产清查制度。

教学目标

（1）了解财产清查的概念、意义；

（2）了解财产清查的主要分类；

（3）熟悉财产清查的方法和步骤；

（4）理解财产物资的盘存制度；

（5）掌握财产清查结果的处理方法。

8.1 财产清查的意义和种类

8.1.1 财产清查的定义及意义

财产清查是指通过对实物、现金的实地盘点和对银行存款、债权债务的核对，来确定各项财产物资、货币资金、债权债务等的实存数，并查明实存数与账存数是否相符的一种专门方法。在实际工作中，有许多客观存在的原因，会造成财产物资的账面数额与实际数额不符。为了保证会计数据的真实性，对财产物资进行清查是非常必要的。

财产清查的意义主要表现在以下几个方面。

（1）保证会计核算资料的真实可靠。

通过财产清查，使账存数与实存数一致，从而保证会计核算资料的真实可靠，提高会计信息的有用性。

（2）保护各项财产的安全完整。

财产清查是保护财产安全完整，维护公共利益的重要手段。

（3）挖掘财产物资的潜力以加速资金周转。

通过财产清查，可以查明各项财产物资的储备和利用情况，挖掘潜力，提高财产物资的使用效能。

8.1.2　财产清查的种类

按不同的标志，财产清查可以有以下几种分类。

1. 按照清查的对象和范围分类

按照清查的对象和范围，财产清查可以分为全面清查和局部清查。

（1）全面清查。

全面清查就是对企业所有的财产物资，包括实物资产、货币资金、往来款项进行全面的盘点和核对。其特点是：清查范围大，投入、耗费时间长。一般在下述几种情况下，才需要进行全面清查。

① 年终决算之前。为确保年度会计报表的真实性，年终要进行一次全面清查。在实际工作中，为了避免年终工作量过于集中，通常安排在第四季度初开始清查。

② 单位撤销、合并、联营、实行股份制改造或改变隶属关系时。在前述情况下，为了明确经济责任，要进行全面清查。

③ 清产核资时。清产核资时为了摸清家底，准确地核定资金，也需要进行全面清查。

（2）局部清查。

局部清查就是根据需要只对某一部分财产物资、货币资金和往来款项所进行的盘点和核对。其特点是：清查范围小，专业性强，投入、耗费时间少。局部清查应根据经营管理的需要来决定清查的对象和清查的时间。在一般情况下，对于流动性较大或者易发生短缺和损耗的材料、在产品、产成品等，除年度清查外，年内还要轮流盘点或重点抽查；对于各种贵重物资，每月都要清查盘点一次；对于库存现金，出纳人员应每日清点一次；对于银行存款和银行借款，每月应同银行核对；对于各种债权、债务，每年至少要核对一至两次。此外，当实物保管人员因工作调动办理移交时，或财产物资遭受意外损失时，也应进行局部清查。

2. 按照清查的时间分类

按照清查的时间不同，财产清查可分为定期清查和不定期清查。

（1）定期清查。

定期清查就是按照预先规定的时间，对财产物资、货币资金和往来款项进行的清查。这种清查通常是在年末、季末或月末结账时进行的。

通过定期清查，可以在编制会计报表前发现账实不符的情况，据以调整有关账簿的记录，使账实相符，从而保证会计报表数字的真实性。

定期清查的对象和范围，根据实际情况和需要，可以是全面清查，也可以是局部清查。在一般情况下，年末进行的清查是全面清查，而季末、月末进行的清查则属于局部清查。

（2）不定期清查。

不定期清查就是事先不规定清查时间，而根据实际需要，对某些财产物资、货币资金和往来款项临时进行的清查。不定期清查一般在下列情况下进行。

① 更换财产或现金保管人员，在办理移交时，要对有关人员保管的财产、现金进行清查，以分清经济责任。

② 发生自然灾害和意外损失时，要对受损财产进行清查，以查明损失情况。

③ 上级主管部门、财政、银行和审计等部门，对本单位进行会计检查时，应按检查的要求和范围对财产进行清查，以验证会计资料的可靠性。

④ 按照规定，进行临时性清产核资时，要对本单位的财产进行清查，以摸清家底。

不定期清查，可以是全面清查，也可以根据实际需要来确定清查的对象和范围。

3. 按照清查的执行单位分类

按照清查的执行单位不同，财产清查可分为内部清查和外部清查。

（1）内部清查。

内部清查是由企业自行组织清查工作小组所进行的财产清查工作。多数的财产清查都属于内部清查。

（2）外部清查。

外部清查是由上级主管部门、审计机关、司法部门、注册会计师根据国家的有关规定或情况的需要对企业财产所进行的清查，如注册会计师对企业报表进行审计时所进行的清查工作等。

8.2 财产清查的内容及方法

8.2.1 财产清查前的准备工作

财产清查是改善经营管理和加强会计核算的重要手段，也是一项涉及面广、工作量大、非常复杂细致的工作。它不仅涉及有关物资保管部门，而且涉及各车间和各个职能部门。为了搞好财产清查工作，使其发挥应有的积极作用，在进行财产清查以前，必须充分做好准备工作，包括组织准备和业务准备两方面内容。

1. 组织准备

为了财产清查工作的顺利进行，在进行财产清查前要根据财产清查工作的实际需要组建财产清查专门机构，由主要领导负责，会同会计部门、财产管理及使用等有关部门配合进行清查。财产清查专门机构的主要任务如下。

（1）制定财产清查计划，确定清查的对象和范围，合理安排清查工作的步骤，组织有关人员学习，使其明确清查任务和具体要求等。

（2）在清查过程中，做好财产清查的检查和督促工作，及时研究和处理清查中出现的问题。

（3）在清查工作结束后给出处理意见。

2. 业务准备

为了及时地写出总结报告，并对财产清查结果进行及时的处理，确保财产清查工作顺利进行，会计部门和物资保管部门应积极配合，认真做好以下各方面的准备工作。

（1）会计部门和会计人员，应在清查之前把有关账目登记齐全，结出余额，并且进行核对，做到账簿记录完整、计算正确，账证相符，账账相符，为资产清查提供准确、可靠的数据。

（2）物资保管部门和保管人员，在清查之前应对所有经济业务办理好凭证手续，将财产物资全部登记入账，结出余额，并与会计部门的数据核对相符。对所要清查的财产物资进行整理、排列、标注标签（品种、规格、结存数量等），以便盘点核对。

（3）准备好必要的计量器具及登记表册，对计量器具应进行仔细检查，保证计量的准确性。

（4）银行存款、银行借款和结算款项的清查，要取得对账单，以便查对。

8.2.2 货币资金的清查内容及方法

货币资金的清查一般包括库存现金和银行存款的清查。因为在日常经营活动中，货币资金的收支业务比较频繁，容易出现差错，所以要定期或不定期地进行清查。

1. 库存现金清查方法

库存现金的清查是通过实地盘点的方法，确定库存现金的实存数，然后再与现金日记账账面余额进行核对，以查明余缺情况。库存现金的盘点，应由盘点人会同现金出纳员共同负责，其清查内容和方法如下。

（1）在盘点前，出纳员应先将现金收、付凭证全部登记入账，并结出余额。

（2）盘点时，出纳员必须在场，现金应逐张清点，如发现盘盈、盘亏，盘点人必须会同出纳员核实清楚。盘点时，除查明账实是否相符外，还要查明有无违反现金管理制度的现象，如以"白条"抵库、库存现金数超过银行核定的限额、坐支现金等现象。

（3）盘点结束后，应根据盘点结果，及时填制库存现金盘点报告表，并由盘点人和出纳员签名或盖章。库存现金盘点报告表既是盘存单，又是账存数与实存数的对比表；既是用以调整账簿记录的重要原始凭证，也是分析差异原因，明确经济责任的依据。库存现金盘点报告表如表8-1所示。

表 8-1　　　　　　　　　　　　　库存现金盘点报告表

单位名称：　　　　　　　　　　年　　月　　日　　　　　　　　　　　单位：元

币别	实存金额	账存金额	实存与账存对比		备注
			盘盈	盘亏	

盘点人签章：　　　　　　　　　　　　　　　　　　　　　　　　　出纳员签章：

2. 银行存款清查方法

银行存款的清查采用核对法，即将开户银行定期送来的对账单与本单位的银行存款日记账逐笔进行核对，以查明账实是否相符。在与银行核对账目之前，应先详细检查本单位银行存款日记账的正确性和完整性，然后再与对账单逐笔核对，确定双方记账的正确性。对账单详细地记录了企业银行存款的增加额、减少额和结余额。但由于办理结算手续和传递凭证需要一定的时间，这种情况下就会出现银行对账单上的存款余额与本单位银行存款日记账的账面余额不一致（当双方不存在记账错误的情况下）的情况。我们将其称为"未达账项"。所谓未达账项，是指企业与银行之间由于凭证传递的时间差，导致双方记账时间不一致而发生的一方已经登记入账，另一方因尚未接到有关凭证而未登记入账的款项。

未达账项，主要有以下四种情况：第一种，企业已收款入账，银行尚未收款入账的款项；第二种，企业已付款入账，银行尚未付款入账的款项；第三种，银行已收款入账，企业尚未收款入账的款项；第四种，银行已付款入账，企业尚未付款入账的款项。

以上任何一项未达账项的存在，都会使一定时期企业的银行存款日记账余额与银行对账单的余额不符。这就要求在清查过程中，查找出双方未达账项的金额，并据以编制银行存款余额调节表，以便检查双方记账有无差错，并确定企业银行存款实有数。银行存款余额调节表的编制，是以双方账面余额为基础，各自分别加上对方收款入账而己方未入账的数额，减去对方已付款入账而己方未入账的数额。即：

银行存款日记账期末余额+银行已收、企业未收金额-银行已付、企业未付金额=银行对账单余额+企业已收、银行未收金额-企业已付、银行未付金额

【例8-1】东方公司20×1年10月31日银行存款日记账的账面余额为560 700元，银行对账单上的存款余额为586 550元，经逐笔核对，发现有以下未达账项。

（1）企业开出转账支票48 300元，持票人尚未向银行办理转账手续，银行尚未入账。

（2）企业存入从其他单位收到的转账支票28 450元，银行尚未入账。

（3）企业委托银行代收外地销货款10 000元，银行已经收到入账，但企业尚未收到收款通知。

（4）银行代企业支付水电费4 000元，但企业尚未收到付款通知。

根据以上资料，编制银行存款余额调节表，如表8-2所示。

表8-2 银行存款余额调节表

20×1年10月31日

单位：元

项目	金额	项目	金额
企业银行存款日记账余额	560 700	银行对账单余额	586 550
加：银行已收、企业未收项	10 000	加：企业已收、银行未收款项	28 450
减：银行已付、企业未付款项	4 000	减：企业已付、银行未付款项	48 300
调节后的存款余额	566 700	调节后的存款余额	566 700

从编制的银行存款余额调节表可以看出，在双方记账都不发生错误的前提下，双方调整后的存款余额应该相等，该数额就是企业银行存款的实有数额。如果调整后的存款数额仍不相等，则表明双方在记账方面存在错误，因此，还应根据所编制的银行存款余额调节表进一步查明错账的原因，并及时进行更正。

值得注意的是，由于未达账项不是错账，所以，不能根据银行存款余额调节表做任何账务处理，双方账面仍保持原有的余额，待收到有关凭证之后，再进行处理。

8.2.3 财产物资清查的内容及方法

财产清查的重要环节是盘点财产物资，尤其是存货的实存数量。为使财产清查工作顺利进行，企业应建立科学而适用的存货盘存制度。在实际工作中，存货的盘存制度，有实地盘存制和永续盘存制两种。现以商品流通企业经济业务为例，说明这两种制度的特点。

1. 财产物资的盘存制度

盘存制度是确定财产物资的发出与实存数量，进而计算存货结存成本的方法。盘存制度有实地盘存制与永续盘存制两种。

（1）实地盘存制。

实地盘存制又称"以存计耗制"或"盘存计耗制"，是指在期末通过盘点实物来确定库存存货的数量，并据以计算出期末存货成本和发出存货成本的一种盘存制度。采用这种方法，平时只根据会计凭证在账簿中登记财产物资的增加数，不登记减少数，月末对各项财产物资进行实地盘点，根据实地盘点确定的实存数，倒挤出本月各项财产物资的减少数。即：

本期资产减少数额=账面期初余额+本期增加数额-期末实际盘点结存数额

根据上式计算出本期资产减少数额，再登记有关账簿。因此，月末财产物资的实地盘点结果，是计算和确定本月财产物资减少数额的依据。

采用这种方法，工作简单，工作量少，但用倒挤法确定的本期各项财产物资的减少数，缺少严密性及合理性，会出现正常减少与毁损、丢失混为一谈的情况，不利于会计监督，企业应适时使用。只对那些品种多、价值低、收发交易比较频繁、数量不稳定、损耗大且难以控制的存货进行盘点时，可以采用这种方法。

（2）永续盘存制。

永续盘存制亦称"账面盘存制"，是指通过设置存货明细账，逐笔登记其收入数和发出数，并随时结出存货结存数量，进而计算出结存成本的方法。

期末存货结存数量=账面期初结存数量+本期增加数-本期减少数

期末存货结存成本=期初结存成本+本期增加成本-本期减少成本

2. 确定财产物资实际结存数的方法

确定财产物资实际结存数的方法，通常有实地盘点法和技术推算法两种。实地盘点法是对各项实物通过逐一清点、过磅等方式，或用计量器具确定其实存数量的方法。这种方法适用范围较广泛，大部分财产物资都采用这种方法。技术推算法是利用技术方法，如量方计尺等，对有关财产物资的实有数量进行推算的一种方法。这种方法适用于大量成堆、物体笨重、难以逐一清点的财产物资的清查，如堆存的煤或油罐中的油等。

财产物资清查的程序应按下列步骤进行。

首先，应由清查人员协同财产物资保管人员在现场对财产物资采用上述相应的清查方法进行盘点，确定其实有数量，并同时检查其质量情况。

其次，对盘点的结果要如实登记盘存单，并由盘点人员和实物保管人员签章，以明确经济责任。盘存单既是记录实物盘点结果的书面证明，又是反映财产物资实有数的原始凭证。盘存单的一般格式如表 8-3 所示。

表 8-3　　　　　　　　　　　盘存单

单位名称：　　　　　　　　　　　　　　　　　　　　　　　　　盘点时间：

财产类别：　　　　　　　　　存放地点：　　　　　　　　　　　编号：

序号	名称	规格或型号	计量单位	实存数量	单价	金额	备注

盘点人员：（签章）　　　　　　　　　　　　　　　　实物保管人员：（签章）

最后，根据盘存单和相应的财产物资账簿的记录情况填制账存实存对比表。财存实存对比表是调整账簿记录的原始依据，也是分析账存数和实存数差异的原因、确定经济责任的原始证明材料。其一般格式如表 8-4 所示。

表 8-4　　　　　　　　　　　账存实存对比表

单位名称：　　　　　　　　　　　年　月　日　　　　　　　　　金额单位：

序号	名称	规格或型号	计量单位	单价	账存		实存		对比结果			
					数量	金额	数量	金额	盘盈		盘亏	
									数量	金额	数量	金额

盘点人员签章：　　　　　　　　　　　　　　　　　　　会计签章：

8.2.4　固定资产清查的内容及方法

1. 固定资产清查的内容

固定资产清查是指从实物管理的角度对单位实际拥有的固定资产进行实物清查，并与固定资产进行账务核对，确定盘盈、毁损、报废及盘亏资产。固定资产清查的范围主要包括土地、房屋及建筑物、通用设备、专用设备、交通运输设备等，要求各单位配合会计师事务所认真组织清查，原则上对所有固定资产进行全面清查盘点。

2. 固定资产清查方法

① 清查前的准备。组成固定资产清查小组，明确责任分工，进行事前摸查。

② 利用账务清理结果，编制盘点用的固定资产明细表。

③ 实地盘点并核实有关情况。

④ 根据盘点情况编制清查固定资产盘点表，与基准日固定资产清查明细表进行核对，并对盘点中出现的差异情况进行说明。

⑤ 对固定资产清查中的问题提出处理意见。

⑥ 报告清查结果。根据盘点核实结果，填报固定资产盘点明细表；录入固定资产电子卡片；进一步完善固定资产清查明细表；编制损失材料清单并呈批。

8.2.5 往来款项清查的内容及方法

对于企业的债权、债务等结算款项，一般采用询证法进行清查，即通过与对方经济往来单位的账目核对进行清查。清查单位给每一个往来经济单位发送询证函，对方单位核对相符后，在回联单上盖章退回；若不符，对方应注明情况，退回清查单位，清查单位需进一步查明原因，再行核对。往来款项对账单及回联的一般格式如图 8-1 所示。

往来款项对账单

××单位：

你单位 2×10 年 9 月 12 日到我公司购 A 产品 700 件，货款 29 700 元尚未支付，请核对后，将回联单寄回。

清查单位：　　（盖章）

2×10 年 12 月 20 日

往来款项对账单（回联）

×××清查单位：

你单位寄来的"往来款项对账单"已收到，经核对无误。

××单位：　　（盖章）

2×10 年 12 月 24 日

图 8-1　往来款项对账单及回联

8.3
财产清查结果的处理

财产清查结果处理一般指的是对账实不符，即发生盘盈、盘亏、毁损情况的处理。当实存数大于账存数时，称为盘盈；当实存数小于账存数时，称为盘亏；实存数虽与账存数一致，但实存的财产物资有质量问题，不能按正常的财产物资使用的，称为毁损。不论是盘盈，还是盘亏、毁损，都是财产清查处理的内容，都要进行账务处理。

8.3.1 原则与步骤

对财产清查的结果，应以国家有关的政策、法令和制度为依据，认真处理。对于清查中发现的盘盈、盘亏等问题，要先核准金额，再按规定的程序报经上级部门批准后，才能进行会计处理。主要处理步骤如下。

（1）核准金额，查明各种差异的性质和原因，提出处理意见。根据清查情况，核准各项财产物资盘盈、盘亏的金额，客观地分析账实不符的原因，明确经济责任，并按规定程序如实将盘盈、盘亏情况及处理意见，报请有关部门审批处理。

（2）调整账簿，做到账实相符。为做到账实相符，保证会计信息真实正确，对财产清查中发现的盘盈、盘亏、毁损等情况，应及时调整账簿记录。

（3）根据差异的性质和原因，报请有关部门处理后，编制记账凭证，登记入账，予以核销。

8.3.2 账务处理方法

为了核算和监督在财产清查中查明的各种财产物资的盘盈、盘亏和毁损及其处理情况，应设置"待处理财产损溢"账户。该账户属于双重性质的账户，借方登记各项财产物资的盘亏和毁损数及盘盈财产报经批准后的转销数；贷方登记各项财产物资的盘盈数及盘亏、毁损财产报经批准后的转销数；期末如有借方余额，表示尚待处理的财产物资的净损失；如有贷方余额，表示尚待处理的财产物资的净收益。按规定，企业发生的盘盈、盘亏，应于期末结账前处理完毕，"待处理财产损溢"账户期末无余额。在"待处理财产损溢"账户下，应设置"待处理流动资产损溢"和"待处理固定资产损溢"两个明细分类账户，以进行明细分类核算。"待处理财产损溢"账户的结构如图 8-2 所示。

借方	待处理财产损溢	贷方
（1）发生的盘亏、毁损数		（1）发生的盘盈数
（2）转销已批准的盘盈数		（2）转销已批准的盘亏、毁损数
余额：尚待处理的净损失		余额：尚待处理的净收益

图 8-2 "待处理财产损溢"账户结构

1. 库存现金清查结果的账务处理

在库存现金清查中，发现现金短缺或溢余时，应及时根据现金盘点报告表进行账务处理。

现金短缺或溢余，应先通过"待处理财产损溢"账户调整账簿，待查明原因后，应根据批准的处理意见，进行账务处理。

2. 存货清查结果的账务处理

为了正确地进行存货清查的核算，企业盘盈、盘亏和毁损的存货，报经批准以前，应先通过"待处理财产损溢——待处理流动资产损溢"账户核算，报经有关部门批准以后，再根据查明的不同原因进行相应的处理。一般包括以下几种情况：属于自然损耗产生的定额内合理损耗、收发计量差错、管理不善等原因造成短缺的，应转作管理费用；属于责任人造成超定额的短缺以及毁损的，应由过失人赔偿；属于非常损失造成毁损的，在扣除保险公司赔偿和残料价值后，经批准应列作营业外支出等。对于发生的盘盈，经批准应进行冲减管理费用处理。

【例8-2】东方公司在财产清查中发现A材料盘盈3千克，每千克1 000元（不考虑增值税）。在批准之前，根据实存账存对比表编制如下会计分录。

借：原材料——A材料　　　　　　　　　　　　3 000
　　贷：待处理财产损溢——待处理流动资产损溢　　3 000

经查明，盘盈的A材料系计量仪器不准而形成的溢余，经批准，冲减管理费用，编制如下会计分录。

借：待处理财产损溢——待处理流动资产损溢　　3 000
　　贷：管理费用　　　　　　　　　　　　　　3 000

【例8-3】东方公司在财产清查中发现B材料盘亏30千克，每千克20元。

在批准之前，根据实存账存对比表，编制如下会计分录。

借：待处理财产损溢——待处理流动资产损溢　　600
　　贷：原材料——B材料　　　　　　　　　　　600

上述盘亏的B材料，经查明自然损耗为5千克，意外灾害造成损失为10千克，过失人造成的毁损为15千克。根据批准处理意见，编制如下会计分录。

借：管理费用   100
  营业外支出   200
  其他应收款   300
   贷：待处理财产损溢——待处理流动资产损溢 600

3. 固定资产清查结果的账务处理

固定资产盘点时，若盘存数大于账面数，即为盘盈。盘盈的固定资产可按重置完全价值减去按固定资产的新旧程度估计折旧后的价值为固定资产的入账价值，贷记"以前年度损益调整"账户，不需要通过"待处理财产损溢"账户进行处理。

【例8-4】东方公司在财产清查中，发现账外设备一台，重置完全价值为20 000元，估计折旧为5 000元，净值为15 000元。

报经批准后，根据实存账存对比表的记录，编制如下会计分录。

借：固定资产   15 000
   贷：以前年度损益调整   15 000

【例8-5】东方公司在财产清查中，发现盘亏设备一台，账面原值为50 000元，已提折旧30 000元。批准处理前，根据实存账存对比表，编制如下会计分录。

借：待处理财产损溢——待处理固定资产损溢 20 000
  累计折旧   30 000
   贷：固定资产   50 000

经查明盘亏原因是自然灾害造成的。保险公司同意赔款10 000元，其余损失经批准列入营业外支出，编制如下会计分录。

借：营业外支出   10 000
  其他应收款——保险公司   10 000
   贷：待处理财产损溢——待处理固定资产损溢 20 000

4. 往来款项清查结果的账务处理

（1）应收款项清查结果的账务处理。

在财产清查中，查明确实无法收回的应收账款，即坏账损失，不通过"待处理财产损溢"账户进行核算，而应根据企业会计准则的规定，按规定程序报经批准后，予以核销。坏账损失的核算方法有直接转销法和备抵法两种。

① 直接转销法的核算：在实际发生坏账时，将其损失直接计入资产减值损失并注销该笔应收账款。

【例8-6】东方公司于20×1年10月8日经研究决定，M公司3年前所欠货款2 500元，确实无法追回，确认为坏账。编制会计分录如下。

借：资产减值损失   2 500
   贷：应收账款   2 500

② 备抵法的核算：按期估计坏账损失并提取坏账准备，当某项应收账款被确认为坏账时，冲减坏账准备，同时转销相应的应收账款金额的核算方法。

企业估计无法收回的坏账损失时，借记"资产减值损失"账户，贷记"坏账准备"账户，当实际发生坏账损失后，再冲减坏账准备和应收账款。

【例8-7】东方公司20×1年年末，按应收账款余额百分比法计提坏账准备30 000元（首次计提坏账准备）。20×2年1月确认无法收回的坏账为10 000元，应编制如下会计分录。

20×1年年末计提坏账准备时。

借：资产减值损失　　　　　　　　　　　　　　30 000

　　贷：坏账准备　　　　　　　　　　　　　　　　30 000

20×2年1月，确认坏账损失时。

借：坏账准备　　　　　　　　　　　　　　　　10 000

　　贷：应收账款　　　　　　　　　　　　　　　　10 000

（2）应付款项清查结果的账务处理。

在财产清查中，已经查明的确实无法支付的应付账款，也应根据企业的财务制度等的规定，予以核销。核销时，不必通过"待处理财产损溢"账户核算，而应按规定的程序报经批准后，将应付账款转入"营业外收入"账户。

【例8-8】东方公司在财产清查中，查明应付某单位的货款6 000元，因该单位撤销，确实无法支付，报经批准，转作营业外收入。编制如下会计分录。

借：应付账款　　　　　　　　　　　　　　　　6 000

　　贷：营业外收入　　　　　　　　　　　　　　　6 000

习题

一、思考题

（1）什么是财产清查？造成账实不符的原因通常有哪些？进行财产清查有何意义？

（2）财产清查如何进行分类？在什么情况下需要进行全面清查、局部清查？

（3）什么是永续盘存制？什么是实地盘存制？

（4）什么是未达账项？未达账项有哪些基本类型？如何进行调整？

（5）财产清查的核算应设置什么账户？该账户的用途和结构如何？

（6）发生的财产盘盈、盘亏和毁损应如何进行账务处理？

二、判断题

（1）进行财产清查时，对大量成堆、物体笨重、难以逐一清点的财产物资，一般采用技术推算法。　　　　　　　　　　　　　　　　　　　　　　　　　　　　　　　（　　　）

（2）企业的银行存款日记账余额与银行对账单的余额不符，表明存在记账错误。（　　　）

（3）库存现金清查盘点时，出纳人员必须在场。　　　　　　　　　　　　（　　　）

（4）定期清查的对象和范围，根据实际情况和需要，可以是全面清查，也可以是局部清查。　　　　　　　　　　　　　　　　　　　　　　　　　　　　　　　　　（　　　）

（5）银行存款余额调节表能够作为调整账面记录的原始凭证。　　　　　　（　　　）

三、单项选择题

（1）存货盘盈，经批准后一般应（　　　）。

　　A．计入营业外收入　B．计入投资收益　　C．计入资本公积　　D．计入冲减管理费用

（2）为了核算和监督在财产清查中查明的各种财产物资的盘盈、盘亏和毁损及其处理情况，应设置"（　　　）"账户。

　　A．待处理财产损溢　B．固定资产清理　　C．资本公积　　　　D．长期待摊费用

（3）财产清查是用来查明（　　　）的一种专门方法。

A. 账实是否相符　　B. 账账是否相符　　C. 账证是否相符　　D. 账表是否相符

（4）盘盈的固定资产可通过"（　　　）"账户核算。

A. 固定资产清理　　B. 营业外收入　　C. 待处理财产损溢　　D. 以前年度损益调整

（5）不适用于实地盘点法进行清查的项目是（　　　）。

A. 库存现金　　B. 银行存款　　C. 固定资产　　D. 原材料

四、多项选择题

（1）财产清查，按照清查的时间不同可分为（　　　）。

A. 全面清查　　B. 局部清查　　C. 定期清查　　D. 不定期清查

（2）"待处理财产损溢"账户贷方登记（　　　）。

A. 发生的盘亏、毁损数　　　　　　　　B. 转销的已批准的盘亏、毁损数

C. 发生的盘盈数　　　　　　　　　　　D. 转销的已批准的盘盈数

（3）下列情况下，需要进行全面清查的有（　　　）。

A. 年终决算之前　　　　　　　　　　　B. 单位撤销、合并

C. 清产核资　　　　　　　　　　　　　D. 实行股份制改造或改变隶属关系

（4）财产物资的盘存制度包括（　　　）。

A. 永续盘存制　　B. 权责发生制　　C. 实地盘存制　　D. 收付实现制

（5）产生未达账项的情况有（　　　）。

A. 企业已收款入账，银行尚未收款入账　　B. 企业已付款入账，银行尚未付款入账

C. 银行已收款入账，企业尚未收款入账　　D. 银行已付款入账，企业尚未付款入账

知识拓展——新技术：京东的物流盘存

近年来，国内物流规模连年高速增长，客户需求日益多样化，这一背景下，京东物流得以实现高效运作，原因之一便是在日常运作中融入了射频识别（Radio Frequency Identification，RFID）技术。

RFID是一种非接触式的自动识别技术，该项技术采用RFID电子标签替换原有的商品条码，基于RFID批量、射频非视距读取能力，实现批量盘点及批量复核，可应用于各种复杂环境。京东物流充分发掘RFID的应用场景，打造更加丰富、更具实用性、全新升级的智能大脑，即大件仓库管理系统（Warehouse Management System，WMS），通过自研算法引擎和工程化充分发挥该技术在仓储领域的应用优势，据预测，RFID智能仓储解决方案将使仓内盘点效率提升10倍以上，复核效率提升5倍，仓库运营的整体效能将增长300%。

在仓库的日常管理中，货物管理员可以使用RFID技术实现对货物的实时追踪，对货物的来源、去向、库存数量等信息都能即时收集，大大提升了库存的供应效率和货物的周转效率。值得一提的是，采用新技术可实现批量盘点，盘点效率是传统作业方式的10倍以上，帮助工作人员告别了一件一件盘点的重体力、重复性劳动，仓库的复核出库效率也有了大幅提高。长期以来，冰箱、彩电等大件商品体积大、重量重、包装规格多样、自动化程度低，很多仓储环节耗时耗力，商品出入库错误率较高，给仓储运输带来很大挑战，京东物流将RFID技术率先引入供应链物流场景，不仅大大减轻了工作人员的负担，提高了效率，也有利于供应链的稳定与升级。

关键术语

财产清查　全面清查　局部清查　定期清查　不定期清查　内部清查　外部清查
永续盘存制　实地盘存制　未达账项　询证法　盘盈　盘亏　毁损　坏账损失

财务会计报告 | 第9章

　　财务会计报告是企业财务状况、经营成果和现金流量等有关会计信息的重要载体，为投资者、债权人决策提供了信息，同时为企业内部管理、监督部门提供了资料。因此，在实务中，财务会计报告意义重大，编制财务会计报告是会计人员的重点工作内容。首先，本章阐述了财务会计报告的概念、作用、种类和基本要求；其次，重点介绍了资产负债表和利润表的内容、格式、填列方法，并简要介绍了现金流量表、所有者权益变动表及财务报表附注的一般知识；最后，介绍了财务报表分析的意义和三种常用的财务报表分析方法。

 育人目标

　　（1）培养"不做假账"的责任意识；
　　（2）树立提高会计信息质量的财会思想；
　　（3）培育勇于创新的精神。

教学目标

　　（1）了解财务会计报告的种类；
　　（2）理解财务会计报告的编制原理；
　　（3）掌握资产负债表的格式与编制方法；
　　（4）掌握利润表的格式与编制方法；
　　（5）掌握现金流量表的格式与编制方法；
　　（6）掌握所有者权益变动表的格式与编制方法；
　　（7）熟悉报表附注的作用。

9.1 | 财务会计报告概述

9.1.1　财务会计报告的概念和作用

1. 财务会计报告的概念

　　财务会计报告是对企业财务状况、经营成果和现金流量的结构性表述。

　　财务会计报告至少应当包括下列组成部分。

　　（1）资产负债表。

　　资产负债表是反映企业在某一特定日期财务状况的财务报表。

　　（2）利润表。

　　利润表是反映企业在一定会计期间经营成果的财务报表。

　　（3）现金流量表。

　　现金流量表是反映企业在一定会计期间现金和现金等价物流入和流出情况的财务报表。

（4）所有者权益变动表。

所有者权益变动表是反映构成所有者权益的各组成部分当期增减变动情况的财务报表。

（5）附注。

附注是对在资产负债表、利润表、现金流量表和所有者权益变动表等报表中列示项目的文字描述或明细资料，以及对未能在这些报表中列示项目的说明等。

财务会计报告上述组成部分具有同等的重要程度。

2. 财务会计报告的作用

财务会计报告可向财务会计报告使用者提供与企业财务状况、经营成果和现金流量等有关的会计信息，反映企业管理层受托责任履行情况，有助于财务会计报告使用者做出经济决策。

（1）财务会计报告可以为投资者和债权人的投资、贷款决策提供信息。

（2）财务会计报告可以为单位加强经济管理提供资料。

（3）财务会计报告可以为有关管理部门加强检查、监督，维护经济秩序提供资料。

9.1.2 财务会计报告的种类

1. 按编报期间的不同分类

按编报期间的不同，财务会计报告可以分为中期财务报告和年度财务报告。

中期财务报告是以短于一个完整会计年度的报告期间为基础编制的财务报表，包括月报、季报和半年报等。中期财务报告至少应当包括资产负债表、利润表、现金流量表和附注，其中中期资产负债表、利润表和现金流量表应当是完整报表，其格式和内容应当与年度财务报告的相一致。与年度财务报告相比，中期财务报告中的附注披露可适当简略。

年度财务报告，是指以一个完整的会计年度（自公历1月1日起至12月31日止）为基础编制的财务报告。年度财务报告一般包括资产负债表、利润表、现金流量表、所有者权益变动表和附注等内容。

2. 按编报主体的不同分类

按编报主体的不同，财务会计报告可以分为个别财务报告和合并财务报告。

个别财务报告，是由企业在自身会计核算基础上对账簿记录进行加工而编制的财务报表，它主要用以反映企业自身的财务状况、经营成果和现金流量情况。

合并财务报告，是以母公司和子公司组成的企业集团为会计主体，根据母公司和所属子公司的财务报表，由母公司编制的综合反映企业集团财务状况、经营成果及现金流量的财务报表。

9.1.3 财务会计报告的基本要求

1. 以持续经营为基础编制

企业应当以持续经营为基础，根据实际发生的交易和事项，按照《企业会计准则——基本准则》和其他各项会计准则的规定进行确认和计量，在此基础上编制财务会计报告。在编制财务会计报告的过程中，企业管理层应当利用所有可获得信息来评价自报告期末起至少12个月的持续经营能力。

财务会计报告使用者评价时需要考虑宏观政策风险，市场经营风险，企业目前或长期的盈利能力、偿债能力、财务弹性以及企业管理层改变经营政策的意向等因素。评价结果表明对持续经营能力产生重大怀疑的，企业应当在附注中披露导致对持续经营能力产生重大怀疑的因素以及企业拟采取的改善措施。

企业如有近期获利经营的历史且有财务资源支持，则通常表明以持续经营为基础编制财务会计报告是合理的。企业正式决定或被迫在当期或将在下一个会计期间进行清算或停止营业的，则表明以持续经营为基础编制财务会计报告不再合理。在这种情况下，企业应当采用其他基础编制财务会计报告，并在附注中声明财务会计报告未以持续经营为基础编制的事实、披露未以持续经营为基础编制的原因和财务会计报告的编制基础。

2. 按正确的会计基础编制

企业除现金流量表按照收付实现制编制外，其他财务会计报告应当按照权责发生制编制。

3. 至少按年编制

企业至少应当按年编制财务会计报告。年度财务报告涵盖的期间短于一年的，应当披露年度财务报告的涵盖期间、短于一年的原因以及财务会计报告数据不具可比性的事实。

4. 项目列报遵守重要性原则

重要性，是指在合理预期下，若财务会计报告某项目的省略或错报会影响使用者据此作出经济决策，则该项目具有重要性。

重要性应当根据企业所处的具体环境，从项目的性质和金额两方面予以判断，且对各项目重要性的判断标准一经确定，不得随意变更。判断项目性质的重要性，应当考虑该项目在性质上是否属于企业日常活动，是否显著影响企业的财务状况、经营成果和现金流量等因素；判断项目金额的重要性，应当考虑该项目金额占资产总额、负债总额、所有者权益总额、营业收入总额、营业成本总额、净利润、综合收益总额等直接相关项目金额的比重或所属报表单列项目金额的比重。

某些项目的重要性程度不足以在资产负债表、利润表、现金流量表或所有者权益变动表中单独列示，但对附注却具有重要性，则应当在附注中单独披露。

5. 保持各个会计期间财务报表项目列报的一致性

财务会计报告项目的列报应当在各个会计期间保持一致性，除会计准则要求改变财务会计报告项目的列报或企业经营业务的性质发生重大变化后，变更财务会计报告项目的列报能够提供更可靠、更相关的会计信息外，不得随意变更。

6. 各项目之间的金额不得相互抵销

财务会计报告中的资产项目和负债项目的金额、收入项目和费用项目的金额、直接计入当期利润的利得项目和损失项目的金额不得相互抵销，但其他会计准则另有规定的除外。

一组类似交易形成的利得和损失应当以净额列示，但具有重要性的除外。

资产或负债项目按扣除备抵项目后的净额列示，不属于抵销。

非日常活动产生的利得和损失，以同一交易形成的收益扣减相关费用后的净额列示更能反映交易实质的，不属于抵销。

7. 比较数据的列报

当期财务会计报告的列报，至少应当包含所有列报项目上一个可比会计期间的比较数据，以及与理解当期财务会计报告相关的说明，但其他会计准则另有规定的除外。

财务会计报告的列报项目发生变更，应当至少对可比期间的数据按照当期的列报要求进行调整，并在附注中披露调整的原因和性质，以及调整的各项目金额。对可比数据进行调整不切实可行的，应当在附注中披露不能调整的原因。

不切实可行，是指企业在作出所有合理努力后仍然无法采用某项会计准则规定。

8. 表头相关规定

企业应当在财务会计报告的显著位置（如表头）至少披露下列各项：①编报企业的名称；②资产负债表日或财务报表涵盖的会计期间；③人民币金额单位；④财务会计报告是合并财务报告的，应当予以标明。

9.2 | 资产负债表

9.2.1 资产负债表内容与格式

1. 资产负债表的内容

资产负债表是指反映企业在某一特定日期财务状况的报表。资产负债表主要反映资产、负债和所有者权益三方面的内容，并满足"资产=负债+所有者权益"平衡式。

微课堂

资产负债表的
编制

（1）资产。

资产应当按照流动资产和非流动资产两大类别在资产负债表中列示，在流动资产和非流动资产类别下进一步按性质分项列示。

流动资产是指预计在一个正常营业周期中变现、出售或耗用，或者主要为交易目的而持有，或者预计在资产负债表日起一年内（含一年）变现的资产，或者自资产负债表日起一年内交换其他资产或清偿负债能力不受限制的现金或现金等价物。资产负债表中列示的流动资产项目通常包括：货币资金、交易性金融资产、应收票据、应收账款、预付账款、其他应收款、存货和一年内到期的非流动资产等。

非流动资产是指流动资产以外的资产。资产负债表中列示的非流动资产项目通常包括：长期股权投资、固定资产、在建工程、无形资产、长期待摊费用以及其他非流动资产等。

（2）负债。

负债应当按照流动负债和非流动负债两大类别在资产负债表中进行列示，在流动负债和非流动负债类别下再进一步按性质分项列示。

流动负债是指预计在一个正常营业周期中清偿，或者主要为交易目的而持有，或者自资产负债表日后起一年内（含一年）到期应予以清偿，或者企业无权自主地将清偿推迟至资产负债表日后一年以上的负债。资产负债表中列示的流动负债项目通常包括：短期借款、应付票据、应付账款、预收账款、应付职工薪酬、应交税费、其他应付款、一年内到期的非流动负债等。

非流动负债是指流动负债以外的负债。非流动负债项目通常包括：长期借款、应付债券和其他非流动负债等。

（3）所有者权益。

所有者权益，是企业资产扣除负债后的剩余权益，反映企业在某一特定日期股东（投资者）拥有的净资产总额。所有者权益一般按照实收资本（或股本）、资本公积、盈余公积和未分配利润等分项列示。

2. 资产负债表的格式

我国企业的资产负债表采用账户式格式。账户式资产负债表分左右两方，左方为资产项目，大体按资产的流动性大小排列，流动性大的资产如"货币资金""交易性金融资产"等排在前面，流动性小的资产如"长期股权投资""固定资产"等排在后面，右方为负债及所有者权益项目，一般按要求清偿时间的先后顺序排列,"短期借款""应付票据""应付账款"等需要在一年以内或者长于一年的一个正常营业周期内偿还的流动负债排在前面,"长期借款"等在一年以上才需偿还的非流动负债排在中间,在企业清算之前不需偿还的所有者权益项目排在后面。

账户式资产负债表中的资产各项目的合计等于负债和所有者权益各项目的合计,即资产负债表左方和右方平衡。因此,账户式资产负债表,可以反映资产、负债、所有者权益之间的内在关系,即"资产=负债+所有者权益"。我国企业资产负债表格式如表 9-1 所示。

表 9-1 资产负债表 会企 01 表

编制单位: 年 月 日 单位:元

资产	期末余额	上年年末余额	负债和所有者权益(或股东权益)	期末余额	上年年末余额
流动资产:			流动负债:		
货币资金			短期借款		
交易性金融资产			交易性金融负债		
衍生金融资产			衍生金融负债		
应收票据			应付票据		
应收账款			应付账款		
应收款项融资			预收款项		
预付款项			合同负债		
其他应收款			应付职工薪酬		
存货			应交税费		
合同资产			其他应付款		
持有待售资产			持有待售负债		
一年内到期的非流动资产			一年内到期的非流动负债		
其他流动资产			其他流动负债		
流动资产合计			流动负债合计		
非流动资产:			非流动负债:		
债权投资			长期借款		
其他债权投资			应付债券		
长期应收款			其中:优先股		
长期股权投资			永续债		
其他权益工具投资			租赁负债		
其他非流动金融资产			长期应付款		
投资性房地产			预计负债		
固定资产			递延收益		
在建工程			递延所得税负债		
生产性生物资产			其他非流动负债		
油气资产			非流动负债合计		
使用权资产			负债合计		

续表

资产	期末余额	上年年末余额	负债和所有者权益（或股东权益）	期末余额	上年年末余额
无形资产					
开发支出			所有者权益（或股东权益）：		
商誉			实收资本（或股本）		
长期待摊费用			其他权益工具		
递延所得税资产			其中：优先股		
其他非流动资产			永续债		
非流动资产合计			资本公积		
			减：库存股		
			其他综合收益		
			专项储备		
			盈余公积		
			未分配利润		
			所有者权益（或股东权益）合计		
资产总计			负债和所有者权益（或股东权益）总计		

9.2.2 资产负债表的填列方法

资产负债表各项目均需要填列"上年年末余额"和"期末余额"两栏。其中"上年年末余额"栏内各项数字，应根据上年末资产负债表的"期末余额"栏内所列数字填列。"期末余额"栏主要有以下几种填列方法。

1. 根据总账科目余额填列

如"交易性金融资产""短期借款""应付票据""应付职工薪酬"等项目，根据"交易性金融资产""短期借款""应付票据""应付职工薪酬"等各总账科目的余额直接填列，有些项目则需根据几个总账科目的期末余额计算填列，如"货币资金"项目，需根据"库存现金""银行存款""其他货币资金"三个总账科目的期末余额的合计数填列。

【例9-1】甲公司20×1年12月31日结账后的"短期借款"科目余额为2 000 000元，"应付职工薪酬"科目余额为399 000元。则20×1年12月31日资产负债表中相关项目的金额如下。

"短期借款"项目金额为：2 000 000元。

"应付职工薪酬"项目金额为：399 000元。

【例9-2】甲公司20×1年12月31日结账后的"库存现金"科目余额为30 000元，"银行存款"科目余额为30 000 000元，"其他货币资金"科目余额为800 000元。则20×1年12月31日资产负债表中"货币资金"项目的金额为：

$$30\ 000 + 30\ 000\ 000 + 800\ 000 = 30\ 830\ 000（元）$$

2. 根据明细科目余额计算填列

如"应付账款"项目，需要根据"应付账款"和"预付账款"两个科目所属的相关明细科目的期末贷方余额计算填列；"应收账款"项目，需要根据"应收账款"和"预收账款"两个科目所属的相关明细科目的期末借方余额计算填列。

【例9-3】甲公司20×1年12月31日结账后有关科目所属明细科目借贷方余额如表9-2所示。

表9-2　　　　　　　　　　　　　　　　部分账项余额　　　　　　　　　　　　　　　　单位：元

科目名称	明细科目借方余额合计	明细科目贷方余额合计
应收账款	2 600 000	300 000
预付账款	600 000	120 000
应付账款	900 000	2 100 000
预收账款	500 000	1 300 000

该企业20×1年12月31日资产负债表中相关项目的金额为：

"应收账款"项目金额为：2 600 000 + 500 000 = 3 100 000（元）

"预付款项"项目金额为：600 000 + 900 000 = 1 500 000（元）

"应付账款"项目金额为：120 000 + 2 100 000 = 2 220 000（元）

"预收款项"项目金额为：300 000 + 1 300 000 = 1 600 000（元）

3. 根据总账科目和明细科目余额分析计算填列

如"长期借款"项目需要根据"长期借款"总账科目余额扣除"长期借款"项目所属的明细科目中将在一年内到期且企业不能自主地将清偿义务展期的长期借款后的金额计算填列。

【例9-4】甲公司长期借款情况如表9-3所示。

表9-3　　　　　　　　　　　　　　　　长期借款情况

借款起始日期	借款期限/年	金额/元
20×1年1月1日	7	2 000 000
20×0年1月1日	5	4 000 000
20×0年7月1日	2	3 000 000

该企业20×1年12月31日资产负债表中"长期借款"项目金额为：

2 000 000 + 4 000 000 + 3 000 000 − 3 000 000 = 6 000 000（元）

将在一年内到期的长期借款3 000 000元，应当填列在流动负债下"一年内到期的非流动负债"项目。

4. 根据有关科目余额减去其备抵科目余额后的净额填列

如"固定资产"项目，应当根据"固定资产"科目的期末余额减去"累计折旧""固定资产减值准备"等科目余额后的净额填列。

【例9-5】甲公司20×1年12月31日结账后的"固定资产"科目余额为1 000 000元，"累计折旧"科目余额为90 000元，"固定资产减值准备"科目余额为200 000元。

该企业20×1年12月31日资产负债表中"固定资产"项目金额为：

1 000 000 − 90 000 − 200 000 = 710 000（元）

5. 综合运用上述填列方法分析填列

如资产负债表中的"存货"项目，应根据存货参考科目期末余额合计，减去"存货跌价准备"科目期末余额后的金额填列。

【例9-6】甲公司采用实际成本法核算材料成本，20×1年12月31日结账后有关科目余额为："原材料"科目余额为2 100 000元（借方），"库存商品"科目余额为1 900 000元（借方），"生产成本"科目余额为 550 000 元（借方），"存货跌价准备"科目余额为 180 000 元。

该企业 20×1 年 12 月 31 日资产负债表中"存货"项目金额为：

2 100 000+1 900 000+550 000-180 000=4 370 000（元）

9.2.3 资产负债表的填列说明

资产负债表中资产、负债和所有者权益主要项目的填列说明如下。

1. 资产项目的填列说明

（1）"货币资金"项目，反映企业库存现金、银行结算户存款、外埠存款、银行汇票存款、银行本票存款、信用卡存款、信用证保证金存款等的合计数。本项目应根据"库存现金""银行存款""其他货币资金"科目期末余额的合计数填列。

（2）"交易性金融资产"项目，反映企业持有的以公允价值计量且其变动计入当期损益的为交易目的所持有的债券投资、股票投资、基金投资、权证投资等金融财产。本项目应当根据"交易性金融资产"科目的期末余额填列。

（3）"应收票据"项目，反映企业因销售产品、提供劳务等而收到的商业汇票，包括银行承兑汇票和商业承兑汇票。本项目应根据"应收票据"科目的期末余额，减去"坏账准备"科目中有关应收票据计提的坏账准备期末余额后的净额填列。

（4）"应收账款"项目，反映企业因销售商品、提供劳务等经营活动应收取的款项。本项目应根据"应收账款"和"预收账款"科目所属各明细科目的期末借方余额合计数，减去"坏账准备"科目中有关应收账款计提的坏账准备期末余额后的净额填列。

（5）"预付款项"项目，反映企业按照购货合同规定预付给供应单位的款项等。本项目应根据"预付账款"和"应付账款"科目所属各明细科目的期末借方余额合计数，减去"坏账准备"科目中有关预付账款计提的坏账准备期末余额后的净额填列。

（6）"其他应收款"项目，反映企业除应收票据、应收账款、预付账款以外的其他各种应收、暂付款项，根据"应收利息""应收股利"和"其他应收款"科目的期末余额合计数，减去"坏账准备"科目中相关坏账准备期末余额后的金额填列。

（7）"存货"项目，反映企业在日常活动中持有以备出售的产成品或商品、处在生产过程中的在产品、在生产过程或提供劳务过程中耗用的材料和物料等。应根据存货类各科目期末余额合计，减去"存货跌价准备"科目期末余额后的金额填列。

（8）"一年内到期的非流动资产"反映企业将于一年内到期的非流动资产项目金额。本项目应根据有关科目的期末余额分析填列。

（9）"长期股权投资"项目，反映企业持有的对子公司、联合企业和合营企业的长期股权投资。本项目应根据"长期股权投资"科目的期末余额，减去"长期股权投资减值准备"科目的期末余额的净额填列。

（10）"固定资产"项目，反映资产负债表日企业固定资产的期末账面价值和企业尚未清理完毕的固定资产清理净损益。该项目应根据"固定资产"科目的期末余额，减去"累计折旧"和"固定资产减值准备"科目的期末余额后的金额，以及"固定资产清理"科目的期末余额填列。

（11）"在建工程"项目，反映资产负债表日企业尚未达到预定可使用状态的在建工程的期末账面价值和企业为在建工程准备的各种物资的期末账面价值。该项目应根据"在建工程"科目的期末余额，减去"在建工程减值准备"科目的期末余额后的金额，以及"工程物资"科目的期末余额，减去"工程物资减值准备"科目的期末余额后的金额填列。

（12）"无形资产"项目，反映企业持有的专利权、非专利技术、商标权、著作权、土地使用权等无形资产的成本减去累计摊销和减值准备后的净值。本项目应根据"无形资产"科目的期末余额，减去"累计摊销"和"无形资产减值准备"科目期末余额的净额填列。

2. 负债项目的填列说明

（1）"短期借款"项目，反映企业向银行或其他金融机构等借入的期限在一年以下（含一年）的各种借款。本项目应根据"短期借款"科目的期末余额填列。

（2）"应付票据"项目，反映企业因购买材料、商品和接受劳务供应等而开出、承兑的商业汇票，包括银行承兑汇票和商业承兑汇票。本项目应根据"应付票据"科目的期末余额填列。

（3）"应付账款"项目，反映企业因购买材料、商品和接受劳务供应等经营活动应支付的款项。本项目应根据"应付账款"和"预付账款"科目所属各明细科目的期末贷方余额合计数填列。如"应付账款"科目所属明细科目期末有借方余额，应在资产负债表"预付款项"项目内填列。

（4）"预收款项"项目，反映企业按照购货合同规定预收供应单位的款项。本项目应根据"预收款项"和"应收款项"科目所属各明细科目的期末贷方余额合计数填列。

（5）"应付职工薪酬"项目，反映企业根据有关规定应付给职工的工资、职工福利、社会保险费、住房公积金、工会经费、职工教育经费、非货币性福利、辞退福利等各种薪酬。

（6）"应交税费"项目，反映企业按照税法规定应缴纳的各种税费，本项目应根据"应交税费"科目的期末贷方余额填列，如"应交税费"科目期末为借方余额，应以"-"号填列。

（7）"其他应付款"项目，反映企业除应付票据、应付账款、预收账款、应付职工薪酬、应交税费等经营活动以外的其他各项应付、暂收的款项。本项目应根据"应付股利""应付利息"和"其他应付款"科目的期末余额填列。

（8）"一年内到期的非流动负债"项目，反映企业非流动负债中将于资产负债表日后一年内到期部分的金额，如将于一年内偿还的长期借款。本项目应根据有关科目的期末余额分析填列。

（9）"长期借款"科目，反映企业向银行或其他金融机构借入的期限在一年以上（不含一年）的各种款项。本项目应根据"长期借款"总账科目余额扣除"长期借款"项目所属的明细科目中将在一年内到期且企业不能自主地将清偿义务展期的长期借款后的金额计算填列。

（10）"应付债券"项目，反映企业为筹集长期资金而发行的债券本金和利息。本项目应根据"应付债券"科目的期末余额填列。

3. 所有者权益项目的填列说明

（1）"实收资本（或股本）"项目，反映企业各投资者实际投入的资本（或股本）总额。本项目应根据"实收资本（或股本）"科目的期末余额填列。

（2）"资本公积"项目，反映企业资本公积的期末余额。本项目应根据"资本公积"科目的期末余额填列。

（3）"盈余公积"项目，反映企业盈余公积的期末余额。本项目应根据"盈余公积"科目的期末余额填列。

（4）"未分配利润"项目，反映企业尚未分配的利润。本项目应根据"利润分配—未分配利润"明细科目的余额计算填列。未弥补的亏损在本项目内以"-"号填列。

9.3 利润表

9.3.1 利润表的内容与格式

1. 利润表的内容

利润表是指反映企业在一定会计期间经营成果的报表。

利润表可以反映企业在一定会计期间收入、费用、利润（或亏损）的数额和构成情况，帮助报表使用者全面了解企业的经营成果，分析企业的盈利能力及盈利增长趋势，为其做出经济决策提供依据。

微课堂

利润表的编制

2. 利润表的格式

我国企业的利润表采用多步式格式，如表9-4所示。

表9-4　　　　　　　　　　　　　　　利润表　　　　　　　　　　　　　　　会企02表

编制单位：　　　　　　　　　　　　　　年　月　　　　　　　　　　　　　　单位：元

项目	本期金额	上期金额
一、营业收入		
减：营业成本		
税金及附加		
销售费用		
管理费用		
研发费用		
财务费用		
其中：利息费用		
利息收入		
加：其他收益		
投资收益（损失以"-"号填列）		
其中：对联营企业和合营企业的投资收益		
以摊余成本计量的金融资产终止确认收益（损失以"-"号填列）		
净敞口套期收益（损失以"-"号填列）		
公允价值变动收益（损失以"-"号填列）		
信用减值损失（损失以"-"号填列）		
资产减值损失（损失以"-"号填列）		
资产处置收益（损失以"-"号填列）		
二、营业利润（亏损以"-"号填列）		
加：营业外收入		
减：营业外支出		
三、利润总额（亏损总额以"-"号填列）		
减：所得税费用		
四、净利润（净亏损以"-"号填列）		

续表

项目	本期金额	上期金额
（一）持续经营净利润（净亏损以"-"号填列）		
（二）终止经营净利润（净亏损以"-"号填列）		
五、其他综合收益的税后净额		
（一）不能重分类进损益的其他综合收益		
（二）将重分类进损益的其他综合收益		
六、综合收益总额		
七、每股收益：		
（一）基本每股收益		
（二）稀释每股收益		

9.3.2 利润表的编制方法

1. 利润表的填列方法

我国企业利润表的主要编制步骤和内容如下。

第一步，以营业收入为基础，减去营业成本、税金及附加、销售费用、管理费用、研发费用、财务费用、资产减值损失，加上公允价值变动收益（减去公允价值变动损失）和投资收益（减去投资损失）等，计算出营业利润。

第二步，以营业利润为基础，加上营业外收入，减去营业外支出，计算出利润总额。

第三步，以利润总额为基础，减去所得税费用，计算出净利润（或净亏损）。

第四步，以净利润（或净亏损）和其他综合收益的税后净额为基础，计算综合收益总额。

第五步，以净利润（或净亏损）为基础，计算每股收益。

利润表各项目均需填列"本期金额"和"上期金额"两栏。其中"上期金额"栏内各项数字，应根据上年利润表的"本期金额"栏内所列数字填列。

"本期金额"栏内各期数字，除"基本每股收益"和"稀释每股收益"项目外，应当按照相关科目的发生额分析计算填列。

2. 利润表主要项目的填列说明

（1）"营业收入"项目，反映企业经营主要业务和其他业务所确认的收入总额。本项目应根据"主营业务收入"和"其他业务收入"科目的发生额分析填列。

（2）"营业成本"项目，反映企业主要业务和其他业务所发生的成本总额。本项目应根据"主营业务成本"和"其他业务成本"科目的发生额分析填列。

（3）"税金及附加"项目，反映企业经营业务应负担的消费税、城市维护建设税、资源税、土地增值税和教育费附加等。本项目应根据"税金及附加"科目的发生额分析填列。

（4）"销售费用"项目，反映企业在销售商品过程中发生的包装费、广告费等费用和为销售本企业商品而专设的销售机构的职工薪酬、业务费等经营费用。本项目应根据"销售费用"科目的发生额分析填列。

（5）"管理费用"项目，反映企业为组织和管理生产经营而发生的管理费用。本项目应根据"管理费用"科目的发生额分析填列。

（6）"财务费用"项目，反映企业为筹集生产经营所需资金等而发生的筹资费用。本项目应根据"财务费用"科目的发生额分析填列。

（7）"资产减值损失"项目，反映企业各项资产发生的减值损失。本项目应根据"资产减值损失"科目的发生额分析填列。

（8）"公允价值变动收益"项目，反映企业应当计入当期损益的资产或负债公允价值变动收益。本项目应根据"公允价值变动损益"科目的发生额分析填列，如为净损失，本项目以"-"号填列。

（9）"投资收益"项目，反映企业以各种方式对外投资所取得的收益。本项目应根据"投资收益"科目的发生额分析填列。如为投资损失，本项目以"-"号填列。

（10）"营业利润"项目，反映企业实现的营业利润。如为亏损，本项目以"-"号填列。

（11）"营业外收入"项目，反映企业发生的与经营业务无直接关系的各项收入。本项目应根据"营业外收入"科目的发生额分析填列。

（12）"营业外支出"项目，反映企业发生的与经营业务无直接关系的各项支出。本项目应根据"营业外支出"科目的发生额分析填列。

（13）"利润总额"项目，反映企业实现的利润。如为亏损，本项目以"-"号填列。

（14）"所得税费用"项目，反映企业应当从当期利润总额中扣除的所得税费用。本项目应根据"所得税费用"科目的发生额分析填列。

（15）"净利润"项目，反映企业实现的净利润。如为亏损，本项目以"-"号填列。

（16）"每股收益"项目，包括基本每股收益和稀释每股收益两项指标，反映普通股或潜在普通股已公开交易的企业，以及正处在公开发行普通股或潜在普通股过程中的企业的每股收益信息。

9.4 现金流量表

9.4.1 现金流量表的定义及内容

1. 现金流量表的定义

现金流量表是反映企业在一定会计期间现金和现金等价物流入和流出情况的报表。现金流量表可以为报表使用者提供企业一定会计期间内现金和现金等价物流入和流出的信息，便于使用者了解和评价企业获取现金和现金等价物的能力，据以预测企业未来现金流量。

现金流量指一定会计期间内企业现金和现金等价物的流入和流出。企业从银行提取现金、用现金购买短期国债等现金和现金等价物之间的转换不会导致现金流量的变化。

现金是指企业库存现金以及可以随时用于支付的存款，包括库存现金、银行存款和其他货币资金（如外埠存款、银行汇票存款、银行本票存款）等。不能随时用于支付的存款不属于现金。现金等价物是指企业持有的期限短、流动性强、易于转换为已知金额现金、价值变动风险很小的投资。期限短，一般是指从购买日起三个月内到期。现金等价物通常包括三个月内到期的债券投资等。权益性投资变现的金额通常不确定，因而不属于现金等价物。企业应当根据具体情况，确定现金等价物的范围，一经确定不得随意变更。

2. 现金流量表的内容

企业产生的现金流量分为三类。

（1）经营活动产生的现金流量。

经营活动是指企业投资活动和筹资活动以外的所有交易和事项。经营活动主要包括销售商品、提供劳务、购买商品、接受劳务、支付工资和缴纳税费等流入和流出现金和现金等价物的活动或事项。

（2）投资活动产生的现金流量。

投资活动是指企业长期资产的购建和不包括在现金等价物范围内的投资及其处置活动。投资活动主要包括购建固定资产、处置子公司及其他营业单位等流入和流出现金和现金等价物的活动或事项。

（3）筹资活动产生的现金流量。

筹资活动是指导致企业资本及债务规模和构成发生变化的活动。筹资活动主要包括吸收投资、发行股票、分配利润、发行债券、偿还债务等流入和流出现金和现金等价物的活动或事项。偿付应付账款、应付票据等应付款属于经营活动，不属于筹资活动。

9.4.2 现金流量表的格式

我国企业现金流量表采用报告式格式，分类反映经营活动、投资活动、筹资活动产生的现金流量，最后汇总反映企业某一期间现金及现金等价物的净增加额。我国企业现金流量表的格式如表 9-5 所示。

表 9-5　　　　　　　　　　　　　　　现金流量表　　　　　　　　　　　　　　会企 03 表

编制单位：　　　　　　　　　　　　　　年　月　　　　　　　　　　　　　　　单位：元

项目	本期金额	上期金额
一、经营活动产生的现金流量：		
销售商品、提供劳务收到的现金		
收到的税费返还		
收到其他与经营活动有关的现金		
经营活动现金流入小计		
购买商品、接受劳务支付的现金		
支付给职工以及为职工支付的现金		
支付的各项税费		
支付其他与经营活动有关的现金		
经营活动现金流出小计		
经营活动产生的现金流量净额		
二、投资活动产生的现金流量：		
收回投资收到的现金		
取得投资收益收到的现金		
处置固定资产、无形资产和其他长期资产收回的现金净额		
处置子公司及其他营业单位收到的现金净额		
收到其他与投资活动有关的现金		
投资活动现金流入小计		
购建固定资产、无形资产和其他长期资产支付的现金		

续表

项目	本期金额	上期金额
投资支付的现金		
取得子公司及其他营业单位支付的现金净额		
支付其他与投资活动有关的现金		
投资活动现金流出小计		
投资活动产生的现金流量净额		
三、筹资活动产生的现金流量：		
吸收投资收到的现金		
取得借款收到的现金		
收到其他与筹资活动有关的现金		
筹资活动现金流入小计		
偿还债务支付的现金		
分配股利、利润或偿付利息支付的现金		
支付其他与筹资活动有关的现金		
筹资活动现金流出小计		
筹资活动产生的现金流量净额		
四、汇率变动对现金及现金等价物的影响		
五、现金及现金等价物净增加额		
加：期初现金及现金等价物余额		
六、期末现金及现金等价物余额		

9.4.3 现金流量表的编制

1. 编制基础

现金流量表以收付实现制为基础，真实地反映企业当期实际收入的现金、实际支出的现金、现金流入和流出相抵后的净额，从而分析利润表中本期净利润与现金流量之间的差异，正确地评价企业的经营成果。

2. 现金流量表的编制方法

企业一定期间的现金流量可分为三部分，即经营活动现金流量、投资活动现金流量和筹资活动现金流量。编制现金流量表时，经营活动现金流量的填列方法有两种，一是直接法，二是间接法。这两种方法通常也称为编制现金流量表的直接法和间接法。直接法和间接法各有特点。

在直接法下，一般是以利润表中的营业收入为起算点，调节与经营活动有关项目的增减变动，然后计算出经营活动产生的现金流量。在间接法下，则是以净利润为起算点，调整不涉及现金的收入、费用、营业外收支等有关项目，剔除投资活动对现金流量的影响，据此计算出经营活动产生的现金流量。相对而言，采用直接法编制的现金流量表便于分析企业经营活动产生的现金流量的来源和用途，预测企业现金流量的未来前景。而采用间接法不易做到这一点。

企业会计准则规定，企业应当采取直接法列示经营活动产生的现金流量。采用直接法编制现金流量表时，可以采用工作底稿法或 T 型账户法，也可以根据有关科目记录分析填列。

工作底稿法是以工作底稿为手段，以资产负债表和利润表数据为基础，结合有关科目的记录，对现金流量表的每一项目进行分析并编制调整分录，从而编制出现金流量表的一种方法。第一步，将资产负债表项目的上年年末余额和期末余额过入工作底稿中与之对应项目期初数栏和期末数栏。第二步，对当期业务进行分析并编制调整分录。在调整分录中有关现金及现金等价物的事项分别记入"经营活动产生的现金流量""投资活动产生的现金流量""筹资活动产生的现金流量"等项目，借记表明现金流入，贷记表明现金流出。第三步，将调整分录过入工作底稿中的相应部分。第四步，核对调整分录，借贷合计应当相等，资产负债表项目期初数加减调整分录中的借贷金额以后，应当等于期末数。

现金流量表各项目均需填列"本期金额"和"上期金额"两栏。现金流量表"上期金额"栏内各项数字，应根据上一期间现金流量表"本期金额"栏内所列数字填列。

3. 现金流量表主要项目说明

（1）经营活动产生的现金流量。

①"销售商品、提供劳务收到的现金"项目，反映企业本期销售商品、提供劳务收到的现金，以及前期销售商品、提供劳务本期收到的现金（包括应向购买者收取的增值税销项税额）和本期预收的款项，减去本期销售本期退回商品和前期销售本期退回商品支付的现金。企业销售材料和代购代销商品业务收到的现金，也在本项目反映。

②"收到的税费返还"项目，反映企业收到返还的所得税、增值税、消费税、关税和教育费附加等各种税费返还款。

③"收到其他与经营活动有关的现金"项目，反映企业其他与经营活动有关的现金流入，金额较大的应当单独列示。

④"购买商品、接受劳务支付的现金"项目，反映企业本期购买商品、接受劳务实际支付的现金（包括增值税进项税额），以及本期支付前期购买商品、接受劳务的未付款项和本期预付款项，减去本期发生的购货退回收到的现金。企业购买材料和代购代销业务支付的现金，也在本项目反映。

⑤"支付给职工以及为职工支付的现金"项目，反映企业直接支付给职工的工资、奖金、各种津贴和补贴等职工薪酬（包括代扣代缴的职工个人所得税）。

⑥"支付的各项税费"项目反映企业发生并支付、前期发生本期支付以及预交的各项税费，包括所得税、增值税、消费税、印花税、房产税、土地增值税、车船税、教育费附加等。

⑦"支付其他与经营活动有关的现金"项目，反映企业经营租赁支付的租金、支付的差旅费、业务招待费、保险费、罚款支出等其他与经营活动有关的现金流出，金额较大的应当单独列示。

（2）投资活动产生的现金流量。

①"收回投资收到的现金"项目，反映企业出售、转让或到期收回除现金等价物以外的对其他企业长期股权投资等收到的现金，但处置子公司及其他营业单位收到的现金净额除外。

②"取得投资收益收到的现金"项目，反映企业除现金等价物以外的对其他企业的长期股权投资等分回的现金股利和利息等。

③"处置固定资产、无形资产和其他长期资产收回的现金净额"项目，反映企业出售、报废固定资产、无形资产和其他长期资产所取得的现金（包括因资产损毁而收到的保险赔偿收入），减去为处置这些资产而支付的有关费用后的净额。

④"处置子公司及其他营业单位收到的现金净额"项目，反映企业处置子公司及其他营业单位所取得的现金，减去相关处置费用以及子公司及其他营业单位持有的现金和现金等价物后

的净额。

⑤ "购建固定资产、无形资产和其他长期资产支付的现金" 项目，反映企业购买、建造固定资产，取得无形资产和其他长期资产所支付的现金（含增值税等），以及用现金支付的应由在建工程和无形资产负担的职工薪酬。

⑥ "投资支付的现金" 项目，反映企业取得除现金等价物以外的对其他企业的长期股权投资等所支付的现金以及支付的佣金、手续费等附加费用，但取得子公司及其他营业单位支付的现金净额除外。

⑦ "取得子公司及其他营业单位支付的现金净额" 项目，反映企业购买子公司及其他营业单位购买出价中以现金支付的部分，减去子公司及其他营业单位持有的现金和现金等价物后的净额。

⑧ "收到其他与投资活动有关的现金" "支付其他与投资活动有关的现金" 项目，反映企业除上述①至⑦项目外收到或支付的其他与投资活动有关的现金，金额较大的应当单独列示。

（3）筹资活动产生的现金流量。

① "吸收投资收到的现金" 项目，反映企业以发行股票、债券等方式筹集资金实际收到的款项（发行收入减去支付的佣金等发行费用后的金额）。

② "取得借款收到的现金" 项目，反映企业举借各种短期、长期借款而收到的现金。

③ "偿还债务支付的现金" 项目反映企业为偿还债务本金而支付的现金。

④ "分配股利、利润或偿付利息支付的现金" 项目，反映企业实际支付的现金股利、支付给其他投资单位的利润或用现金支付的借款利息、债券利息。

⑤ "收到其他与筹资活动有关的现金" "支付其他与筹资活动有关的现金" 项目，反映企业除上述四个项目外收到或支付的其他与筹资活动有关的现金，金额较大的应当单独列示。

9.5 所有者权益变动表

9.5.1 所有者权益变动表概述

所有者权益变动表是指反映构成所有者权益各组成部分当期增减变动情况的报表。

所有者权益变动表既可以为报表使用者提供所有者权益总量增减变动的信息，也能为其提供所有者权益增减变动的结构性信息，特别是能够让报表使用者理解所有者权益增减变动的根源。

9.5.2 所有者权益变动表的格式

在所有者权益变动表上，企业至少应当单独列示反映下列信息的项目：①综合收益总额；②会计政策变更和前期差错更正的累积影响金额；③所有者投入资本和对所有者分配利润等；④按照规定提取的盈余公积；⑤所有者权益各组成部分的期初和期末余额及其调节情况。

所有者权益变动表以矩阵的形式列示：一方面，列示导致所有者权益变动的交易或事项，即所有者权益变动的来源，对一定时期所有者权益的变动情况进行全面反映；另一方面，按照所有者权益各组成部分 [即实收资本（或股本）、其他权益工具、资本公积、库存股、其他综合收益、专项储备、盈余公积、未分配利润] 列示交易或事项对所有者权益各部分的影响。

我国企业所有者权益变动表的格式如表9-6所示。

表 9-6

编制单位：

所有者权益变动表

年度

会企 04 表

单位：元

项 目	本年金额										上年金额									
	实收资本（或股本）	其他权益工具		资本公积	减：库存股	其他综合收益	盈余公积	未分配利润	所有者权益合计	实收资本（或股本）	其他权益工具		资本公积	减：库存股	其他综合收益	盈余公积	未分配利润	所有者权益合计
		优先股	永续债 其他								优先股	永续债 其他							
一、上年末余额																			
加：会计政策变更																			
前期差错更正																			
其他																			
二、本年年初余额																			
三、本年增减变动金额（减少以"－"号填列）																			
（一）综合收益总额																			
（二）所有者投入和减少资本																			
1. 所有者投入的普通股																			
2. 其他权益工具持有者投入资本																			
3. 股份支付计入所有者权益的金额																			
4. 其他																			
（三）利润分配																			
1. 提取盈余公积																			
2. 对所有者（或股东）的分配																			
3. 其他																			
（四）所有者权益内部结转																			
1. 资本公积转增资本（或股本）																			
2. 盈余公积转增资本（或股本）																			
3. 盈余公积弥补亏损																			
4. 设定受益计划变动额结转留存收益																			
5. 其他																			

9.5.3 所有者权益变动表的编制

1. 所有者权益变动表的编制方法

所有者权益变动表各项目均需填列"本年金额""上年金额"两栏。

所有者权益变动表"上年金额"栏内各项数字，应根据上年度所有者权益变动表"本年金额"栏内所列数字填列。上年度所有者权益变动表规定的各个项目的名称和内容同本年度不一致的，应对上年度所有者权益变动表各项目的名称和数字按照本年度的规定进行调整，填入所有者权益变动表的"上年金额"栏内。

所有者权益变动表"本年金额"栏内各项数字一般根据"实收资本（或股本）""资本公积""盈余公积""未分配利润""库存股"科目的发生额分析填列。

企业的净利润及其分配情况作为所有者权益变动表的组成部分，不需要单独编制利润分配表列示。

2. 所有者权益变动表主要项目说明

（1）"上年年末余额"项目，反映企业上年资产负债表中"实收资本（或股本）""资本公积""库存股""盈余公积""未分配利润"的年末余额。

（2）"会计政策变更""前期差错更正"项目，分别反映企业采用追溯调整法处理的会计政策变更的累积影响金额和采用追溯重述法处理的会计差错更正的累积影响金额。

（3）"本年增减变动金额"项目。

① "综合收益总额"项目，反映企业当年发生的其他综合收益的增减变动金额。

② "所有者投入和减少资本"项目，反映企业当年所有者投入的资本和减少的资本。

（4）"利润分配"项目，反映企业当年的利润分配金额。

（5）"所有者权益内部结转"项目，反映企业构成所有者权益的组成部分之间的增减变动情况。

① "资本公积转增资本（或股本）"项目，反映企业以资本公积转增资本或股本的金额。

② "盈余公积转增资本（或股本）"项目，反映企业以盈余公积转增资本或股本的金额。

③ "盈余公积弥补亏损"项目反映企业以盈余公积弥补亏损的金额。

9.6 | 附注

9.6.1 附注的意义

附注是对资产负债表、利润表、现金流量表和所有者权益变动表等报表中列示项目的文字描述或明细资料，以及对未能在这些报表中列示项目的说明等。附注主要起到两方面的作用。第一，附注的披露，是对资产负债表、利润表、现金流量表和所有者权益变动表列示项目含义的补充说明，帮助使用者更准确地把握其含义。例如，通过阅读附注中披露的固定资产折旧政策的说明，使用者可以掌握报告企业与其他企业在固定资产折旧政策上的异同，以便进行更准确的比较。第二，附注提供了对资产负债表、利润表、现金流量表和所有者权益变动表中未列示项目的详细或明细说明。例如，通过阅读附注中披露的存货增减变动情况，使用者可以了解资产负债表中未单列的存货分类信息。

通过附注与资产负债表、利润表、现金流量表和所有者权益变动表列示项目的相互参照关系，以及对未能在报表中列示项目的说明，报表使用者可以全面了解企业的财务状况、经营成果和现金流量。

9.6.2 附注的内容

附注是财务会计报告的重要组成部分。企业应当按照如下顺序披露附注的内容。

1. 企业的基本情况

（1）企业注册地、组织形式和总部地址。

（2）企业的业务性质和主要经营活动。

（3）母公司以及集团最终母公司的名称。

（4）财务会计报告的批准报出者和财务会计报告批准报告日。

2. 财务会计报告的编制基础

财务会计报告的编制基础是指财务会计报告是在持续经营基础上还是非持续经营基础上编制的。企业一般在持续经营基础上编制财务报表，清算、破产属于非持续经营基础。

3. 遵循企业会计准则的声明

企业应当声明编制的财务会计报告符合企业会计准则的要求，真实、完整地反映了企业的财务状况、经营成果和现金流量等有关信息，以此明确企业编制财务会计报告所依据的制度基础。

4. 重要会计政策和会计评估

企业应当披露采用的重要会计政策和会计评估，不重要的会计政策和会计评估可以不披露。在披露重要会计政策和会计评估时，企业应当披露重要会计政策的确定依据和财务会计报告项目的计量基础，以及会计评估中所采用的关键假设和不确定因素。

会计政策的确定依据，主要是指企业在运用会计政策过程中所进行的对财务会计报告中确认的项目金额最具影响的判断，有助于使用者理解企业选择和运用会计政策的背景，增加财务会计报告的可理解性。财务会计报告项目的计量基础，是指企业计量该项目采用的是历史成本、重置成本、可变现净值、现值还是公允价值，这直接影响使用者对财务会计报告的理解和分析。

在确定报表中确认的资产和负债账面价值的过程中，企业有时需要在资产负债表日对不确定的未来事项对这些资产和负债的影响加以估计。这类假设的变动对这些资产和负债项目金额的确定影响很大，有可能会在下一个会计年度内作出重大调整，因此，强调这一披露要求，有助于提高财务会计报告的可理解性。

5. 会计政策和会计估计变更以及差错更正的说明

企业应当按照《企业会计准则第 28 号——会计政策、会计估计变更和差错更正》的规定，披露会计政策和会计估计变更以及差错更正的有关情况。

6. 财务会计报告重要项目的说明

企业对财务会计报告重要项目的说明，应当按照资产负债表、利润表、现金流量表、所有者权益变动表及其项目列示的顺序，采用文字和数字描述相结合的方式进行披露。财务会计报告重要项目的明细金额合计应当与财务会计报告项目金额相衔接，主要包括以下重要项目。

（1）交易性金融资产。企业应当披露交易性金融资产的构成及期初、期末余额等信息。

（2）应收款项。企业应当披露应收款项的账龄结构和客户类别以及期初、期末账面余额等信息。

（3）存货。企业应当披露以下信息。

① 各类存货的期初和期末账面价值。

② 确定发出存货成本所采用的方法。

③ 存货可变现净值的确定依据，存货跌价准备的计提方法，当期计提的存货跌价准备的金额、当期转回的存货跌价准备的金额，以及计提和转回的有关情况。

④ 用于担保的存货账面价值。

（4）长期股权投资。企业应当披露下列信息。

① 子公司、合营企业和联营企业清单，包括企业名称、注册地、业务性质、投资企业的持股比例和表决权比例。

② 合营企业和联营企业当期的主要财务信息，包括资产、负债、收入、费用等合计金额。

③ 被投资单位向投资企业转移资金的能力受到限制的情况。

④ 当期及累计未确认的投资损失金额。

⑤ 与对子公司、合营企业及联营企业投资相关的或有负债。

（5）投资性房地产。企业应当披露下列信息。

① 投资性房地产的种类、金额和计量模式。

② 采用成本模式的，投资性房地产的折旧或摊销，以及减值准备的计提情况。

③ 采用公允价值模式的，公允价值的确定依据和方法，以及公允价值变动对损益的影响。

④ 房地产转换情况、理由，以及对损益或所有者权益的影响。

⑤ 当期处置的投资性房地产及其对损益的影响。

（6）固定资产。企业应当披露下列信息。

① 固定资产的确认条件、分类、计量基础和折旧方法。

② 各类固定资产的使用寿命、预计净残值和折旧率。

③ 各类固定资产的期初和期末原价、累计折旧额及固定资产减值准备累计金额。

④ 当期确认的折旧费用。

⑤ 对固定资产所有权的限制及金额和用于担保的固定资产账面价值。

⑥ 准备处置的固定资产名称、账面价值、预计处置费用和预计处置时间等。

（7）无形资产。企业应当披露下列信息。

① 无形资产的期初和期末账面余额、累计摊销额及减值准备累计金额。

② 使用寿命有限的无形资产，其使用寿命的评估情况；使用寿命不确定的无形资产，其使用寿命不确定的判断依据。

③ 无形资产的摊销方法。

④ 用于担保无形资产账面价值、当期摊销额等情况。

⑤ 计入当期损益和确认为无形资产的研究开发支出情况。

（8）职工薪酬。企业应当披露下列信息。

① 应当支付给职工的工资、奖金、津贴和补贴，以及期末应付未付金额。

② 应当为职工缴纳的医疗保险费、养老保险费、失业保险费、工伤保险费和生育保险费等社会保险费，以及期末应付未付金额。

③ 应当为职工缴存的住房公积金，以及期末应付未付金额。

④ 为职工提供的非货币性福利，及其计算依据。

⑤ 应当支付的因解除劳务关系给予的补偿，及其期末应付未付金额。

⑥ 其他职工薪酬。

（9）应交税费。企业应当披露应交税费的构成及期初、期末账面余额等信息。

（10）短期借款和长期借款。企业应当披露短期借款、长期借款的构成及期初、期末账面余额等信息。对于期末逾期借款，应分别对贷款单位、借款金额、逾期时间、年利率、逾期未偿还原因和预期还款期等进行披露。

（11）应付债券。企业应当披露应付债券的构成及期初、期末账面余额等信息。

（12）长期应付款。企业应当披露长期应付款的构成及期初、期末账面余额等信息。

（13）营业收入。企业应当披露营业收入的构成及本期、上期发生额等信息。

（14）公允价值变动收益。企业应当披露公允价值变动收益的来源及本期、上期发生额等信息。

（15）投资收益。企业应当披露投资收益的来源及本期、上期发生额等信息。

（16）资产减值损失。企业应当披露各项资产的减值损失及本期、上期发生额等信息。

（17）营业外收入。企业应当披露营业外收入的构成及本期、上期发生额等信息。

（18）营业外支出。企业应当披露营业外支出的构成及本期、上期发生额等信息。

（19）所得税费用。企业应当披露下列信息。

① 所得税费用（收益）的主要组成部分。

② 所得税费用（收益）与会计利润关系的说明。

（20）其他综合收益。企业应当披露下列信息。

① 按照权益法核算的在被投资单位其他综合收益中所享受的份额。

② 现金流量套期工具产生的利得（或损失）金额。

③ 外币财务报表折算差额。

④ 其他。

（21）政府补助。企业应当披露下列信息。

① 政府补助的种类及金额。

② 计入当期损益的政府补助金额。

③ 本期返还的政府补助金额及原因。

（22）借款费用。企业应当披露下列信息。

① 当期资本化的借款费用金额。

② 当期用于计算确定借款费用资本化金额的资本化率。

7. 其他需要说明的重要事项

其他需要说明的重要事项主要包括或有事项、资产负债表日后非调整事项、关联方关系及其交易等。

9.7 | 财务报表分析

9.7.1 财务报表分析的意义

财务报表分析，又称财务分析，是通过收集、整理企业财务会计报告中的有关数据，并结合其他有关补充信息，对企业的财务状况、经营成果和现金流量情况进行综合比较和评价，为财务会计报告使用者提供管理决策和控制依据的一项管理工作。

财务会计报告能够全面反映企业的财务状况、经营成果和现金流量情况，但是单纯从财务会计报告上的数据还不能直接或全面说明企业的财务状况，特别是不能说明企业经营状况的好坏和经营成果的高低，只有将企业的财务指标与有关的数据进行比较才能说明企业财务状况所处的地位，因此要进行财务报表分析。

做好财务报表分析工作，可以正确评价企业的财务状况、经营成果和现金流量情况，揭示企业未来的报酬和风险；可以检查企业预算完成情况，考核经营管理人员的业绩，为建立健全合理的激励机制提供帮助。

9.7.2 常用的财务报表分析方法

进行财务报表分析，主要的方法有比较分析法、因素分析法和比率分析法。

1. 比较分析法

比较分析法的理论基础，是客观事物发展变化统一性与多样性的辩证结合。统一性使它们具有可比的基础，多样性使它们具有不同的特征。在实际分析时，这两方面的比较往往结合使用。常用的比较分析法如下。

（1）趋势分析法。

趋势分析就是分析期与前期或连续数期项目金额的对比。这种对财务报表项目纵向比较分析的方法是一种动态的分析方法。通过分析期与前期（上季、上年同期）财务报表中有关项目金额的对比，可以从差异中及时发现问题、查找原因、改进工作。连续数期的财务会计报告项目的比较，能够反映出企业的发展动态，以揭示当期财务状况和营业情况增减变化，判断引起变动的主要项目是什么，这种变化的性质是有利还是不利，发现问题并评价企业财务管理水平，同时也可以预测企业未来的发展趋势。

（2）同业分析法。

将企业的主要财务指标与同行业的平均指标或同行业中先进企业指标对比，可以全面评价企业的经营成绩。与行业平均指标进行对比，可以分析判断该企业在同行业中所处的位置。和先进企业的指标对比，有利于吸收先进经验，克服本企业的缺点。

（3）预算差异分析法。

将分析期的预算数额作为比较的标准，实际数与预算数的差距就能反映完成预算的程度，给进一步分析和发掘企业潜力提供方向。

比较分析法有绝对数比较和相对数比较两种形式。绝对数比较是利用财务会计报告中两个或两个以上的绝对数进行比较，揭示数量差异，如总资产的比较、净利润的比较等。绝对数比较主要用于发展趋势分析、同业对比等。相对数比较是将财务会计报告中的有关数据转换成百分比，如以收入为 100%，计算分析利润表中各项目所占收入的比重。一般而言，绝对数比较只通过差异数说明差异金额，但不能表明变动程度，而相对数比较克服了这一缺点，因此在实际工作中应用更为广泛。

比较分析法的主要作用在于揭示客观存在的差距以及形成这种差距的原因，帮助人们发现问题、挖掘潜力、改进工作。比较分析法是各种分析方法的基础，不仅财务会计报告中的绝对数要通过比较才能说明问题，计算出来的财务比率和结构百分数也都要与有关资料（比较标准）进行对比，才能得出有意义的结论。

2. 因素分析法

因素分析法也是财务报表分析常用的一种技术方法，它是指把整体分解为若干个局部的分析方法，包括比率因素分解法和差异因素分解法。

（1）比率因素分解法。

比率因素分解法，是指把一个财务比率分解为若干个影响因素的方法。例如，资产收益率可以分解为资产周转率和销售利润率两个比率。财务比率是财务报表分析的特有概念，财务比率分解是财务报表分析所特有的方法。

（2）差异因素分解法。

为了解释比较分析中所形成差异的原因，需要使用差异因素分解法。例如，产品材料成本差异可以分解为价格差异和数量差异。差异因素分解法又分为定基替代法和连环替代法两种。定基替代法是测定比较差异成因的一种定量方法。按照这种方法，需要分别用标准值（历史的、同业企业的或预算的标准）替代实际值，以测定各因素对财务指标的影响。连环替代法是另一种测定比较差异成因的定量分析方法。按照这种方法，需要依次用标准值替代实际值，以测定各因素对财务指标的影响。

在实际分析中，因素分析法和比较分析法是结合使用的。比较之后需要分解，以深入了解差异的原因；分解之后还需要比较，以进一步认识其特征。不断地比较和分解，构成了财务报表分析的主要过程。

3. 比率分析法

比率分析法是指通过计算财务报表中相关项目之间的比率，来分析和评价企业的财务状况、经营成果和现金流量的一种分析方法。目前常用的财务比率主要有偿债能力比率、营运能力比率和盈利能力比率。

（1）偿债能力比率。

反映偿债能力的指标有以下几个。

① 流动比率。

$$流动比率=流动资产/流动负债$$

一般认为，当流动比率达到 2 时，是最令人满意的。若流动比率过低，表明企业可能面临到期偿还债务的困难。若流动比率过高，又意味着企业持有较多的不能获利的闲置流动资产。使用这一指标评价企业偿债能力时，应同时结合企业的具体情况。

② 速动比率。

速动比率，是指速动资产占流动负债的比率，它反映企业短期内可变现资产偿还短期内到期债务的能力。速动比率是对流动比率的补充。计算公式如下：

$$速动比率=速动资产/流动负债$$

速动资产是企业在短期内可变现的资产，等于流动资产减去流动速度较慢的存货的余额，包括货币资金和应收账款等。一般认为速动比率为 1 是合理的，速动比率若大于 1，表明企业短期偿债能力强，但盈利能力将下降；速动比率若小于 1，表明企业将需要依赖出售存货或举借新债来偿还到期债务。

③ 现金比率。

现金比率是企业现金同流动负债的比率。这里说的现金，包括现金和现金等价物。这项比率可显示企业立即偿还到期债务的能力，其计算公式为：

$$现金比率=（货币资金+有价证券）/流动负债$$

④ 资产负债率。

资产负债率，亦称负债比率、举债经营比率，是指负债总额与全部资产总额之比，用来衡量企业利用债权人提供的资金进行经营活动的能力，反映债权人发放贷款的安全程度。计算公式为：

$$资产负债率=负债总额/资产总额×100\%$$

一般认为，资产负债率应保持在 50% 左右，这说明企业有较强的偿债能力，又充分利用了负债经营能力。

（2）营运能力比率。

反映营运能力的指标有应收账款周转率、存货周转率和全部流动资产周转率。

① 应收账款周转率。

这是反映应收账款周转速度的指标，有两种表示方法。

应收账款周转次数，反映年度内应收账款平均变现的次数，计算公式为：

$$应收账款周转次数=销售收入净额/应收账款平均余额$$

其中：应收账款平均余额=（期初应收账款+期末应收账款）/2。

应收账款周转天数，反映年度内应收账款平均变现一次所需要的天数，计算公式为：

$$应收账款周转天数=360/应收账款周转次数=应收账款平均余额×360/销售收入净额$$

② 存货周转率。

这是反映存货周转速度的比率，有两种表示方法。

存货周转次数，反映年度内存货平均周转的次数，计算公式为：

$$存货周转次数=销售成本/存货平均余额$$

其中：存货平均余额=（期初存货+期末存货）/2。

存货周转天数，反映年度内存货平均周转一次所需要的天数，计算公式为：

$$存货周转天数=360/存货周转次数=存货平均余额×360/销售成本$$

③ 全部流动资产周转率。

这是反映企业拥有全部流动资产的周转速度的指标，有两种表示方法。

全部流动资产周转次数，反映年度内全部流动资产平均周转的次数，计算公式为：

$$全部流动资产周转次数=销售收入总额/全部流动资产平均余额$$

其中：全部流动资产平均余额=（期初全部流动资产+期末全部流动资产）/2。

全部流动资产周转天数，反映年度内全部流动资产平均周转一次所需要的天数，计算公式为：

$$全部流动资产周转天数=360/全部流动资产周转次数$$
$$=全部流动资产平均余额×360/销售收入总额$$

（3）盈利能力比率。

反映盈利能力的指标有总资产净利率、营业利润率和成本费用利润率。

① 总资产净利率。

这是衡量投资者投入到企业全部资产获利能力的指标。其计算公式为：

$$总资产净利率=净利润/总资本×100\%$$

企业总资产净利率越高，说明企业总资产的盈利能力越强。

② 营业利润率。

这是衡量企业营业收入的收益水平的指标，其计算公式为：

$$营业利润率=营业利润/营业收入×100\%$$

营业利润率是反映企业盈利能力的重要指标，这项指标越高，说明企业营业收入获取利润的能力越强。

③ 成本费用利润率。

这是反映企业成本费用与利润的关系的指标。其计算公式为：

$$成本费用利润率=利润总额/成本费用总额×100\%$$

成本费用总额是企业组织生产经营活动所需要花费的代价，利润总额则是这种代价花费后可以取得的收益。这一指标的比较是很必要的。

习题

一、思考题

（1）为什么要提供四张财务报表（资产负债表、利润表、现金流量表和所有者权益变动表）？

（2）如果财务报表存在虚假陈述和不实数据，谁应该对报表的真实性负责？

（3）财务报表主表之间是什么关系？

（4）附注与主表之间是什么关系？

（5）如何利用财务比率来分析和评价企业的财务状况和经营成果？

二、判断题

（1）财务报表的编制基础是持续经营。 （   ）

（2）资产负债表是根据"资产＝负债＋所有者权益"恒等式设计的。 （   ）

（3）资产负债表是动态报表。 （   ）

（4）资产负债表的资产按流动性大小排序，流动性小的资产排在前面，流动性大的排在后面。

（   ）

（5）利润表是"收入－费用＝利润"的扩展形式。 （   ）

三、单项选择题

（1）财务报表中报表项目的数字，其直接来源是（   ）。

    A. 原始凭证　　　　B. 记账凭证　　　　C. 日记账　　　　D. 账簿记录

（2）资产负债表是主要的财务报表，它反映企业某一特定日期的（   ）。

    A. 经营成果　　　　B. 财务状况　　　　C. 现金流量　　　　D. 所有者权益变动

（3）我国企业资产负债表采用（   ）结构。

    A. 多步式　　　　B. 单步式　　　　C. 报告式　　　　D. 账户式

（4）下列报表项目中，可以直接填列的是（   ）。

    A. 货币资金　　　　B. 应收账款　　　　C. 短期借款　　　　D. 未分配利润

（5）下列报表项目中，需要计算填列的是（   ）。

    A. 应付职工薪酬　　　　B. 短期借款　　　　C. 存货　　　　D. 实收资本

四、多项选择题

（1）财务报表是对企业财务状况、经营成果和现金流量的结构性表述，至少应当包括（   ）。

    A. 资产负债表　　　　B. 利润表　　　　C. 现金流量表

    D. 所有者权益变动表　　　　E. 财务报表附注

（2）编制财务会计报告的目的之一是满足会计信息使用者的需要，会计信息使用者有（   ）。

    A. 投资者　　　　B. 债权人　　　　C. 会计人员

    D. 企业内部管理人员　　　　E. 上级主管部门和监管部门

（3）下列项目中，属于流动资产的有（   ）。

    A. 存货　　　　B. 库存现金　　　　C. 银行存款

    D. 无形资产　　　　E. 应收账款

（4）下列项目中，属于流动负债的有（   ）。

    A. 应收账款　　　　B. 其他应付款　　　　C. 预付款项

D. 其他应收款　　　E. 应交税费

（5）下列项目中，影响期末资产负债表中"未分配利润"项目填列依据的有（　　　）。

A. 实收资本　　　　B. 期初未分配利润　C. 应付利润

D. 提取盈余公积　　E. 净利润

知识拓展——新技术：数字化报告的前景

网络财务报告

随着计算机科学技术和互联网的飞速发展，财务报告的方式也得以拓展，网络财务报告则是其中一项重要的革新。国际会计准则委员会在《企业财务报告》中将"网络财务报告"定义为：企业通过网络或者相关的基于网络的通信技术来公开报告经营和财务数据。

较之于传统的报告方式，网络财务报告在显示格式和内容两个维度得到了很大的扩展，在显示格式方面可以支持声音和视频，在内容上可以进一步涵盖会议的音频和录像。

XBRL

XBRL即可扩展商业报告语言，是应用于商业和会计数据电子化交流的一种语言，可用来改革全世界的商业报告，同时，也是网络财务报告向高级阶段发展的技术支持。

上交所与XBRL

中国证券监督管理委员会于2003年开始推动XBRL在上市公司信息披露中的应用。上海证券交易所（以下简称"上交所"）对XBRL技术一直非常关注，进行了广泛深入的研究。在证监会的支持和指导下，上交所积极参与相关标准制定，并首先成功将XBRL应用到上市公司定期报告摘要报送系统中，在国内交易所率先实现了XBRL的实际应用，并得到XBRL领域国际专家的充分认可。随后，上交所成功实现了全部上市公司定期公告的全文XBRL信息披露，并探索部分临时公告的信息披露应用。同时，上交所还制定了公募基金信息披露XBRL分类标准，并配合证监会在全行业推广应用。上交所制定的上市公司分类标准、金融类上市公司分类标准、基金分类标准于2010年4月通过国际组织最高级别的批准（Approved）认证，为我国资本市场XBRL信息披露赢得了荣誉。目前，XBRL已成为上交所上市公司信息披露监管的有力工具。

XBRL技术在资本市场信息披露中的应用，使上市公司、监管机构、交易所、会计师事务所、投资者、研究机构、证券信息服务商等信息加工者与使用者能够以更低的成本、更高的效率实现信息交换和共享，有效提高了信息披露透明度和监管水平，促进了资本市场的健康有序发展。

关键术语

财务会计报告　　财务报表　　资产负债表　　利润表　　现金流量表

所有者权益变动表　　财务报表附注　　比较分析法　　因素分析法　　比率分析法

账务处理程序 | 第10章

账务处理程序是会计的日常工作程序，而会计工作的细致性更加需要建立严格的账务处理程序。同时，科学地组织账务处理程序，对提高会计核算的质量和会计工作的效率、充分发挥会计的职能具有重要意义。首先，本章介绍了财务处理程序的基本概念、意义、种类和设计财务处理程序的原则；其次，介绍了记账凭证账务处理程序的定义、设置的凭证和账簿、账务处理步骤、优缺点及适用范围；再次，介绍了汇总记账凭证账务处理程序的特点、账务处理步骤、汇总记账凭证的编制及总账登记方法，以及汇总记账凭证账务处理程序的优缺点及适用范围；最后，介绍了科目汇总表账务处理程序的特点、账务处理步骤、科目汇总表的编制方法及总分类账的登记，以及科目汇总表账务处理程序的优缺点及适用范围。

 育人目标

（1）培养严格遵守程序进行账务处理的责任意识；
（2）提高遵纪守法和合规的意识；
（3）培养谨慎、务实的品格。

教学目标

（1）了解企业账务处理程序的概念与意义；
（2）掌握企业账务处理程序的种类；
（3）掌握记账凭证账务处理程序的内容；
（4）掌握汇总记账凭证账务处理程序的内容；
（5）掌握科目汇总表账务处理程序的内容；
（6）理解企业账务处理程序的一般步骤。

10.1
账务处理程序概述

10.1.1 账务处理程序的概念和意义

1. 账务处理程序的基本概念

账务处理程序也称会计核算组织程序或会计核算形式，它是指在会计循环中，会计主体采用的会计凭证、会计账簿、会计报表的种类和格式与记账程序有机结合的方法和步骤。

在会计循环的过程中，任何会计主体要核算和监督所发生的经济业务，都应采用适合的会计核算方法，而记账凭证的填制和审核、会计账簿的登记和会计报表的编制，就是会计主体在会计核算中常用的三种方法。持续经营的企业中，会计循环正是通过各种记账凭证的填制和审核、各种账簿的登记以及各种会计报表的编制在每一个会计期间周而复始地不断进行形成的。

记账程序是指企业在单个会计循环中，利用不同种类和格式的会计凭证、会计账簿和会计报表对发生的经济业务进行记录和反映的具体做法。

会计凭证、会计账簿和会计报表是会计用以记录和储存会计信息的重要载体。在实务中所使用的会计凭证（特别是记账凭证）、会计账簿和会计报表种类繁多，格式也各不相同。一个特定的会计主体应当根据选定的业务处理程序和方法，选择一定种类和格式的会计凭证（特别是记账凭证）、会计账簿和会计报表。这就决定了不同的会计主体所采用的会计凭证、会计账簿和会计报表的种类及格式也有所不同。因而，不同的会计主体对其所发生的经济业务如何进行具体处理，特别是如何在有关的总分类账户中进行登记，有着不同的做法。也就是说，即使是对同样内容的经济业务进行账务处理，由于所采用的会计凭证、会计账簿和会计报表的种类与格式不同，采用不同记账程序的会计主体也有着截然不同的方法，也就会形成在做法上各不相同的账务处理程序。这个程序在不同的会计主体是采用不同的组织方法来完成的。

综合以上分析可知，账务处理程序就是指在会计循环中，会计主体所采用的会计凭证、会计账簿、会计报表的种类和格式与一定的记账程序有机结合的方法和步骤。账务处理程序的基本含义，可结合账务处理程序流程加以理解。账务处理程序流程如图 10-1 所示。

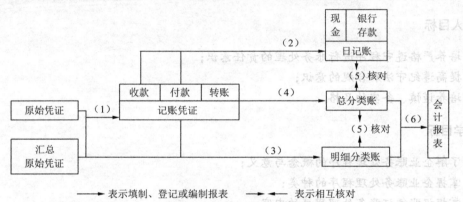

图 10-1　账务处理程序流程

2. 设计账务处理程序的意义

账务处理程序的科学性、合理性，会对整个会计核算工作产生诸多方面的影响。确定科学合理的账务处理程序，对于保证准确、及时地提供系统而完整的会计信息，具有十分重要的意义，也是会计部门和会计人员的一项重要工作。

（1）有利于规范会计核算工作。会计核算工作是需要会计部门和各类会计人员之间密切配合的有机系统，建立了科学合理的账务处理程序，形成了规范的会计核算工作机构和会计人员，在进行会计核算的过程中就能够做到有序可循，按照不同的责任分工，有条不紊地处理好各个环节上的会计核算工作内容。

（2）有利于保证会计核算工作质量。在进行会计核算的过程中，保证会计核算工作的质量是对会计工作的基本要求。建立科学合理的账务处理程序，形成加工和整理会计信息的正常机制，是提高会计核算工作质量的重要保障，同时有利于提高会计信息质量。

（3）有利于提高会计核算工作效率。会计核算工作的效率，直接关系提供会计信息的及时性和相关性。按照既定的账务处理程序进行会计信息的处理，将会大大提高会计核算工作效率，保证会计信息整理、加工和对外报告的顺利进行，满足会计信息质量的及时性要求。

（4）有利于降低会计核算工作成本。组织会计核算的过程也是对人力、物力和财力的消耗过程，因此，要求会计核算本身也要讲求经济效益，根据"效益大于成本"原则设计账务处理程序。账务处理程序安排得科学合理，选用的会计凭证、会计账簿和会计报表种类适当、格式适用、数量适中，在一定程度上也能够降低会计核算工作的成本，节约会计核算方面的支出。

（5）有利于发挥会计核算工作的作用。会计核算工作的重要作用是对企业发生的交易和事项进行确认、计量、记录和报告，为会计信息使用者进行经济决策提供有用信息。为此，应切实保障会计核算并保证记录的正确性、完整性和合理性，这种作用是通过会计核算和监督职能的发挥而体现出来的。建立规范账务处理程序，保证了会计核算工作质量，提高了会计核算工作效率，就能够在为会计信息使用者提供相关信息等方面更好地发挥会计核算的作用。

10.1.2　设计账务处理程序的原则

（1）应从本会计主体的实际情况出发。充分考虑本会计主体经济活动的性质、经济管理的特点、规模的大小、经济业务的繁简以及会计机构和会计人员的设置等相关因素，使账务处理程序与本会计主体会计核算工作的需要相适应。一般而言，经济活动内容比较庞杂、规模比较大、经济业务繁多的企业，其账务处理程序也比较复杂，反之则比较简单。

（2）应以保证会计核算质量为立足点。确定账务处理程序的目的是保证会计主体能够准确、及时和完整地提供系统而完备的会计信息资料，以满足会计信息使用者了解会计信息并据以作出经济决策的需要。因而，账务处理程序应以保证会计核算质量为根本立足点。

（3）应力求降低会计核算成本。在满足会计核算工作需要、保证会计核算工作质量、提高会计核算工作效率的前提下，力求简化会计核算手续，节省会计核算时间，降低会计核算成本。

（4）应有利于建立会计工作岗位责任制。设计账务处理程序，应有利于会计部门和会计人员的分工与合作，有利于明确各会计人员工作岗位的职责，并应有利于不同程序之间的相互牵制，使各个处理环节分工明确、责任清楚、约束力强。

以上各项是设计账务处理程序的原则，但在实际工作中，由于各个会计主体的具体情况不同，会计核算的组织程序也不可能完全相同。常用的账务处理程序主要有以下几种：记账凭证账务处理程序、汇总记账凭证账务处理程序和科目汇总表账务处理程序等。

10.1.3　账务处理程序的种类

企业常用的账务处理程序主要有记账凭证账务处理程序、汇总记账凭证账务处理程序和科目汇总表账务处理程序等。它们之间的主要区别为登记总分类账的依据和方法不同。

1. 记账凭证账务处理程序

记账凭证账务处理程序是指对发生的经济业务，先根据原始凭证或汇总原始凭证填制记账凭证，再直接根据记账凭证登记总分类账的一种账务处理程序。也就是说，如果总分类账记账人员直接根据记账凭证逐笔登记总分类账，则称为记账凭证账务处理程序。

2. 汇总记账凭证账务处理程序

汇总记账凭证账务处理程序是指对发生的经济业务，先根据原始凭证或汇总原始凭证填制记账凭证，定期根据记账凭证分类编制汇总收款凭证、汇总付款凭证和汇总转账凭证，再根据汇总记账凭证登记总分类账的一种账务处理程序。

3. 科目汇总表账务处理程序

科目汇总表账务处理程序，又称为记账凭证汇总表账务处理程序，是指对发生的经济业务，先根据记账凭证定期编制科目汇总表，再根据科目汇总表登记总分类账的一种账务处理程序。

10.2 记账凭证账务处理程序

10.2.1 记账凭证账务处理程序的定义

记账凭证账务处理程序是指根据经济业务发生以后所填制的各种记账凭证直接逐笔登记总分类账，并定期编制会计报表的一种账务处理程序。

记账凭证账务处理程序是一种基本的账务处理程序，其他账务处理程序都是在此基础上发展演变而形成的。

10.2.2 记账凭证账务处理程序设置的凭证和账簿

在记账凭证账务处理程序下，采用的记账凭证、会计账簿和会计报表种类很多，其格式也各异。

在记账凭证账务处理程序下，记账凭证可以采用收款凭证、付款凭证和转账凭证等专用记账凭证，也可采用通用记账凭证。会计账簿一般应设置借、贷、余（或收、付、余）三栏。各总分类账均采用借、贷、余三栏式；明细分类账可根据核算需要，采用借、贷、余三栏式，数量金额式或多栏式。记账凭证账务处理程序下记账凭证与会计账簿系统如图 10-2 所示。

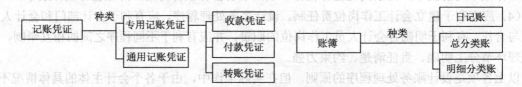

图 10-2 记账凭证账务处理程序下记账凭证与会计账簿系统

在记账凭证账务处理程序下使用的会计报表主要有资产负债表、利润表和现金流量表等。报表的种类不同，格式也不尽相同。各种会计报表的格式参见第 9 章的有关内容。由于在国家颁布的会计准则或会计制度中对会计报表的种类和格式已有统一规定，所以，不论在什么样的账务处理程序下，会计报表的种类与格式都不会有大的变动。因此，在研究账务处理程序的过程中，对会计报表的种类与格式问题不再进行过多探讨。

10.2.3 记账凭证账务处理程序的账务处理步骤

在记账凭证账务处理程序下，对经济业务进行账务处理大体要经过以下六个步骤。

（1）经济业务发生以后，根据有关的原始凭证或原始凭证汇总表填制各种专用记账凭证（收款凭证、付款凭证和转账凭证）。

（2）根据收款凭证和付款凭证逐笔登记现金日记账和银行存款日记账。

（3）根据记账凭证并参考原始凭证或原始凭证汇总表，逐笔登记各种明细分类账。

（4）根据各种记账凭证逐笔登记总分类账。

（5）期末，将日记账、明细分类账的余额与总分类账中相应账户的余额进行核对。

（6）期末，根据总分类账和明细分类账的资料编制会计报表。

记账凭证账务处理程序的账务处理步骤如图 10-3 所示。

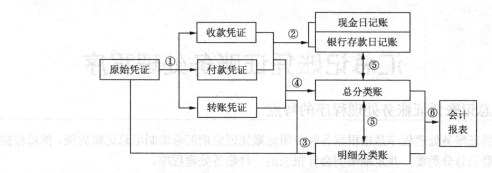

图 10-3　记账凭证账务处理程序的账务处理步骤

10.2.4　记账凭证账务处理程序的优缺点及适用范围

1. 记账凭证账务处理程序的优点

（1）在记账凭证上能够清晰地反映账户之间的对应关系。在记账凭证账务处理程序下，所采用的是专用记账凭证或通用记账凭证，当一笔简单的经济业务发生以后，利用一张记账凭证就可以编制出该笔经济业务的完整会计分录；而在比较复杂的经济业务发生以后，也可以利用多张凭证为其编制简单分录，或编制涉及两个以上会计科目的复杂分录。因而，在每一张记账凭证上，账户之间的对应关系都能清晰明确。

（2）在总分类账上能够比较详细地反映经济业务的发生情况。在记账凭证账务处理程序下，不仅对各种日记账和明细分类账采取逐笔登记的方法，对于总分类账的登记方法也是如此。因而，在总分类账上能够详细清晰地反映所发生的经济业务的情况。

（3）总分类账登记方法简单，易于掌握。如上所述，根据记账凭证直接逐笔登记总分类账，是记账凭证账务处理程序的特点，总分类账登记方法与明细分类账的登记方法是一样的，因而也是一种易于掌握的账户登记方法。

2. 记账凭证账务处理程序的缺点

（1）总分类账登记工作量过大。对发生的每一笔经济业务都要根据记账凭证逐笔在总分类账中进行登记，实际上与日记账和明细分类账登记的内容一致，是一种简单的重复登记，势必要增大登记总分类账的工作量，特别是在经济业务量比较多的情况下更是如此。

（2）账页耗用多，对预留账页页数难以把握。由于总分类账对发生的所有经济业务要重复登记一遍，势必会耗用更多的账页，造成一定的账页浪费。特别是在一个账簿上设置多个账户时，由于登记业务的多少很难预先确定，对每一个账户应预留多少账页很难把握，预留过多会造成浪费，预留过少又会影响账户登记的连续性。在预留账页比较多的情况下，由于在新的会计年度一般要更换新账簿，所有旧账簿中预留未用的账页也会废止，在一定程度上形成了账页浪费。

3. 记账凭证账务处理程序的适用范围

记账凭证账务处理程序一般只适用于规模较小、经济业务量比较少、需要编制的记账凭证不是很多的会计主体。如果业务量过小，也可使用通用记账凭证，以避免因凭证种类的多样化而造成凭证购买上的过多支出。

10.3 汇总记账凭证账务处理程序

10.3.1 汇总记账凭证账务处理程序的特点

汇总记账凭证账务处理程序是指根据各种专用记账凭证定期汇总编制汇总记账凭证，然后根据汇总记账凭证登记总分类账，并定期编制会计报表的一种账务处理程序。

在汇总记账凭证账务处理程序下，除设置收款凭证、付款凭证、转账凭证外，还应设置汇总收款凭证、汇总付款凭证和汇总转账凭证，作为登记总分类账的依据。

汇总记账凭证账务处理程序下账簿的设置与记账凭证账务处理程序相同。

10.3.2 汇总记账凭证账务处理程序下的账务处理步骤

在汇总记账凭证账务处理程序下，对经济业务进行账务处理大体要经过以下七个步骤。

（1）经济业务发生以后，根据有关的原始凭证或原始凭证汇总表填制各种专用记账凭证（收款凭证、付款凭证和转账凭证）。

（2）根据收款凭证和付款凭证逐笔登记现金日记账和银行存款日记账。

（3）根据记账凭证并参考原始凭证或原始凭证汇总表，逐笔登记各种明细分类账。

（4）根据各种记账凭证分别编制汇总收款凭证、汇总付款凭证和汇总转账凭证。

（5）根据各种汇总记账凭证汇总登记总分类账。

（6）期末，将日记账、明细分类账的余额与总分类账中相应账户的余额进行核对。

（7）期末，根据总分类账和明细分类账的记录编制会计报表。

汇总记账凭证账务处理程序下的账务处理步骤如图 10-4 所示。

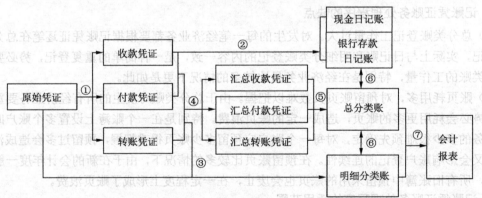

图 10-4 汇总记账凭证账务处理程序下的账务处理步骤

10.3.3 汇总记账凭证的编制及总账登记方法

汇总记账凭证是在填制的各种专用记账凭证的基础上，按照一定的方法进行汇总编制而成的。汇总记账凭证的种类不同，汇总编制的方法也有所不同。

1. 汇总收款凭证的编制方法

（1）编制汇总收款凭证的基本方法。

汇总收款凭证的编制方法是：按日常核算工作中所填制的专用记账凭证中的收款凭证上会计分

录的借方科目设置汇总收款凭证，按分录中相应的贷方科目定期（如每 5 天或 10 天等）进行汇总，每月编制一张。汇总时计算出每一个贷方科目发生额合计数，填入汇总收款凭证的相应栏次。

汇总收款凭证是根据专用记账凭证中的收款凭证汇总编制而成的。在编制汇总收款凭证时，首先应确定是以记账凭证上的哪一个会计科目为主进行汇总。由于收款凭证上反映的是收款业务，所以必须围绕反映货币资金收入的会计科目（"库存现金"或"银行存款"等）进行汇总。在借贷记账法下，这些科目的增加应在借方登记。因而，编制汇总收款凭证时要求按借方科目设置，实际上就是要求按"库存现金"或"银行存款"设置汇总记账凭证上的主体科目，以其为主进行汇总。

"按分录中相应的贷方科目汇总"，其中的贷方科目是指收款凭证上会计分录中"库存现金"或"银行存款"的对应科目。尽管在一定的会计期间内，企业可能会发生若干笔收款业务，但由于有些经济业务是重复发生的，就需要填制若干份在会计科目上完全相同的收款凭证。例如，企业每次销售产品收到货款存入银行，会计分录都是借记"银行存款"科目，贷记"主营业务收入"和"应交税费"科目等。这样，就可以根据贷方科目将一定会计期间内的若干次发生额定期进行汇总，编制汇总收款凭证。

经过上述汇总过程得到的各个贷方科目发生额的合计数，就是这些账户在一定会计期间发生额的总和。可以根据各次的汇总数分次登记到有关账户中去，也可以在月末时将各次汇总数字相加，求得该账户的全月发生额合计。一次性登记有关账户，对以上各账户的发生额合计数进行合计，也就是所汇总的主体科目"库存现金"或"银行存款"在该会计期间的借方发生额总额，可据其分次或月末一次登记"库存现金"或"银行存款"账户。

汇总收款凭证的具体格式与内容如表 10-1 所示。

表 10-1　　　　　　　　　　　　汇总收款凭证

借方科目：银行存款　　　　　　　　　　　　　　　　　　　　　　20××年 12 月

贷方科目	金额				总账页数	
	1—10 日 凭证 1~15 号	11—20 日 凭证 16~30 号	21—31 日 凭证 31~51 号	合计	借方	贷方
实收资本						
短期借款						
主营业务收入等						
合计						

（2）编制汇总收款凭证的注意事项。

为了便于编制汇总收款凭证，在日常编制收款凭证时，会计分录的形式最好是一借一贷、一借多贷，而不宜多借一贷或多借多贷。这是由于汇总收款凭证是按借方科目设置的，多借一贷或多借多贷的会计分录都会给编制汇总收款凭证带来一定的不便，或者会造成收款凭证在汇总过程中由于被多次重复使用而产生汇总错误，或者造成会计账户之间的对应关系变得模糊难辨。

2. 汇总付款凭证的编制方法

（1）编制汇总付款凭证的基本方法。

按日常核算工作中所填制的专用记账凭证中的付款凭证上会计分录中的贷方科目（"库存现金"或"银行存款"等）设置汇总付款凭证，按它们相应的借方科目定期（如每 5 天或 10 天等）进行汇总，每月编制一张。汇总时计算出每一个借方科目发生额合计数，填入汇总付款凭证的相应栏次。汇总付款凭证的格式与内容如表 10-2 所示。

表 10-2 汇总付款凭证

贷方科目：银行存款   20××年12月

借方科目	金额				总账页数	
	1—10 日 凭证 1～15 号	11—20 日 凭证 16～30 号	21—31 日 凭证 31～51 号	合计	借方	贷方
固定资产						
在建工程						
在途物资						
应交税费						
预付账款						
制造费用						
应付账款						
销售费用						
管理费用						
营业外支出						
库存现金						
合计						

（2）编制汇总付款凭证的注意事项。

为了便于编制汇总付款凭证，在日常编制付款凭证时，会计分录的形式最好是一借一贷、多借一贷，而不宜一借多贷或多借多贷。这是由于汇总付款凭证是按贷方科目设置的，一借多贷或多借多贷的会计分录都会给编制汇总付款凭证带来一定的不便，或者会造成付款凭证在汇总过程中由于被多次重复使用而产生汇总错误，或者造成会计账户之间的对应关系变得模糊难辨。

3. 汇总转账凭证的编制方法

（1）编制汇总转账凭证的基本方法。

汇总转账凭证的编制方法是：按日常核算工作中所填制的专用记账凭证中的转账凭证上会计分录的贷方科目（如"原材料""固定资产"等）设置汇总转账凭证，按它们相应的借方科目定期（如每 5 天或 10 天等）进行汇总，每月编制一张。计算出每一个借方科目发生额合计数，填入汇总转账凭证的相应栏次。

为方便汇总转账凭证的归类，填制转账凭证时，与付款凭证一样，各账户之间应保持一借一贷或多借一贷的对应关系。汇总转账凭证的格式和内容如表 10-3 所示。

表 10-3 汇总转账凭证

贷方科目：应交税费   20××年12月

借方科目	金额				总账页数	
	1—10 日 凭证 1～15 号	11—20 日 凭证 16～30 号	21—31 日 凭证 31～51 号	合计	借方	贷方
应收账款						
应收票据						
预收账款						
税金及附加						
所得税						
合计						

（2）编制汇总转账凭证的注意事项。

为便于进行汇总转账凭证的编制，在日常编制转账凭证时，会计分录的形式最好是一借一贷、多借一贷，而不宜一借多贷或多借多贷。这是由于汇总转账凭证是按贷方科目设置的，一借多贷或多借多贷的会计分录都会给编制汇总转账凭证带来一定的不便。

以上介绍了各种汇总记账凭证的编制方法。需要注意的是：虽然各种汇总记账凭证的编制方法不尽相同，但每一种汇总记账凭证都是依据同类专用记账凭证汇总编制而成的，即专用记账凭证有收款凭证、付款凭证和转账凭证三种，经汇总以后形成的汇总记账凭证相应的也有汇总收款凭证、汇总付款凭证和汇总转账凭证三种。

采用汇总记账凭证时，凭证的编号方法有一定变化。应在汇总记账凭证种类前加"汇"字，如"汇现收字第×号""汇现付字第×号""汇银收字第×号""汇银付字第×号""汇转字第×号"等。

4．根据汇总记账凭证登记总账

得益于先期整理好的汇总收款凭证和汇总付款凭证，登记"银行存款"总账的工作量可大幅减少，但一些使用频率不高的账户的总账登记工作量并未显著减少。换言之，会计主体业务量越大，汇总记账凭证账务处理程序的优势就越明显。

根据汇总收款凭证登记总分类账时，应根据汇总收款凭证上的合计数，记入"库存现金"或"银行存款"总分类账户的借方，根据汇总收款凭证内各贷方科目的合计数分别记入有关总分类账户的贷方。

根据汇总付款凭证登记总分类账时，应根据汇总付款凭证的合计数，记入"库存现金"或"银行存款"总分类账户的贷方，根据汇总付款凭证内各借方科目的合计数分别记入相应总分类账户的借方。

根据汇总转账凭证登记总分类账时，应根据汇总转账凭证的合计数，记入汇总转账凭证所列贷方科目相应的总分类账户的贷方，并分别记入汇总转账凭证中借方科目的相应总分类账户的借方。

10.3.4　汇总记账凭证账务处理程序的优缺点及适用范围

1．汇总记账凭证账务处理程序的优点

（1）在汇总记账凭证上能够清晰地反映账户之间的对应关系。在汇总记账凭证账务处理程序下，所采用的是专用记账凭证和汇总记账凭证。汇总记账凭证采用的是按会计科目对应关系进行分类汇总的办法，能够清晰地反映出有关会计账户之间的对应关系。

（2）可以大大减少登记总分类账的工作量。在汇总记账凭证账务处理程序下，可以根据汇总记账凭证上有关账户的汇总发生额，在月份当中定期或月末一次性登记总分类账，从而使登记总分类账的工作量大为减少。

2．汇总记账凭证账务处理程序的缺点

（1）定期编制汇总记账凭证的工作量比较大。对发生的经济业务首先要填制专用记账凭证，即收款凭证、付款凭证和转账凭证，在此基础上，还需要定期分类地对这些专用记账凭证进行汇总，编制作为登记总分类账依据的汇总记账凭证，增加了编制汇总记账凭证的工作量。

（2）对汇总过程中可能存在的错误难以发现。编制汇总记账凭证是一项比较复杂的工作，容易产生汇总错误。而且汇总记账凭证本身又不能体现出有关数字之间的平衡关系，即使存在汇总错误也很难发现。

3．汇总记账凭证账务处理程序的适用范围

由于汇总记账凭证账务处理程序具有能够清晰地反映账户之间的对应关系和能够减少登记总

分类账的工作量等优点，它一般只适用于规模较大、经济业务量比较多、专用记账凭证也比较多的会计主体。

10.4 科目汇总表账务处理程序

10.4.1 科目汇总表账务处理程序的特点

科目汇总表账务处理程序是指根据各种记账凭证先定期（或月末一次）按会计科目汇总编制科目汇总表，然后根据科目汇总表登记总分类账，并定期编制会计报表的账务处理程序。科目汇总表账务处理程序是在记账凭证账务处理程序的基础上发展和演变而来的。

在科目汇总表账务处理程序下采用的记账凭证与记账凭证账务处理程序相比，存在着较大差别。在科目汇总表账务处理程序下，独特的做法是要设置科目汇总表这种具有汇总性质的记账凭证。在科目汇总表账务处理程序下，使用的会计账簿与记账凭证账务处理程序基本相同。

10.4.2 科目汇总表账务处理程序的账务处理步骤

在科目汇总表账务处理程序下，对经济业务进行账务处理大体要经过以下七个步骤。

（1）经济业务发生以后，根据有关的原始凭证或原始凭证汇总表填制各种专用记账凭证（收款凭证、付款凭证和转账凭证）。

（2）根据收款凭证和付款凭证逐笔登记现金日记账和银行存款日记账。

（3）根据记账凭证并参考原始凭证或原始凭证汇总表，逐笔登记各种明细分类账。

（4）根据各种记账凭证汇总编制科目汇总表。

（5）根据科目汇总表汇总登记总分类账。

（6）期末，将日记账、明细分类账的余额与总分类账中相应账户的余额进行核对。

（7）期末，根据总分类账和明细分类账的记录编制会计报表。

科目汇总表账务处理程序下的账务处理步骤如图 10-5 所示。

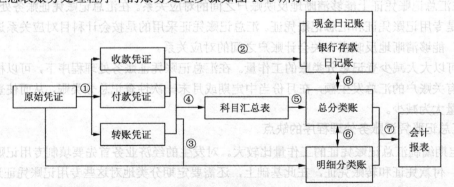

图 10-5 科目汇总表账务处理程序下的账务处理步骤

10.4.3 科目汇总表的编制方法及总分类账的登记

1. 编制科目汇总表的基本方法

科目汇总表是根据专用记账凭证或通用记账凭证汇总编制而成的。其基本的编制方法是：根据一定会计期间编制的全部记账凭证，按照相同会计科目进行归类，定期（每 10 天或 15 天，或每月）

分别汇总每一个账户的借、贷双方的发生额，并将其填列在科目汇总表的相应栏内，借以反映全部账户的借、贷方发生额。根据科目汇总表登记总分类账时，只需要将该表中汇总起来的各科目的本期借、贷方发生额的合计数，分次或月末一次记入相应总分类账的借方或贷方。

科目汇总表的格式与内容如表 10-4 所示。

表 10-4 科目汇总表（一）

年　月　日

会计科目	借方发生额	贷方发生额
合计		

会计主管：　　　　记账：　　　　审核：　　　　制表：　　　　附单据　张

科目汇总表也可以每旬汇总一次，每月编制一张，其格式与内容如表 10-5 所示。

表 10-5 科目汇总表（二）

年　月　日

会计科目	1—10 日		11—20 日		21—30 日		合计	总账页数
	借方	贷方	借方	贷方	借方	贷方		
合计								

会计主管：　　　　记账：　　　　审核：　　　　制表：　　　　附单据　张

2. 科目汇总表编制方法举例

为了便于理解科目汇总表账务处理程序的特点，掌握其应用，下面以企业生产经营过程中常见的经济业务为例，说明科目汇总表的编制方法。

【例 10-1】资料：东方公司 2×13 年 8 月发生以下经济业务。

（1）8 月 1 日，收到国家作为投资者的新设备一台，原价 50 000 元。

（2）8 月 2 日，从银行取得 3 个月的借款 80 000 元，已存入银行。

（3）8 月 2 日，以银行存款支付前欠大华公司货款 26 000 元。

（4）8 月 2 日，用银行存款缴纳上月应交的税费 20 000 元。

（5）8 月 2 日，向大华公司购买甲材料 1 000 千克，单价 10 元，材料已入库，货款及增值税 11 300 元均未支付。

（6）8 月 5 日，采购员王红借支差旅费 700 元，以现金支付。

（7）8 月 5 日，购买乙材料 500 千克，单价 40 元，货款和增值税已用银行存款支付，材料尚未到达。（该公司采用实际成本核算原材料）

（8）8 月 6 日，以银行存款支付前欠的大华公司材料货款 10 000 元及增值税 1 300 元，共计 11 300 元。

（9）8 月 9 日，采购员王红回来报差旅费 650 元，退回现金 50 元。

（10）8 月 10 日，本月 5 日采购的乙材料已验收入库，结转入库材料的采购成本。

（11）8 月 11 日，本月领用材料的情况为：领用甲材料 4 700 千克，其中，生产 A 产品耗用 4 500 千克，金额 45 000 元，车间耗用 200 千克，金额 2 000 元；领用乙材料 650 千克，其中，生产 A 产品耗用 500 千克，金额 20 000 元，车间耗用 60 千克，金额 2 400 元，行政管理部门耗用 90 千克，金额 3 600 元。

（12）8 月 13 日，销售 A 产品 100 件给南方公司，每件 400 元，货款 40 000 元及增值税 5 200

元已收到存入银行。

（13）8月16日，销售A产品300件给华北公司，每件400元，货款120 000元及增值税15 600元，共计135 600元暂未收到。

（14）8月16日，收到永兴公司预付购买A产品的货款24 000元，已存入银行。

（15）8月17日，收到华北公司购买A产品的货款及增值税135 600元，已存入银行。

（16）8月18日，按合同向永兴公司发出A产品120件，每件售价400元，共48 000元，增值税6 240元，共计54 240元。

（17）8月19日，收到永兴公司补付货款30 240元，已存入银行。

（18）8月20日，用银行存款支付销售产品的广告费5 000元。

（19）8月25日，对外销售多余的甲材料100千克，价款1200元，增值税156元，款项已存入银行。

（20）8月25日，结转出售的甲材料成本1 000元。

（21）8月26日，出租设备一台，本月租金收入5 000元，已存入银行。

（22）8月28日，以银行存款赞助某孤老院2 000元。

（23）8月28日，收到某单位的违约金400元，已存入银行。

（24）8月28日，以银行存款支付行政管理部门办公用品费800元。

（25）8月30日，上月发生的固定资产盘亏损失500元，经批准转作营业外支出。

（26）8月31日，根据有关工资结算凭证，本月共发生应付职工的工资80 000元，其中：制造A产品的工人工资40 000元，车间管理人员工资20 000元，厂部行政管理人员工资12 000元，专设销售机构人员工资8 000元。

（27）8月31日，按职工工资总额的14%计提职工福利费。

（28）8月31日，本月计提固定资产折旧6 000元，其中：车间折旧3 000元，厂部折旧1 400元，专设销售机构折旧1 600元。

（29）8月31日，汇集全月制造费用，转入A产品成本。

（30）8月31日，A产品已完工，入库待售。

（31）8月31日，从银行提取现金80 000元，备发工资。

（32）8月31日，以现金发放工资80 000元。

（33）8月31日，计提应由本月负担的短期借款利息10 000元。

（34）8月31日，摊销应由本月负担的行政管理部门财产保险费2 000元。

（35）8月31日，计算本月应交城市维护建设税2 100元，应交教育费附加450元。

（36）8月31日，结转本月已销售产品的生产成本，其中：A产品520件，单位成本150元，实际生产成本78 000元。

（37）8月31日，结转本月实现的各项收入。

（38）8月31日，结转本月发生的各项成本费用和支出。

根据上述经济业务编制记账凭证（这里以会计分录代替记账凭证）。

（1）借：固定资产　　　　　　　　　　　　　　50 000

　　　贷：实收资本　　　　　　　　　　　　　　　　　50 000

（2）借：银行存款　　　　　　　　　　　　　　80 000

　　　贷：短期借款　　　　　　　　　　　　　　　　　80 000

（3）借：应付账款　　　　　　　　　　　　　　26 000

	贷：银行存款		26 000
（4）	借：应交税费		20 000
	贷：银行存款		20 000
（5）	借：原材料——甲材料		10 000
		应交税费——应交增值税（进项税额）	1 300
	贷：应付账款——大华公司		11 300
（6）	借：其他应收款——王红		700
	贷：库存现金		700
（7）	借：在途物资——乙材料		20 000
		应交税费——应交增值税（进项税额）	2 600
	贷：银行存款		22 600
（8）	借：应付账款——大华公司		11 300
	贷：银行存款		11 300
（9）	借：管理费用		650
	贷：其他应收款——王红		650
	借：库存现金		50
	贷：其他应收款——王红		50
（10）	借：原材料——乙材料		20 000
	贷：在途物资——乙材料		20 000
（11）	借：生产成本——A 产品		65 000
		制造费用	4 400
		管理费用	3 600
	贷：原材料——甲材料		47 000
		——乙材料	26 000
（12）	借：银行存款		45 200
	贷：主营业务收入		40 000
		应交税费——应交增值税（销项税额）	5 200
（13）	借：应收账款——华北公司		135 600
	贷：主营业务收入		120 000
		应交税费——应交增值税（销项税额）	15 600
（14）	借：银行存款		24 000
	贷：预收账款——永兴公司		24 000
（15）	借：银行存款		135 600
	贷：应收账款——华北公司		135 600
（16）	借：预收账款——永兴公司		54 240
	贷：主营业务收入		48 000
		应交税费——应交增值税（销项税额）	6 240
（17）	借：银行存款		30 240
	贷：预收账款——永兴公司		30 240
（18）	借：销售费用		5 000

```
                贷：银行存款                                    5 000
(19) 借：银行存款                                    1 356
        贷：其他业务收入                              1 200
            应交税费——应交增值税（销项税额）      156
(20) 借：其他业务成本                                1 000
        贷：原材料                                    1 000
(21) 借：银行存款                                    5 000
        贷：其他业务收入                              5 000
(22) 借：营业外支出——捐赠支出                       2 000
        贷：银行存款                                  2 000
(23) 借：银行存款                                      400
        贷：营业外收入                                  400
(24) 借：管理费用                                      800
        贷：银行存款                                    800
(25) 借：营业外支出                                    500
        贷：待处理财产损溢                              500
(26) 借：生产成本——A 产品                          40 000
        制造费用                                    20 000
        管理费用                                    12 000
        销售费用                                     8 000
        贷：应付职工薪酬——工资                      80 000
(27) 借：生产成本——A 产品                           5 600
        制造费用                                     2 800
        管理费用                                     1 680
        销售费用                                     1 120
        贷：应付职工薪酬——职工福利费               11 200
(28) 借：制造费用                                     3 000
        管理费用                                     1 400
        销售费用                                     1 600
        贷：累计折旧                                  6 000
(29) 借：生产成本——A 产品                          30 200
        贷：制造费用                                 30 200
(30) 借：库存商品——A 产品                         140 800
        贷：生产成本——A 产品                       140 800
(31) 借：库存现金                                    80 000
        贷：银行存款                                 80 000
(32) 借：应付职工薪酬                                80 000
        贷：库存现金                                 80 000
(33) 借：财务费用                                    10 000
        贷：应付利息                                 10 000
```

（34）借：管理费用   2 000

    贷：预付账款   2 000

（35）借：税金及附加   2 550

    贷：应交税费——应交城市维护建设税   2 100

    ——应交教育费附加   450

（36）借：主营业务成本   78 000

    贷：库存商品——A 产品   78 000

（37）借：主营业务收入   208 000

    其他业务收入   6 200

    营业外收入   400

    贷：本年利润   214 600

（38）借：本年利润   131 900

    贷：主营业务成本   78 000

    其他业务成本   1 000

    税金及附加   2 550

    销售费用   15 720

    管理费用   22 130

    财务费用   10 000

    营业外支出   2 500

编制科目汇总表工作底稿。

根据以上经济业务，编制科目汇总表底稿，如表 10-6 所示。

表 10-6   科目汇总表底稿

2×13 年 8 月

库存现金

（9）		（6）	700
（31）		（32）	80 000
发生额合计：		发生额合计：	80 700

银行存款

（2）		（3）	26 000
（12）		（4）	20 000
（14）		（7）	22 600
（15）		（8）	11 300
（17）		（18）	5 000
（19）		（22）	2 000
（21）		（24）	800
（23）		（31）	80 000
发生额合计：		发生额合计：	167 700

原材料

（5）		（11）	73 000
（10）		（20）	1 000
发生额合计：		发生额合计：	74 000

在途物资

（7）	20 000	（10）	20 000
发生额合计：	20 000	发生额合计：	20 000

库存商品

（30）	140 800	（36）	78 000
发生额合计：	140 800	发生额合计：	78 000

应收账款

（13）	135 600	（15）	135 600
发生额合计：	135 600	发生额合计：	135 600

预付账款

		（34）	2 000
		发生额合计：	2 000

其他应收款

（6）	700	（9）	700
发生额合计：	700	发生额合计：	700

生产成本

（11）	65 000	（30）	140 800
（26）	40 000		
（27）	5 600		
（29）	30 200		
发生额合计：	140 800	发生额合计：	140 800

制造费用

（11）	4 400	（29）	30 200
（26）	20 000		
（27）	2 800		
（28）	3 000		
发生额合计：	30 200	发生额合计：	30 200

固定资产

（1）	50 000		
发生额合计：	50 000		

累计折旧

		（28）	6 000
		发生额合计：	6 000

待处理财产损溢

		（25）	500
		发生额合计：	500

实收资本

		（1）	50 000
		发生额合计：	50 000

短期借款

		（2）	80 000
		发生额合计：	80 000

应付职工薪酬

（32）	80 000	（26）	80 000
		（27）	11 200
发生额合计：	80 000	发生额合计：	91 200

应交税费

（4）	20 000	（12）	5 200
（5）	1 300	（13）	15 600
（7）	2 600	（16）	6 240
		（19）	156
		（35）	2 550
发生额合计：	23 900	发生额合计：	29 746

应付账款

（3）	26 000	（5）	11 300
（8）	11 300		
发生额合计：	37 300	发生额合计：	11 300

预收账款

（16）	54 240	（14）	24 000
		（17）	30 240
发生额合计：	54 240	发生额合计：	54 240

应付利息

		（33）	10 000
		发生额合计：	10 000

主营业务收入

（37）	208 000	（12）	40 000
		（13）	120 000
		（16）	48 000
发生额合计：	208 000	发生额合计：	208 000

其他业务收入

（37）	6 200	（19）	1 200
		（21）	5 000
发生额合计：	6 200	发生额合计：	6 200

营业外收入

（37）	400	（23）	400
发生额合计：	400	发生额合计：	400

其他业务成本

（20）	1 000	（38）	1 000
发生额合计：	1 000	发生额合计：	1 000

主营业务成本

（36）	78 000	（38）	78 000
发生额合计：	78 000	发生额合计：	78 000

税金及附加

（35）	2 550	（38）	2 550
发生额合计：	2 550	发生额合计：	2 550

销售费用

（18）	5 000	（38）	15 720
（26）	8 000		
（27）	1 120		
（28）	1 600		
发生额合计：	15 720	发生额合计：	15 720

管理费用

（9）	650	（38）	22 130
（11）	3 600		
（24）	800		
（26）	12 000		
（27）	1 680		
（28）	1 400		
（34）	2 000		
发生额合计：	22 130	发生额合计：	22 130

财务费用

（33）	10 000	（38）	10 000
发生额合计：	10 000	发生额合计：	10 000

营业外支出

（22）	2 000	（38）	2 500
（25）	500		
发生额合计：	2 500	发生额合计：	2 500

本年利润

（38）	131 900	（37）	214 600
发生额合计：	131 900	发生额合计：	214 600

根据收款凭证和付款凭证逐笔登记现金日记账和银行存款日记账。

包括：现金日记账（三栏式）、银行存款日记账（三栏式）。（略）

根据原始凭证、汇总原始凭证和记账凭证登记各种明细分类账。

包括：原材料明细分类账（数量金额式）、应收账款明细分类账（三栏式）、应付账款明细分类账（三栏式）。（略）

编制科目汇总表。

根据上述科目汇总表底稿，编制科目汇总表。可以每 10 天汇总编制一次，这里将全月发生的各科目发生额一次汇总，如表 10-7 所示。

表 10-7   科目汇总表

2×13 年 8 月 31 日

会计科目	借方	贷方
库存现金	80 050	80 700
银行存款	321 796	167 700
应收账款	135 600	135 600
预付账款		2 000
其他应收款	700	700
原材料	30 000	74 000
在途物资	20 000	20 000
生产成本	140 800	140 800
制造费用	30 200	30 200
库存商品	140 800	78 000
固定资产	50 000	
累计折旧		6 000
待处理财产损溢		500
短期借款		80 000
应付账款	37 300	11 300
预收账款	54 240	54 240
应付利息		10 000
应交税费	23 900	29 746
应付职工薪酬	80 000	91 200
实收资本		50 000
主营业务收入	208 000	208 000
其他业务收入	6 200	6 200
营业外收入	400	400
主营业务成本	78 000	78 000
其他业务成本	1 000	1 000
税金及附加	2 550	2 550
管理费用	22 130	22 130
销售费用	15 720	15 720
财务费用	10 000	10 000
营业外支出	2 500	2 500
本年利润	131 900	214 600
合计	1 623 786	1 623 786

根据科目汇总表定期登记总分类账。

科目汇总表审核无误后，即可据以登记总分类账。现以上述科目汇总表中"库存现金"科目为例列示总分类账的登记方法，如表10-8所示。

表10-8   总分类账

会计科目：库存现金

2×13年		凭证号数	摘要	借方	贷方	借或贷	余额
月	日						
8	1		期初余额			借	10 000
8	31	科目汇总	发生额汇总	80 050	80 700	借	9 350

10.4.4 科目汇总表账务处理程序的优缺点及适用范围

1. 科目汇总表账务处理程序的优点

（1）可以利用该表的汇总结果进行账户发生额的试算平衡。科目汇总表上的汇总结果体现了一定会计期间内所有账户的借方发生额和贷方发生额之间的相等关系，利用这种发生额的相等关系，可以进行全部账户记录的试算平衡，借以检验账户发生额的准确性。

（2）在试算平衡的基础上记账能够保证总分类账登记的正确性。在科目汇总表账务处理程序下，总分类账是根据科目汇总表上的汇总数字登记的。由于在登记总分类账之前，能够通过科目汇总表的汇总结果检验所填制的记账凭证是否正确，就等于在登记总分类账前进行了一次试算平衡，对汇总过程中可能存在的错误也容易发现。在所有账户借、贷方发生额相等的基础上再记账，在一定程度上能够保证总分类账登记的正确性。

（3）可以大大减少登记总分类账的工作量。在科目汇总表账务处理程序下，可根据科目汇总表上有关账户的汇总发生额，在月中定期或月末一次性登记总分类账，从而使登记总分类账的工作量大为减少。

（4）适用性比较强。与记账凭证账务处理程序和汇总记账凭证账务处理程序相比较，科目汇总表账务处理程序优点较多，任何规模的会计主体都可以采用。

2. 科目汇总表账务处理程序的缺点

（1）编制科目汇总表的工作量比较大。在科目汇总表账务处理程序下，对发生的经济业务首先要填制各种专用记账凭证，在此基础上，还需要定期对这些专用记账凭证进行汇总，编制作为登记总分类账依据的科目汇总表，从而增加了编制科目汇总表的工作量。

（2）科目汇总表不能够清晰地反映账户之间的对应关系。科目汇总表是按各个会计科目归类汇总其发生额的，在该表中不能清楚地显示出各个账户之间的对应关系，不能够清晰地反映经济业务的来龙去脉。在这一点上，科目汇总表不及专用记账凭证和汇总记账凭证。

3. 科目汇总表账务处理程序的适用范围

由于科目汇总表账务处理程序清楚，又具有能够进行账户发生额的试算平衡、减少总分类账登记工作量等优点，所以，任何规模的会计主体都可以采用。

习题

一、思考题

（1）什么是账务处理程序？设计账务处理程序的意义是什么？

（2）设计账务处理程序应当遵循哪些原则？

（3）什么是记账凭证账务处理程序？这种账务处理程序有哪些优点？

（4）记账凭证账务处理程序下的账务处理步骤是怎样的？

（5）什么是科目汇总表账务处理程序？这种账务处理程序有哪些优点？

（6）科目汇总表账务处理程序下的账务处理步骤是怎样的？

（7）怎样编制科目汇总表？科目汇总表的主要作用是什么？

（8）什么是汇总记账凭证账务处理程序？其账务处理步骤是怎样的？

二、判断题

（1）记账凭证账务处理程序是最基本的一种账务处理程序。　　　　　　　　（　　）

（2）在各种不同账务处理程序下，会计报表的编制依据都是相同的。　　　　（　　）

（3）科目汇总表账务处理程序，以科目汇总表作为登记总账和明细账的依据。　（　　）

（4）在采用汇总记账凭证账务处理程序下，企业应定期分别编制一张汇总收款凭证、汇总付款凭证和汇总转账凭证。　　　　　　　　　　　　　　　　　　　　　　　　　　（　　）

（5）记账凭证账务处理程序下是直接根据记账凭证登记总账的，所以总账的登记工作非常简单，工作量相对比较小。　　　　　　　　　　　　　　　　　　　　　　　　　　（　　）

（6）利用科目汇总表可以进行试算平衡。　　　　　　　　　　　　　　　　（　　）

三、单项选择题

（1）各种账务处理程序的主要区别在于（　　　　）。

　　A. 登记总账的依据和方法不同　　　　　　B. 登记明细账的依据和方法不同

　　C. 会计凭证的种类不同　　　　　　　　　D. 会计报表的种类不同

（2）汇总记账凭证账务处理程序适用于（　　　）的单位。

　　A. 规模较小、业务量较少　　　　　　　　B. 规模较大、业务量较多

　　C. 规模较大、业务量较少　　　　　　　　D. 规模较小、业务量较多

（3）科目汇总表账务处理程序登记总账的直接依据是（　　　　）。

　　A. 各种记账凭证　　B. 科目汇总表　　C. 汇总记账凭证　　D. 多栏式日记账

（4）以下各项中，（　　　）不属于汇总记账凭证账务处理程序步骤。

　　A. 根据原始凭证编制汇总原始凭证

　　B. 根据各种记账凭证编制有关汇总记账凭证

　　C. 根据各种汇总记账凭证登记总分类账

　　D. 根据各种记账凭证编制科目汇总表

（5）在各种不同账务处理程序中，不能作为登记总账依据的是（　　　　）。

　　A. 记账凭证　　B. 汇总记账凭证　　C. 汇总原始凭证　　D. 科目汇总表

四、多项选择题

（1）记账凭证账务处理程序的优点有（　　　　）。

    A. 简单明了、手续简便

    B. 便于了解账户之间的对应关系

    C. 减少了登记总分类账的工作量

    D. 适用于规模较小、业务量较小、记账凭证不多的单位

（2）汇总记账凭证账务处理程序的优点有（　　　　）。

    A. 便于会计核算的日常分工   B. 便于了解账户之间的对应关系

    C. 减少了登记总分类账的工作量   D. 便于试算平衡

（3）科目汇总表账务处理程序的主要特点有（　　　　）。

    A. 直接根据记账凭证登记总账   B. 直接根据记账凭证登记明细账

    C. 定期编制科目汇总表   D. 直接根据科目汇总表登记总账

（4）汇总记账凭证包括（　　　　）。

    A. 汇总收款凭证   B. 汇总付款凭证   C. 汇总转账凭证   D. 汇总原始凭证

 知识拓展——新技术：中国石油化工集团有限公司财务共享服务中心

    中国石油化工集团有限公司（以下简称"中石化"）是一家有着国际化定位的特大型企业，其业务范围不仅涵盖了能源领域的上中下游，而且在全国范围内都有业务。此外，还与60多个国家有业务往来。子公司数量众多，拥有 200 多家分、子公司，仅财务人员就有2万多人。但是其业务经营类型比较一致，各单位所采用的财务系统相同，所以所有单位的财务工作都很相似。特别是近些年，随着公司全球化进程的加快，原有的运营模式已经不能满足公司业务扩张的需求。公司亟待寻找一个更加适应其业务发展的财务管理模式来支持公司的长期经营与发展，因此公司选择建设财务共享服务中心来更好地适应公司发展的需要。

    财务共享服务中心（Financial Shared Service Center，FSSC）于20世纪80年代起源于美国，是将原来分散于不同业务单位的财务人员、活动、资源整合到一起，建立一个新的独立业务单位，为企业集团内部的不同业务单位提供专业化、标准化、流程化的财务核算服务的组织，这样既保证了会计记录和报告的规范、结构统一，又节约了系统和人工成本。

    中石化结合国内外共享服务中心的建设历程和实施经验以及自身的实际情况，制定了一套适合公司自身的财务共享服务中心方案，通过构建统一的、规模化的共享服务平台，有效降低了公司运营成本，加快了集团内部资源优化和外部战略整合，提高了公司运用效率和公司价值。

 关键术语

账务处理程序　　会计循环　　记账凭证账务处理程序　　汇总记账凭证账务处理程序
科目汇总表账务处理程序

会计管理相关工作规范 | 第11章

会计人员在履行对企业经营管理活动的核算和监督职能时，必须遵守包括法律法规在内的所有会计管理相关工作规范。同时，会计管理工作规范也是会计人员在实务中规范行为的标准。首先，本章介绍了我国的会计法规体系，包括会计基本法律、行政法规、规章制度、企业内部控制规范；其次，介绍了会计职业发展，包括会计专业技术资格的获得、注册会计师执业资格的获得、总会计师和财务总监的介绍；再次，介绍了会计基础工作规范，包括会计机构和会计人员、会计监督、内部会计管理制度；最后，介绍了会计档案管理办法，包括会计档案的概念和内容、会计档案的保管。

育人目标

（1）树立法制观念，成为懂法、守法的合格会计人才；

（2）培养确保会计信息真实、准确、完整，维护国家利益、社会公众利益和正常的经济秩序的意识；

（3）理解会计档案管理的意义，增强会计重要文件归档管理的意识。

教学目标

（1）理解会计规范的含义与目标；

（2）掌握会计规范体系及其主要内容；

（3）了解会计法、企业财务会计报告条例等主要会计规范的主要内容；

（4）了解企业会计准则的发展过程；

（5）掌握我国企业会计准则体系结构。

11.1

我国的会计法规体系

企业在特定的法律环境中开展经营活动。会计人员在履行对企业经营管理活动的反映和监督职能时，必须掌握相关的法律知识。我国的会计职业资格考试制度均把相关法律知识列入考试范围。我国现行会计法规体系中的部分法规如表 11-1 所示。就层级效力而言，下位法应当遵循上位法。

表 11-1　　　　　　　　　　　我国现行会计法规体系中的部分法规

法律渊源	法规示例
法律	《中华人民共和国税收征收管理法》
	《中华人民共和国企业所得税法》
	《中华人民共和国公司法》
	《中华人民共和国会计法》
	《中华人民共和国注册会计师法》
行政法规	《总会计师条例》
	《企业财务会计报告条例》
规章制度	《企业会计准则——基本准则》
	《注册会计师全国统一考试办法》

续表

法律渊源	法规示例
部门规范性文件	《企业会计准则第 1 号——存货》等 42 项具体会计准则
	《小企业会计准则》
	《会计基础工作规范》
	《会计专业技术资格考试暂行规定》
	《会计档案管理办法》
企业等经济组织内部管理文件	单位内部会计制度

11.1.1　会计法的制定与完善

1985 年 1 月 21 日，《会计法》经第六届全国人民代表大会常务委员会第九次会议审议通过，并于同年 5 月 1 日起正式实施。我国的第一部会计法由此诞生。1993 年 12 月 29 日，第八届全国人民代表大会常务委员会第五次会议通过了经修订的《会计法》。修订后的《会计法》改变了会计立法的目的，提出以"维护社会主义市场经济秩序"为会计立法的目的，而且其适用范围进一步扩大至全部企业、事业单位。与此同时，修订后的《会计法》还对会计行为中的法律责任作出了进一步的规定，对相关的违法责任人和执法人进行了明确。1999 年 10 月 31 日，第九届全国人民代表大会常务委员会第十二次会议讨论通过了经全面修订的《会计法》，并决定于 2000 年 7 月 1 日起施行。这一次修订是对《会计法》的第二次修订，经过修订的《会计法》集中体现了"规范会计行为，保证会计资料真实、完整"的立法宗旨，并且在一些重大问题上实现了突破。2017 年 11 月，全国人大常委会围绕"取消会计从业资格证书"再次对《会计法》进行了修订。作为整个会计规范体系的基础，《会计法》是制定其他会计法规、制度的根本依据。

11.1.2　会计行政法规

会计相关的行政法规主要有《企业财务会计报告条例》（以下简称《条例》）和《总会计师条例》。《条例》对财务会计报告的构成、编制、对外提供、法律责任等作出了规定。《总会计师条例》对总会计师的设置、职权、任免和奖惩作出了规定。

1. 《条例》的目的和特征

《条例》于 2000 年 6 月 21 日以国务院令的形式颁布，并于 2001 年 1 月 1 日正式实施。《条例》所称的财务会计报告，是指企业对外提供的反映企业某一特定日期财务状况和某一会计期间经营成果、现金流量的文件。《条例》的基本目的是规范企业财务会计报告的编制与提供，确保财务会计报告信息真实、完整。

从法律效力来看，《条例》属于国务院颁布的行政法规，具有权威性和强制性。从内容来看，《条例》主要对企业财务会计报告的构成、编制与对外提供等进行了规定，确保企业财务会计信息的质量，为满足投资者等会计信息使用者的要求奠定了基础。同时，《条例》还确立了一个企业财务会计报告的体系框架，对我国企业会计准则与会计制度的制定与进一步完善产生了重大影响。

2. 《条例》的主要内容

《条例》共 6 章，46 条，分别就目的、财务会计报告的构成、财务会计报告的编制、财务会计报告的对外提供、法律责任等进行了规定。

第一章"总则"部分，主要对《条例》的目的、适用范围、财务会计报告概念的含义、企业财务会计报告的责任人等进行了界定。《条例》规定，企业（包括公司）编制和对外提供财务会计报告，应当遵守本条例；企业负责人对本企业财务会计报告的真实性、完整性负责。第二章"财务会计报告的构成"部分，主要规定了财务会计报告体系结构及其基本内容。第三章"财务会计报告的编制"部分，主要对财务会计报告编制的准备工作、编制要求等进行了规定。第四章"财务会计报告的对外提供"部分，主要规定了企业财务会计报告对外报送的对象、时间及其相关要求。第五章"法律责任"部分，主要规定了违反《条例》的行为内容及其相应的法律责任。第六章"附则"部分，主要说明《条例》的实施时间和其他注意事项。

11.1.3 会计规章制度

1. 我国会计准则与会计制度的发展历程

从中华人民共和国成立至 20 世纪 70 年代末，我国实行计划经济体制。在这种经济体制下，我国的国有企业实行"统一领导、分级管理"的财政管理体制。与此相适应，从中华人民共和国成立初期开始，我国就一直采用由政府制定的会计制度来规范企业的会计行为。在这一时期，我国的会计规范为适应计划经济体制的需要，以统一的预算会计制度和一系列统一的、分行业的企业会计制度为主。会计制度不仅是各单位进行会计工作的重要依据，也成为我国经济管理制度的重要内容。

20 世纪 70 年代末，我国开始实行经济体制改革和对外开放政策，经济体制由原来高度集权的计划经济逐步向社会主义市场经济转变。同时，我国与其他国家的经济交往也日益增多，外国资本大量涌入我国，外商投资企业和中外合资、合作企业日益增多，非国有经济迅速发展。在这种条件下，我国原有的与计划经济体制相适应的会计模式已经越来越难以适应经济发展的需要，构造市场导向型的会计模式被提上议事日程。在会计制度建设方面，我国于 1983 年 3 月和 4 月，分别制定了《中外合资经营企业会计制度（试行草案）》和《中外合资经营工业企业会计科目和会计报表（试行草案）》。1992 年 6 月，我国基于外商投资企业类型不断增加的现实，又颁布了适用于所有外商投资企业的《中华人民共和国外商投资企业会计制度》。随着经济体制改革的进一步深化和企业体制改革的不断深入，建立一个既符合我国现行经济体制又与国际惯例相协调的会计制度体系已经迫在眉睫。1992 年 5 月，财政部结合股份制试点的情况制定并发布了《股份制试点企业会计制度》。同年 12 月，又发布了《企业财务通则》和《企业会计准则》以及与之配套的分行业财务制度和会计制度（简称"两则两制"），并于 1993 年 7 月 1 日起全面实施。

1992 年发布的《企业会计准则》是中华人民共和国成立以来我国发布的第一个会计准则，它是我国自 20 世纪 80 年代开始借鉴西方会计准则、研究和制定我国会计准则的标志性成果。从其内容看，该项会计准则主要就企业进行会计确认、计量和报告的基本要求和基本内容作出原则性的规定，属于会计基本准则。由于会计准则是国际上关于企业编报财务报表的会计规范的通用形式，《企业会计准则》的发布是我国在会计核算规范体系与国际惯例协调过程中迈出的重要一步。与此同时，考虑到会计基本准则尚不能直接用来指导企业的会计实务处理，为避免企业会计制度的约束范围出现真空地带，确保会计工作的正常秩序，财政部以《企业会计准则》为依据，分别制定了 13 个分行业的会计制度以规范各单位的会计行为。"两则两制"的发布和实施，标志着我国的会计核算模式朝着国际化方向迈进，原来适应计划经济体制的财务会计核算模式开始转变为适应社会主义市场经济体制的会计模式。

20 世纪 90 年代后半期，随着我国证券市场的进一步发展，我国越来越多企业的股票在上海或者深圳证券交易所发行并上市交易。同时，还有一些企业开始到境外或国外的资本市场去筹集资金。一方面，在我国国有企业的改革中，基于建立现代企业制度的要求，逐步加快了企业股份制改造的进程；另一方面，企业股权多元化使得与企业有利益关系的群体对企业会计信息的数量和质量都提出了较高的要求。为此，从促进企业深化改革、维护投资者合法权益的角度出发，我国又制定和发布了一系列旨在提高会计信息质量且在内容上与国际会计惯例保持一致的具体会计准则与会计制度。例如，1997 年，财政部发布了第一项具体会计准则——《关联方关系及其交易的披露》；1998年，财政部又相继发布现金流量表、债务重组、投资等具体会计准则，以《股份有限公司会计制度》替代原来的《股份制试点企业会计制度》等。

　　20 世纪末期，我国分行业、分所有制执行不同的会计准则也在一定程度上影响了不同企业提供的会计信息的可比性，并给会计标准的国际协调造成了一定障碍。同时，这种状况还使得面临同样市场竞争的企业未能处于同一起跑线上，加之部分企业经营者出于利益动机而肆意左右财务报表信息，因而，企业会计信息失真现象大量存在，财务造假案件接连不断。1999 年，我国重新修订了《会计法》，加大了对违法会计行为处罚力度。2000 年 6 月 21 日，国务院颁布了《企业财务会计报告条例》，旨在规范企业财务会计报告，保证财务会计报告的真实、完整。与此同时，财政部对原有的各种不同会计制度进行整合，于 2000 年 12 月 29 日正式发布了国家统一的、打破行业和所有制界限的《企业会计制度》（适用于除金融保险企业和小企业以外的其他所有企业），并于 2001 年 1 月 1日起暂在股份有限公司范围内施行（同时废止原来的《股份有限公司会计制度》），并逐步推广至其他企业。从内容上来看，《企业会计制度》是在融合原《股份有限公司会计制度》和已经发布的具体会计准则内容的基础上建立起来的，因而其对提高会计信息质量、实现会计标准的国际协调起到积极的促进作用。2001 年，财政部又发布了有关无形资产、中期财务报告、存货等新的具体会计准则，并对有关债务重组、现金流量表、非货币性交易等具体会计准则进行了修订。2001 年 11 月和2004 年 4 月，财政部又分别发布了《金融企业会计制度》和《小企业会计制度》，分别就金融保险企业和小企业的会计核算行为作出了具体规定。2004 年 8 月，财政部还发布了《民间非营利组织会计制度》。除此之外，针对特殊行业、特殊业务的专业会计核算办法也在陆续出台。

　　基于经济全球化与会计准则国际趋同的发展要求，我国于 2006 年 2 月颁布了新的企业会计准则体系，由 1 项基本准则、38 项具体准则以及企业会计准则应用指南所构成，同时取消了《企业会计制度》。此后财政部会计准则委员会对部分会计准则进行修订，并制定了新的具体会计准则。截至 2020 年年底，具体会计准则增加至 42 项。由此可见，我国新的会计准则体系已经形成并逐步完善。

　　2. 我国企业会计准则体系结构

　　我国现行的会计准则体系由基本会计准则、具体会计准则、企业会计准则应用指南和会计准则解释组成。

　　（1）基本会计准则。

　　现行基本会计准则是在 1992 年颁布的《企业会计准则》基础上修订、完善而成的。

　　我国现行的基本会计准则是财政部 2006 年 2 月发布、2007 年开始实施的《企业会计准则——基本准则》，其主要内容有：①会计目标；②会计的前提条件，包括会计主体、持续经营、会计分期、货币计量、权责发生制等；③会计信息质量要求，包括可靠性、相关性、可理解性、可比性、实质重于形式、重要性、谨慎性、及时性等；④会计要素及其确认标准，包括资产、负债、所有者权益、收入、费用、利润等要素的确认；⑤会计计量属性与原则，包括历史成本、重置成本、可变现净值、现值、公允价值等；⑥财务会计报告。

　　实际上，我国基本会计准则主要界定了会计准则制定所依据的财务会计基本理论的内容和观点，因此，它是制定具体会计准则的理论基础。

（2）具体会计准则。

从内容来看，具体会计准则包括两类：一是对交易或事项的确认、计量和披露予以规范的具体准则；二是关于财务报告的具体准则。前者按交易或事项的性质又可分为一般交易或事项的具体准则和特殊交易或事项的具体准则。

在形式结构上，具体会计准则主要阐述对特定交易或事项进行确认、计量和披露的规范要求。如《企业会计准则第 1 号——存货》，主要包括总则、确认、计量、披露等内容。

我国现行的具体准则包括存货，长期股权投资，投资性房地产，固定资产，生物资产，无形资产，非货币性资产交换，资产减值，职工薪酬，企业年金基金，股份支付，债务重组，或有事项，收入，政府补助，借款费用，所得税，外币折算，企业合并，租赁，金融工具确认和计量，金融资产转移，套期会计，保险合同，石油天然气开采，会计政策、会计估计变更和差错更正，资产负债表日后事项，财务报表列报，现金流量表，中期财务报告，合并财务报表，每股收益，分部报告，关联方披露，金融工具列报，首次执行企业会计准则，公允价值计量，合营安排，在其他主体中权益的披露，持有待售的非流动资产、处置组和终止经营等。

具体会计准则是以基本会计准则为依据，对各项经济交易或事项如何确认、计量和报告所作出的具体规定，因而，具有较强的可操作性，可以直接用于指导会计实务。

（3）企业会计准则应用指南。

企业会计准则应用指南用于对各项具体会计准则中涉及的会计问题予以进一步说明，或提出指引性意见。例如，《企业会计准则第 7 号——非货币性资产交换》应用指南，分别对"非货币性资产交换的认定""商业实质的判断""换入资产或换出资产公允价值的可靠计量""非货币性资产交换的会计处理"等问题，进行了详细说明。

截至 2022 年年末，我国针对各项具体会计准则均发布了应用指南。

企业会计准则应用指南还以附录的方式列示了"会计科目和主要账务处理"。

（4）会计准则解释。

企业会计准则解释主要针对会计准则实施中遇到的问题作出解释。财政部于 2007 年 11 月发布了《企业会计准则解释第 1 号》，此后，分别于 2008 年 8 月、2009 年 6 月和 2010 年 7 月发布了 3 份会计准则解释。截至 2022 年，我国已经发布了 16 份会计准则解释，内容涵盖首次执行会计准则、租赁、金融工具、固定资产、收入、长期股权投资、合并财务报表、会计政策与会计估计、政府补助、财务报表列报、分部报告、企业合并、股份支付等多项会计准则，对解决会计准则施行中的具体问题起到了重要的作用。

3. 我国会计准则的构成

会计准则（Accounting Standards）是反映经济活动、确认产权关系、规范收益分配的会计技术标准，是生成和提供会计信息的重要依据，也是政府调控经济活动、规范经济秩序和开展国际经济交往等的重要手段。会计准则具有严密和完整的体系。我国已颁布的会计准则有《企业会计准则》《小企业会计准则》《政府会计准则》《事业单位会计准则》。

（1）企业会计准则。

我国的企业会计准则体系包括基本准则、具体准则、应用指南和解释公告等。

2006 年 2 月，财政部发布了《企业会计准则——基本准则》，同时发布了《企业会计准则第 1 号——存货》等 38 项具体准则，自 2007 年 1 月 1 日起在上市公司范围内施行，并鼓励其他企业执行。为了实现我国企业会计准则与国际财务报告准则的持续趋同，财政部于 2014 年 7 月公布修改后的《企业会计准则——基本准则》，对公允价值的定义给出了新的表述。2014 年 1 月以来，财政部陆续修订了 16 份具体准则，发布了 4 份新的具体准则，如表 11-2 所示。

表 11-2　　　　　　　　　　企业会计准则中的具体准则一览表

编号	准则名称	发布日期	修订日期
1	存货	2006-02-15	—
2	长期股权投资	2006-02-15	2014-03-13
3	投资性房地产	2006-02-15	—
4	固定资产	2006-02-15	—
5	生物资产	2006-02-15	—
6	无形资产	2006-02-15	—
7	非货币性资产交换	2006-02-15	2019-05-09
8	资产减值	2006-02-15	—
9	职工薪酬	2006-02-15	2014-01-27
10	企业年金基金	2006-02-15	—
11	股份支付	2006-02-15	—
12	债务重组	2006-02-15	2019-05-16
13	或有事项	2006-02-15	—
14	收入	2006-02-15	2017-07-05
15	建造合同	2006-02-15	—
16	政府补助	2006-02-15	2017-05-10
17	借款费用	2006-02-15	—
18	所得税	2006-02-15	—
19	外币折算	2006-02-15	—
20	企业合并	2006-02-15	—
21	租赁	2006-02-15	2018-12-07
22	金融工具确认和计量	2006-02-15	2017-03-31
23	金融资产转移	2006-02-15	2017-03-31
24	套期会计	2006-02-15	2017-03-31
25	原保险合同	2006-02-15	2020-12-19
26	再保险合同	2006-02-15	2020-12-19
27	石油天然气开采	2006-02-15	—
28	会计政策、会计估计变更和差错更正	2006-02-15	—
29	资产负债表日后事项	2006-02-15	—
30	财务报表列报	2006-02-15	2014-01-26
31	现金流量表	2006-02-15	—
32	中期财务报告	2006-02-15	—
33	合并财务报表	2006-02-15	2014-02-17
34	每股收益	2006-02-15	—

续表

编号	准则名称	发布日期	修订日期
35	分部报告	2006-02-15	—
36	关联方披露	2006-02-15	—
37	金融工具列报	2006-02-15	2014-06-20、2017-05-02
38	首次执行企业会计准则	2006-02-15	—
39	公允价值计量	2014-01-26	—
40	合营安排	2014-01-27	—
41	在其他主体中权益的披露	2014-03-14	—
42	持有待售的非流动资产、处置组和终止经营	2017-04-28	—

（2）小企业会计准则。

2011 年 10 月，财政部发布了《小企业会计准则》，自 2013 年 1 月 1 日起执行。

《小企业会计准则》适用于在我国境内依法设立的、符合《中小企业划型标准规定》所规定的小型企业标准的企业。下列三类小企业除外：①股票或债券在市场上公开交易的小企业；②金融机构或其他具有金融性质的小企业；③企业集团内的母公司和子公司。母公司是指控制一个或一个以上主体（含企业、被投资单位中可分割的部分，以及企业所控制的结构化主体等）的主体；子公司是指被母公司控制的主体。

符合工业和信息化部、国家统计局、国家发展改革委、财政部于 2011 年 6 月联合发布的《中小企业划型标准规定》所规定的微型企业标准的企业，参照执行《小企业会计准则》。

（3）政府会计准则。

我国政府会计准则体系由政府会计基本准则、具体准则和应用指南三部分组成。

《国务院关于批转财政部权责发生制政府综合财务报告制度改革方案的通知》（国发〔2014〕63号）指出，权责发生制政府综合财务报告制度改革是基于政府会计规则的重大改革，其前提和基础任务是建立健全政府会计核算体系，包括制定政府会计基本准则和具体准则及应用指南。2015 年10 月，财政部发布《政府会计准则——基本准则》，自 2017 年 1 月 1 日起在各级政府、各部门、各单位施行。《政府会计准则——基本准则》的出台，对于构建统一、科学、规范的政府会计准则体系，推进政府会计改革，建立现代财政制度都具有重要的基础性作用。2016 年 7 月，财政部发布《政府会计准则第 1 号——存货》《政府会计准则第 2 号——投资》《政府会计准则第 3 号——固定资产》《政府会计准则第 4 号——无形资产》。2017 年 4 月，财政部发布《政府会计准则第 5 号——公共基础设施》。2017 年 7 月，财政部发布《政府会计准则第 6 号——政府储备物资》。2018 年 10 月，财政部发布《政府会计准则第 7 号——会计调整》。2018 年 11 月，财政部发布《政府会计准则第 8 号——负债》。2018 年 12 月，财政部发布《政府会计准则第 9 号——财务报表编制和列报》。2019 年 7 月，财政部发布《政府会计准则制度解释第 1 号》。2019 年 12 月，财政部发布《政府会计准则制度解释第 2号》。2020 年 10 月 20 日，财政部发布《政府会计准则制度解释第 3 号》。2019 年 12 月，财政部发布《政府会计准则第 10 号——政府和社会资本合作项目合同》，并于 2020 年 12 月发布其应用指南。

（4）事业单位会计准则。

2012 年 12 月，财政部修订发布了《事业单位会计准则》，自 2013 年 1 月 1 日起在各级各类事业单位施行。该准则对我国事业单位的会计工作进行了规范。2017 年 10 月，财政部发布《政府会计制度——行政事业单位会计科目和报表》。2019 年 12 月，财政部发布《事业单位成本核算基本指引》。

11.1.4　企业内部控制规范

1. 内部控制规范的产生与发展

内部控制是企业管理控制的重要内容。内部控制制度是企业管理制度的重要组成部分，企业内部控制制度的健全程度和有效性，直接关系到企业经济资源的配置效果和企业的经济收益，对提高企业经营管理水平和风险防范能力、促进企业可持续发展、维护社会主义市场经济秩序和社会公众利益具有重要的作用。

财政部于 2001 年 6 月 22 日发布了适用于企业、公司以及政府机构、社会团体、事业单位和其他经济组织的《内部会计控制规范——基本规范（试行）》，同时还发布了《内部会计控制规范——货币资金（试行）》，并要求自发布之日起开始实施。其后，为确立较为完整、规范的内部会计控制制度体系，财政部又相继发布了"销售与收款"（2002 年）、"采购与付款"（2002 年）、"工程项目"（2003 年）等内部会计控制规范。2008 年 5 月 22 日，财政部等五部委发布了《企业内部控制基本规范》。2010 年 4 月 15 日，财政部、证监会、审计署、银监会、保监会联合发出《关于印发企业内部控制配套指引的通知》，正式发布《企业内部控制应用指引第 1 号——组织架构》等 18 项应用指引、《企业内部控制评价指引》和《企业内部控制审计指引》等基本规范的配套指引，自 2011 年 1 月 1 日起在境内外同时上市的公司施行，并自 2012 年 1 月 1 日起在上海证券交易所、深圳证券交易所主板上市公司施行；在此基础上，择机在中小板和创业板上市公司施行；鼓励非上市大中型企业提前执行。至此，我国以基本规范、应用指引、评价指引、审计指引、企业内部控制制度为主的企业内部控制标准体系基本形成，为我国企业内部控制的建设掀开了新的篇章。

2. 《企业内部控制基本规范》

《企业内部控制基本规范》由总则、内部环境、风险评估、控制活动、信息与沟通、内部监督、附则所构成。

第一章"总则"部分，主要对企业内部控制基本规范的制定目标、适用范围、内部控制的概念与目标、内部控制应遵循的原则、内部控制的要素、内部控制实施中各部门的要求等进行了规范与阐述。第二章"内部环境"部分，要求企业应当根据国家有关法律法规和企业章程，建立规范的公司治理结构和议事规则，明确决策、执行、监督等方面的职责权限，形成科学有效的职责分工和制衡机制，并从股东（大）会、董事会、监事会、经理层、审计委员会、内部机构、内部审计、人力资源政策、员工素质、文化建设、法制教育等角度对内部环境进行了相关规范。第三章"风险评估"部分，要求企业应当根据设定的控制目标，全面、系统、持续地收集相关信息，结合实际情况，及时进行风险评估，并从风险承受度、内部风险和外部风险的识别、风险分析、风险应对策略等角度进行了相关规范。第四章"控制活动"部分，要求企业应当结合风险评估结果，通过手工控制与自动控制、预防性控制与发现性控制相结合的方法，运用相应的控制措施，将风险控制在可承受度之内。控制措施一般包括：不相容职务分离控制、授权审批控制、会计系统控制、财产保护控制、预算控制、运营分析控制和绩效考评控制等。第五章"信息与沟通"部分，要求企业应当建立信息与沟通制度，明确内部控制相关信息的收集、处理和传递程序，确保信息及时沟通，促进内部控制有效运行，并从信息获取、信息沟通与反馈、信息的集成与共享、反舞弊机制、举报投诉制度和举报人保护制度等角度进行了相关规范。第六章"内部监督"部分，要求企业应当根据本规范及其配套办法，制定内部控制监督制度，明确内部审计机构（或经授权的其他监督机构）和其他内部机构在内部监督中的职责权限，规范内部监督的程序、方法和要求。内部监督分为日常监督和专项监督，并分别从内部控制缺陷、内部控制自我评价报告、内部控制资料的保存等角度进行了相关规范。第七章"附则"部分，主要对本规范的解释、配套办法的制定以及实施时间等进行了说明。

3. 企业内部控制配套指引

企业内部控制配套指引由《企业内部控制应用指引》《企业内部控制评价指引》《企业内部控制审计指引》所构成。

《企业内部控制应用指引》是对企业按照内部控制原则和内部控制"五要素"建立健全本企业内部控制所提供的指引，在配套指引乃至整个内部控制规范体系中占据主体地位，包括组织架构、发展战略、人力资源、社会责任、企业文化、资金活动、采购业务、资产管理、销售业务、研究与开发、工程项目、担保业务、业务外包、财务报告、全面预算、合同管理、内部信息传递、信息系统 18 项应用指引。

内部控制评价是指企业董事会或类似决策机构对内部控制有效性进行全面评价、形成评价结论、出具评价报告的过程。《企业内部控制评价指引》要求企业实施内部控制评价至少应当遵循全面性、重要性和客观性的原则，企业应当根据本评价指引，结合内部控制设计与运行的实际情况，制定具体的内部控制评价办法，规定评价的原则、内容、程序、方法和报告形式等。

内部控制审计，是指会计师事务所接受委托，对特定基准日内部控制设计与运行的有效性进行审计。它是企业内部控制规范体系实施中引入的强制性要求，既有利于促进企业健全内部控制体系，又能增强企业财务报告的可靠性。

11.2
会计职业发展

目前，对会计相关职业资格而言，注册会计师考试属于职业准入类职业资格考试，会计专业技术资格考试、注册税务师考试、注册资产评估师考试属于水平评价类职业资格考试。

11.2.1　会计专业技术资格

《会计专业技术资格考试暂行规定》把会计专业技术资格分为初级资格（专业职务名称为会计员、助理会计师）、中级资格（专业职务名称为会计师，与工程师、讲师、助理研究员等相当）和高级资格（专业职务名称为高级会计师，与高级工程师、副教授、副研究员相当，俗称"副高"级）。此外，部分省、自治区（东北地区、内蒙古、河南、河北、江苏、浙江）进行了教授级高级会计师（与教授级高级工程师、教授、研究员相当，俗称"正高"级）资格评审的试点。

会计专业技术初级、中级资格（即会计员、助理会计师、会计师职称）实行全国统考的办法。也就是说，会计人员可以通过会计专业技术资格考试获取初级、中级职称。目前，会计专业技术初级资格（即会计员、助理会计师）考试科目为初级会计实务、经济法基础两个科目；中级资格（即会计师）考试科目为中级会计实务、财务管理、经济法三个科目。

会计专业技术高级资格（即高级会计师职称）实行考试与评审结合的评价制度，也就是说，申请人必须考试合格，且通过高级会计师资格评审，方可获得高级会计师资格。

报名参加会计专业技术资格考试的人员，应具备下列基本条件：遵守《会计法》和国家统一的会计制度等法律法规；具备良好的职业道德，无严重违反财经纪律的行为；热爱会计工作，具备相应的会计专业知识和业务技能。报名参加初级资格考试的人员，还必须具备教育部门认可的高中毕业以上学历。报名参加中级资格考试的人员，还必须具备下列条件之一：取得大学专科学历，从事会计工作满五年；取得大学本科学历，从事会计工作满四年；取得双学士学位或研究生班毕业，从事会计工作满两年；取得硕士学位，从事会计工作满一年；取得博士学位。

财政部会计资格评价中心负责全国会计专业技术资格考试组织实施和会计人才评价工作，具体包括命制试题、组织编写考试用书等职能。考生可以通过财政部会计资格评价中心官方网站"全国会计资格评价网"的链接进入各省级财政厅（局）的会计考试管理网站进行网上报名。

根据上述职称考试报考条件可知，全日制普通高等教育在读大学生是可以报考会计职称考试的。因此，在学习会计学系列课程时高标准要求自己，早做准备，是值得提倡的。

11.2.2　注册会计师执业资格

《中华人民共和国注册会计师法》规定，注册会计师（Certified Public Accountant, CPA）是依法取得注册会计师证书并接受委托从事审计和会计咨询、会计服务业务的执业人员。会计师事务所是依法设立并承办注册会计师业务的机构。注册会计师执行业务，应当加入会计师事务所。参加注册会计师全国统一考试成绩合格，并从事审计业务工作两年以上的，可以向省、自治区、直辖市注册会计师协会申请注册。

微课堂

中华人民共和国
注册会计师法

通俗地讲，"会计师"是供职于特定单位的会计管理人员，"注册会计师"是面向不特定的客户提供审计和会计咨询等会计专业服务的中介机构执业人员。注册会计师并不是有些刊物上所宣传的独立职业，而是必须在会计师事务所执业。截至 2022 年 12 月 31 日，中国注册会计师协会个人会员达 33.49 万余人，其中，注册会计师 9.81 万余人，非执业会员 23.68 万余人。目前，全行业从业人员超过 40 万人。注册会计师行业服务于包括 4000 余家上市公司在内 420 万家以上企业、行政事业单位。2019 年度全行业业务收入超过 1108 亿元。

《注册会计师全国统一考试办法》（财政部令第 75 号）规定，具有完全民事行为能力且具有高等专科以上学校毕业学历，或者具有会计或者相关专业中级以上技术职称的中国公民，可以报名参加注册会计师全国统一考试；考试划分为专业阶段考试和综合阶段考试，考生在通过专业阶段考试的全部科目后，才能参加综合阶段考试。

专业阶段考试设会计、审计、财务成本管理、公司战略与风险管理、经济法、税法六个科目；综合阶段考试设职业能力综合测试一个科目。专业阶段考试的单科考试合格成绩五年内有效。对在连续五个年度考试中取得专业阶段考试全部科目考试合格成绩的考生，财政部考委会颁发注册会计师全国统一考试专业阶段考试合格证书。

对取得综合阶段考试科目考试合格成绩的考生，财政部考委会颁发注册会计师全国统一考试全科考试合格证书。

11.2.3　总会计师与财务总监

随着社会经济的发展，总会计师和财务总监（Chief Financial Officer, CFO），又译作首席财务官，日益成为受人尊敬、媒体曝光度较高的职业头衔，是人们普遍感兴趣的话题。但是，要说清两者的异同还真不大容易。这里结合我国现行法规的规定和管理实践的动态，简要勾勒一下这两个职业头衔的轮廓。

1. 总会计师

总会计师是单位行政领导成员，属于单位的副总，协助单位主要行政领导人工作，直接对单位主要行政领导人负责。凡设置总会计师的单位，在单位行政领导成员中，不设与总会计师职权重叠的副职。

企业的总会计师由本企业主要行政领导人提名，政府主管部门任命或者聘任。事业单位和业务主管部门的总会计师依照干部管理权限任命或者聘任。

总会计师组织领导本单位的财务管理、成本管理、预算管理、会计核算和会计监督等方面的工作，参与本单位重要经济问题的分析和决策。总会计师协助单位主要行政领导人对企业的生产经营、行政事业单位的业务发展以及基本建设投资等问题作出决策。总会计师参与新产品开发、技术改造、科技研究、商品（劳务）价格和工资奖金等方案的制定，参与重大经济合同和经济协议的研究、审查。

总会计师负责组织本单位的下列工作：①编制和执行预算、财务收支计划、信贷计划，拟订资金筹措和使用方案，开辟财源，有效地使用资金；②进行成本费用预测、计划、控制、核算、分析和考核，督促本单位有关部门降低消耗、节约费用、提高经济效益；③建立健全经济核算制度，利用财务会计资料进行经济活动分析；④承办单位主要行政领导人交办的其他工作。

在国有和国有资产占控股地位或者主导地位的大中型工业企业，人们通常所说的"三总师"，是指总工程师、总经济师、总会计师。

2. 财务总监（或首席财务官）

在企业集团管理实践中，有些企业集团（包括但不限于中央企业集团和地方国有企业集团）为了加强对各级子公司的管控，往往会采取财务总监委派制即派遣财务总监的办法。

一些省级及以下政府部门向地方国有企业派遣的，依法履行财务会计监管职责的高级管理人员，往往明确定名为财务总监。这种做法被称作财务总监委派制，是加强国有资产管理的重要举措。

《中华人民共和国公司法》（2018 年修正）第二百一十六条规定，高级管理人员，是指公司的经理、副经理、财务负责人、上市公司董事会秘书和公司章程规定的其他人员。该法所称的"财务负责人"要么是总会计师，要么是财务总监（或首席财务官）。也就是说，上市公司的财务负责人，如果不是被上级机关任命或聘任的总会计师，通常称作财务总监（或首席财务官）。

11.3 | 会计基础工作规范

微课堂

会计基础工作规范

1996 年 6 月，财政部印发《会计基础工作规范》，要求各单位应当依据有关法律、法规和该规范的规定，加强会计基础工作，严格执行会计法规制度，保证会计工作依法有序地进行。国家机关、社会团体、企业、事业单位、个体工商户和其他组织的会计基础工作，应当符合《会计基础工作规范》的规定。单位领导人对本单位的会计基础工作负有领导责任。本节简要介绍该规范关于会计机构和会计人员、会计监督和内部会计管理制度的规定。

11.3.1 会计机构和会计人员

1. 会计机构设置和会计人员配备

为了提高会计管理工作的效率，恰当分配工作量，各单位都要结合管理需要设置会计机构和配备会计人员。

各单位应当根据会计业务的需要设置会计机构，不具备单独设置会计机构的，应当在有关机构中配备人员。行政事业单位会计机构的设置和会计人员的配备，应当符合国家统一行政事业单位会计制度的规定。设置会计机构，应当配备会计机构负责人；在有关机构中配备专职会计人员，应当在专职会计人员中指定会计主管人员。也就是说，该规范所称会计主管人员，是指不设置会计机构，只在其他机构中设置专职会计人员的单位行使会计机构负责人职权的人员。会计机构负责人、会计主管人员的任免，应当符合《会计法》和有关法律的规定。

会计机构负责人、会计主管人员应当具备下列基本条件。

（1）坚持原则，廉洁奉公。

（2）具有会计专业技术资格。

（3）主管一个单位或者单位内一个重要方面的财务会计工作时间不少于 2 年。

（4）熟悉国家财经法律、法规、规章和方针、政策，掌握本行业业务管理的有关知识。

（5）有较强的组织能力。

（6）身体状况能够适应本职工作的要求。

没有设置会计机构和配备会计人员的单位，应当根据《代理记账管理办法》委托会计师事务所或者持有代理记账许可证书的其他代理记账机构进行代理记账。

各单位应当根据会计业务需要设置会计工作岗位。会计工作岗位一般可分为：会计机构负责人或者会计主管人员、出纳、财产物资核算、工资核算、成本费用核算、财务成果核算、资金核算、往来结算、总账报表、稽核、档案管理等。开展会计电算化和管理会计的单位，可以根据需要设置相应工作岗位，也可与其他工作岗位相结合。

会计工作岗位，可以一人一岗、一人多岗或者一岗多人。但出纳人员不得兼管审核、会计档案保管和收入、费用、债权债务账目的登记工作。这一规定体现了内部控制制度关于内部牵制的要求。

会计人员的工作岗位应当有计划地进行轮换。

会计人员应当具备必要的专业知识和专业技能，熟悉国家有关法律、法规、规章和国家统一会计制度，遵守职业道德。会计人员应当按照国家有关规定参加会计业务的培训。各单位应当合理安排会计人员的培训，保证会计人员每年有一定时间用于学习和参加培训。

各单位领导人应当支持会计机构、会计人员依法行使职权；对忠于职守，坚持原则，作出显著成绩的会计机构、会计人员，应当给予精神的和物质的奖励。

国家机关、国有企业、事业单位任用会计人员应当实行回避制度。单位领导人的直系亲属不得担任本单位的会计机构负责人、会计主管人员。会计机构负责人、会计主管人员的直系亲属不得在本单位会计机构中担任出纳工作。需要回避的直系亲属为：夫妻关系、直系血亲关系、三代以内旁系血亲以及近姻亲关系。

2. 会计人员职业道德

会计人员在会计工作中应当遵守职业道德，树立良好的职业品质、严谨的工作作风，严守工作纪律，努力提高工作效率和工作质量。

会计人员应当热爱本职工作，努力钻研业务，使自己的知识和技能适应所从事工作的要求。

会计人员应当熟悉财经法律、法规、规章和国家统一会计制度。

会计人员应当按照会计法律、法规和国家统一会计制度规定的程序和要求进行会计工作，保证所提供的会计信息合法、真实、准确、及时、完整。

会计人员办理会计事务应当实事求是、客观公正。

会计人员应当熟悉本单位的生产经营和业务管理情况，运用掌握的会计信息和会计方法，为改善单位内部管理、提高经济效益服务。

会计人员应当保守本单位的商业秘密。除法律规定和单位领导人同意外，不能私自向外界提供或者泄露单位的会计信息。

财政部门、业务主管部门和各单位应当定期检查会计人员遵守职业道德的情况，并作为会计人员晋升、晋级、聘任专业职务、表彰奖励的重要考核依据。

3. 会计工作交接

会计人员工作调动或者因故离职，必须将本人所经管的会计工作全部移交给接替人员。没有办清交接手续的，不得调动或者离职。接替人员应当认真接管移交工作，并继续办理移交的未了事项。办理交接手续，是划分会计责任的需要。

会计人员办理移交手续前，必须及时做好以下工作。

（1）已经受理的经济业务尚未填制会计凭证的，应当填制完毕。

（2）尚未登记的账目，应当登记完毕，并在最后一笔余额后加盖经办人员印章。

（3）整理应该移交的各项资料，对未了事项写出书面材料。

（4）编制移交清册，列明应当移交的会计凭证、会计账簿、财务报表、印章、现金、有价证券、支票簿、发票、文件、其他会计资料和物品等内容；实行会计电算化的单位，从事该项工作的移交人员还应当在移交清册中列明会计软件码、会计软件和硬盘（磁带等）及有关资料、实物等内容。

会计人员办理交接手续，必须有监交人负责监交。一般会计人员交接，由单位会计机构负责人、会计主管人员负责监交；会计机构负责人、会计主管人员交接，由单位领导人负责监交，必要时可由上级主管部门派人会同监交。

移交人员在办理移交时，要按移交清册逐项移交，接替人员要逐项核对点收。

（1）现金、有价证券要根据会计账簿有关记录进行点交。库存现金、有价证券须与会计账簿记录保持一致，不一致时，移交人员必须限期结清。

（2）会计凭证、会计账簿、财务报表和其他会计资料必须完整无缺。如有短缺，必须查清原因，并在移交清册中注明，由移交人员负责。

（3）"银行存款"账户余额要与银行对账单核对，如不一致，应当编制银行存款余额调节表调节相符；各种财产物资和债权债务的明细账户余额要与总账有关账户余额核对相符；必要时，要抽查个别账户的余额，与实物或者与往来单位、个人核对清楚。

（4）移交人员经管的票据、印章和其他实物等，必须交接清楚；移交人员从事会计电算化工作的，要对有关电子数据在实际操作状态下进行交接。

会计机构负责人、会计主管人员移交时，还必须将全部财务会计工作、重大财务收支和会计人员的情况等，向接替人员详细介绍。对需要移交的遗留问题，应当写出书面材料。

交接完毕后，交接双方和监交人员要在移交清册上签名或者盖章，并应在移交清册上注明单位名称，交接日期，交接双方和监交人员的职务、姓名，移交清册页数以及需要说明的问题和意见等。移交清册一般应当填制一式三份，交接双方各执一份，存档一份。

接替人员应当继续使用移交的会计账簿，不得自行另立新账，以保持会计记录的连续性。

会计人员临时离职或者因病不能工作且需要接替人员代理的，会计机构负责人、会计主管人员或者单位领导人必须指定有关人员接替或者代理，并办理交接手续。临时离职或者因病不能工作的会计人员恢复工作的，应当与接替或者代理人员办理交接手续。移交人员因病或者其他特殊原因不能办理移交的，经单位领导人批准，可由移交人员委托他人代办移交，但委托人应当承担相应的责任。

单位撤销时，必须留有必要的会计人员，会同有关人员办理清理工作，编制决算。移交前，会计人员不得离职。接收单位和移交日期由主管部门确定。单位合并、分立的，其会计工作交接手续比照上述有关规定办理。

移交人员对所移交的会计凭证、会计账簿、财务报表和其他有关资料的合法性、真实性承担法律责任。

11.3.2　会计监督

各单位的会计机构、会计人员对本单位的经济活动进行会计监督。财政部多次强调要严肃财经纪律，维护财经秩序，健全财会监督机制。

会计机构、会计人员进行会计监督的依据如下。

（1）财经法律、法规、规章。

（2）会计法律、法规和国家统一会计制度。

（3）各省、自治区、直辖市财政厅（局）和国务院业务主管部门根据《会计法》和国家统一会计制度制定的具体实施办法或者补充规定。

（4）各单位根据《会计法》和国家统一会计制度制定的单位内部会计管理制度。

（5）各单位内部的预算、财务计划、经济计划、业务计划。

会计机构、会计人员应当对原始凭证进行审核和监督。对不真实、不合法的原始凭证，不予受理。对弄虚作假、严重违法的原始凭证，在不予受理的同时应当予以扣留，并及时向单位领导人报告，请求查明原因，追究当事人的责任。对记载不明确、不完整的原始凭证予以退回，要求经办人员更正、补充。

会计机构、会计人员对伪造、变造、故意毁灭会计账簿或者账外设账行为，应当制止和纠正；制止和纠正无效的，应当向上级主管单位报告，请求作出处理。

会计机构、会计人员应当对实物、款项进行监督，督促建立并严格执行财产清查制度。发现账簿记录与实物、款项不符时，应当按照国家有关规定进行处理。超出会计机构、会计人员职权范围的，应当立即向本单位领导报告，请求查明原因，作出处理。

会计机构、会计人员对指使、编造、篡改财务报告行为，应当制止和纠正；制止和纠正无效的，应当向上级主管单位报告，请求处理。

会计机构、会计人员应当对财务收支进行监督。

（1）对审批手续不全的财务收支，应当退回，要求补充、更正。

（2）对违反规定不纳入单位统一会计核算的财务收支，应当制止和纠正。

（3）对违反国家统一的财政、财务、会计制度规定的财务收支，不予办理。

（4）对认为是违反国家统一的财政、财务、会计制度规定的财务收支，应当制止和纠正；制止和纠正无效的，应当向单位领导人提出书面意见请求处理。单位领导人应当在接到书面意见起十日内作出书面决定，并对决定承担责任。

（5）对违反国家统一的财政、财务、会计制度规定的财务收支，不予制止和纠正，又不向单位领导人提出书面意见的，也应当承担责任。

（6）对严重违反国家利益和社会公众利益的财务收支，应当向主管单位或者财政、审计、税务机关报告。

会计机构、会计人员对违反单位内部会计管理制度的经济活动，应当制止和纠正；制止和纠正无效的，向单位领导人报告，请求处理。

会计机构、会计人员应当对单位制定的预算、财务计划、经济计划、业务计划的执行情况进行监督。

各单位必须依照法律和国家有关规定接受财政、审计、税务等机关的监督，如实提供会计凭证、会计账簿、财务报表和其他会计资料以及有关情况，不得拒绝、隐匿、谎报。

按照法律规定应当委托注册会计师进行审计的单位，应当委托注册会计师进行审计，并配合注册会计师的工作，如实提供会计凭证、会计账簿、财务报表和其他会计资料以及有关情况，不得拒绝、隐匿、谎报；不得示意注册会计师出具不当的审计报告。

11.3.3　内部会计管理制度

各单位应当根据《会计法》和国家统一会计制度的规定，结合单位类型和内部管理的需要，建立健全相应的内部会计管理制度。

各单位制定内部会计管理制度应当遵循下列原则。

（1）应当执行法律、法规和国家统一的财务会计制度。

（2）应当体现本单位的生产经营、业务管理的特点和要求。

（3）应当全面规范本单位的各项会计工作，建立健全会计基础，保证会计工作的有序进行。

（4）应当科学、合理，便于操作和执行。

（5）应当定期检查执行情况。

（6）应当根据管理需要和执行中的问题不断完善。

各单位应当建立内部会计管理体系，主要内容包括：单位领导人、总会计师对会计工作的领导职责；会计部门及其会计机构负责人、会计主管人员的职责、权限；会计部门与其他职能部门的关系；会计核算的组织形式等。

各单位应当建立会计人员岗位责任制度，主要内容包括：会计人员的工作岗位设置；各会计工作岗位的职责和标准；各会计工作岗位的人员和具体分工；会计工作岗位轮换办法；对各会计工作岗位的考核办法。

各单位应当建立账务处理程序制度，主要内容包括：会计科目及其明细科目的设置和使用；会计凭证的格式、审核要求和传递程序；会计核算方法；会计账簿的设置；编制财务报表的种类和要求；单位会计指标体系。

各单位应当建立内部牵制制度，主要内容包括：内部牵制制度的原则；组织分工；出纳岗位的职责和限制条件；有关岗位的职责和权限。

各单位应当建立稽核制度，主要内容包括：稽核工作的组织形式和具体分工；稽核工作的职责、权限；审核会计凭证和复核会计账簿、财务报表的方法。

各单位应当建立定额管理制度，主要内容包括：定额管理的范围；制定和修订定额的依据、程序和方法；定额的执行；定额考核和奖惩办法等。

各单位应当建立计量验收制度，主要内容包括：计量检测手段和方法；计量验收管理的要求；计量验收人员的责任和奖惩办法。

各单位应当建立财产清查制度，主要内容包括：财产清查的范围；财产清查的组织；财产清查的期限和方法；对财产清查中发现问题的处理办法；对财产管理人员的奖惩办法。

各单位应当建立财务收支审批制度，主要内容包括：财务收支审批人员和审批权限；财务收支审批程序；财务收支审批人员的责任。

实行成本核算的单位应当建立成本核算制度，主要内容包括：成本核算的对象；成本核算的方法和程序；成本分析等。

各单位应当建立财务会计分析制度，主要内容包括：财务会计分析的主要内容；财务会计分析的基本要求和组织程序；财务会计分析的具体方法；财务会计分析报告的编写要求等。

11.4 会计档案管理办法

11.4.1 会计档案的概念和内容

1. 会计档案的概念

《会计法》规定，各单位对会计凭证、会计账簿、财务会计报告和其他会计资料应当建立档案，妥善保管。2015年12月，财政部、国家档案局印发新修订的《会计档案管理办法》（财政部 国家档案局令第79号），其中所称的会计档案，是指单位在进行会计核算等过程中接收或形成的，记录和反映单位经济业务事项的，具有保存价值的文字、图表等各种形式的会计资料，包括通过计算机等电子设备形成、传输和存储的电子会计档案。

微课堂

会计档案管理办法

2. 会计档案的内容

《会计档案管理办法》规定，下列会计资料应当进行归档。

（1）会计凭证，包括原始凭证、记账凭证。

（2）会计账簿，包括总账、明细账、日记账、固定资产卡片及其他辅助性账簿。

（3）财务会计报告，包括月度、季度、半年度、年度财务会计报告。

（4）其他会计资料，包括银行存款余额调节表、银行对账单、纳税申报表、会计档案移交清册、会计档案保管清册、会计档案销毁清册、会计档案鉴定意见书及其他具有保存价值的会计资料。

3. 电子会计档案

单位可以利用计算机、网络通信等信息技术手段管理会计档案。

同时满足下列条件的，单位内部形成的属于归档范围的电子会计资料可仅以电子形式保存，形成电子会计档案。

（1）形成的电子会计资料来源真实有效，由计算机等电子设备形成和传输。

（2）使用的会计核算系统能够准确、完整、有效接收和读取电子会计资料，能够输出符合国家标准归档格式的会计凭证、会计账簿、财务会计报表等会计资料，设定了经办、审核、审批等必要的审签程序。

（3）使用的电子档案管理系统能够有效接收、管理、利用电子会计档案，符合电子档案的长期保管要求，并建立电子会计档案与相关联的其他纸质会计档案的检索关系。

（4）采取有效措施，防止电子会计档案被篡改。

（5）建立电子会计档案备份制度，能够有效防范自然灾害、意外事故和人为破坏的影响。

（6）形成的电子会计资料不属于具有永久保存价值或者其他重要保存价值的会计档案。

满足上述条件，单位从外部接收的电子会计资料附有符合《中华人民共和国电子签名法》规定的电子签名的，可仅以电子形式归档保存，形成电子会计档案。

11.4.2　会计档案的保管

1. 会计档案的归档

单位的会计机构或会计人员所属机构（以下统称单位会计管理机构）按照归档范围和归档要求，负责定期将应当归档的会计资料整理立卷，编制会计档案保管清册。

当年形成的会计档案，在会计年度终了后，可由单位会计管理机构临时保管一年，再移交单位档案管理机构保管。因工作需要确需推迟移交的，应当经单位档案管理机构同意。单位会计管理机构临时保管会计档案最长不超过三年。临时保管期间，会计档案的保管应当符合国家档案管理的有关规定，且出纳人员不得兼管会计档案。

单位会计管理机构在办理会计档案移交时，应当编制会计档案移交清册，并按照国家档案管理的有关规定办理移交手续。纸质会计档案移交时应当保持原卷的封装。电子会计档案移交时应当将电子会计档案及其元数据一并移交，且文件格式应当符合国家档案管理的有关规定。特殊格式的电子会计档案应当与其读取平台一并移交。单位档案管理机构接收电子会计档案时，应当对电子会档案的准确性、完整性、可用性、安全性进行检测，符合要求的才能接收。

2020 年 3 月财政部、国家档案局印发《关于规范电子会计凭证报销入账归档的通知》（财会〔2020〕6 号），2021 年 2 月财政部、国家档案局、国家税务总局联合印发《关于增值税电子专用发票电子化管理与操作有关问题的答问》。这些文件均对包括电子发票在内的各类电子会计凭证的报销入账归档工作作出了明确规定。

（1）已建立电子档案管理系统的单位。

实施了会计信息系统，与电子发票相关的记账凭证、报销凭证等已全部实现电子化（不包括纸质凭证扫描，下同），可将电子发票与相关的记账凭证、报销凭证等电子会计凭证通过归档接口或手工导入电子档案管理系统进行整理、归档并长期保存，归档方法可参照《企业电子文件归档和电子档案管理指南》（档办发〔2015〕4 号）。

如与电子发票相关的记账凭证、报销凭证等未实现电子化，可单独将电子发票通过归档接口或手工导入电子档案管理系统进行整理、归档并长期保存；整理、归档、长期保存方法可参照《企业电子文件归档和电子档案管理指南》（档办发〔2015〕4 号）。

（2）无电子档案管理系统的单位。

如果实施了会计信息系统，与电子发票相关的记账凭证、报销凭证等已全部实现电子化，可将电子发票与相关的记账凭证、报销凭证等移交会计档案管理人员保存，编制档号；同时，建立电子会计档案台账或者目录。

如未实施会计信息系统，与电子发票相关的记账凭证、报销凭证未实现电子化，电子发票以电子形式移交会计档案管理人员保存；同时，建立电子发票台账或者目录。

2. 会计档案的保管期限

会计档案的保管期限分为永久、定期两类。定期保管期限一般分为 10 年和 30 年。会计档案的保管期限，从会计年度终了后的第一天算起。

各类会计档案的保管期限原则上应当按照《会计档案管理办法》规定的期限执行，该期限为最低保管期限。

企业和其他组织会计档案保管期限如表 11-3 所示。

表 11-3　　　　　　　　　　企业和其他组织会计档案保管期限

序号	档案名称	保管期限	备注
一	会计凭证		
1	原始凭证	30 年	
2	记账凭证	30 年	
二	会计账簿		
3	总账	30 年	
4	明细账	30 年	
5	日记账	30 年	
6	固定资产卡片		固定资产报废清理后保管 5 年
7	其他辅助性账簿	30 年	
三	财务会计报告		
8	月度、季度、半年度财务会计报告	10 年	
9	年度财务会计报告	永久	

续表

序号	档案名称	保管期限	备注
四	其他会计资料		
10	银行存款余额调节表	10年	
11	银行对账单	10年	
12	纳税申报表	10年	
13	会计档案移交清册	30年	
14	会计档案保管清册	永久	
15	会计档案销毁清册	永久	
16	会计档案鉴定意见书	永久	

财政总预算、行政单位、事业单位和税收会计档案保管期限如表 11-4 所示。

表 11-4   财政总预算、行政单位、事业单位和税收会计档案保管期限

序号	档案名称	保管期限			备注
		财政总预算	行政单位事业单位	税收会计	
一	会计凭证				
1	国家金库编送的各种报表及缴库退库凭证	10年		10年	
2	各收入机关编送的报表	10年			
3	行政单位和事业单位的各种会计凭证		30年		包括：原始凭证、记账凭证和传票汇总表
4	财政总预算拨款凭证和其他会计凭证	30年			包括：拨款凭证和其他会计凭证
二	会计账簿				
5	日记账		30年	30年	
6	总账	30年	30年	30年	
7	税收日记账（总账）			30年	
8	明细分类、分户账或登记簿	30年	30年	30年	
9	行政单位和事业单位固定资产卡片				固定资产报废清理后保管5年
三	财务会计报告				
10	政府综合财务报告	永久			下级财政、本级部门和单位报送保管2年
11	部门财务报告		永久		所属单位报送的保管2年
12	财政总决算	永久			下级财政、本级部门和单位报送的保管2年
13	部门决算		永久		所属单位报送的保管2年
14	税收年报（决算）			永久	
15	国家金库年报（决算）	10年			
16	基本建设拨、贷款年报（决算）	10年			
17	行政单位和事业单位会计月、季度报表		10年		所属单位报送的保管2年
18	税收会计报表			10年	所属税务机关报送的保管2年
四	其他会计资料				
19	银行存款余额调节表	10年	10年		
20	银行对账单	10年	10年	10年	

续表

序号	档案名称	保管期限			备注
		财政总预算	行政单位事业单位	税收会计	
21	会计档案移交清册	30年	30年	30年	
22	会计档案保管清册	永久	永久	永久	
23	会计档案销毁清册	永久	永久	永久	
24	会计档案鉴定意见书	永久	永久	永久	

注：税务机关的税务经费会计档案保管期限，按行政单位会计档案保管期限规定办理。

3. 会计档案的查阅、复制和借出

单位应当严格按照相关制度利用会计档案，在进行会计档案查阅、复制、借出时履行登记手续，严禁篡改和损坏。

单位保存的会计档案一般不得对外借出。确因工作需要且根据国家有关规定必须借出的，应当严格按照规定办理相关手续。

会计档案借用单位应当妥善保管和利用借入的会计档案，确保借入会计档案的安全完整，并在规定时间内归还。

4. 会计档案的鉴定和销毁

单位应当定期对已到保管期限的会计档案进行鉴定，并形成会计档案鉴定意见书。经鉴定，仍需继续保存的会计档案，应当重新划定保管期限；对保管期满，确无保存价值的会计档案，可以销毁。

会计档案鉴定工作应当由单位档案管理机构牵头，组织单位会计、审计、纪检监察等机构或人员共同进行。

经鉴定可以销毁的会计档案，应当按照以下程序销毁。

（1）单位档案管理机构编制会计档案销毁清册，列明拟销毁会计档案的名称、卷号、册数、起止年度、档案编号、应保管期限、已保管期限和销毁时间等内容。

（2）单位负责人、档案管理机构负责人、会计管理机构负责人、档案管理机构经办人、会计管理机构经办人在会计档案销毁清册上签署意见。

（3）单位档案管理机构负责组织会计档案销毁工作，并与会计管理机构共同派员监销。监销人在会计档案销毁前，应当按照会计档案销毁清册所列内容进行清点核对；在会计档案销毁后，应当在会计档案销毁清册上签名或盖章。电子会计档案的销毁还应当符合国家有关电子档案的规定，并由单位档案管理机构、会计管理机构和信息系统管理机构共同派员监销。

保管期满但未结清的债权债务会计凭证和涉及其他未了事项的会计凭证不得销毁，纸质会计档案应当单独抽出立卷，电子会计档案单独转存，保管到未了事项完结时为止。单独抽立卷或转存的会计档案，应当在会计档案鉴定意见书、会计档案销毁清册和会计档案保管清册中列明。

习题

一、思考题

（1）简述我国会计法规体系的构成。

（2）会计人员进行会计监督的依据是什么？

（3）会计基础工作规范的意义是什么？请谈谈你的认识。

（4）什么是会计档案？请简要阐释"大智移云物"（大数据、人工智能、移动互联网、云计算、物联网）技术背景下会计档案的保管要求。

二、判断题

（1）《会计法》由全国人大常务委员会于1985年首次颁布实施。 （　　）

（2）制定会计准则的目的是规范企业的会计行为，提高会计信息的质量。 （　　）

（3）至2022年年底，我国已经颁布了1份基本会计准则和42份具体会计准则。 （　　）

（4）国际会计准则理事会颁布的会计准则称为《财务会计准则公告》，美国财务会计准则委员会颁布的会计准则称为《国际财务报告准则》。 （　　）

（5）财政部于1996年颁布、2019年修订的《会计基础工作规范》，主要对会计核算、会计监督、内部会计管理制度、会计机构与人员等相关的各项会计基础工作作出了具体规定。 （　　）

三、不定项选择题

（1）我国的会计规范主要包括（　　）等。

　　A. 会计法

　　B. 企业财务会计报告条例

　　C. 会计准则

　　D. 刑法、公司法、证券法对会计行为的法律要求

（2）《会计法》主要对（　　）等内容进行了规定。

　　A. 会计核算与会计监督　　　　　　　　B. 会计专业技术职务

　　C. 会计人员与会计机构　　　　　　　　D. 会计法律责任

（3）（　　）是我国现行《会计法》特别强调的内容。

　　A. 国家财政部门主管全国的会计工作

　　B. 单位负责人对会计资料的真实性和完整性负责

　　C. 情节严重的会计违法行为应该承担刑事责任

　　D. 大中型企业必须设立总会计师岗位

（4）企业会计准则主要对（　　）进行规范。

　　A. 会计确认与计量　　　　　　　　　　B. 会计报告

　　C. 会计人员的聘任与奖惩　　　　　　　D. 内部会计机构的设立与运行

（5）我国企业会计准则在形式上包括（　　）等内容。

　　A. 基本准则　　　　　　　　　　　　　B. 具体准则

　　C. 应用指南　　　　　　　　　　　　　D. 解释

四、问答题

（1）会计规范的基本功能是什么？

（2）简要描述我国会计法律法规制度体系的构成及其相互关系。

（3）我国会计法的立法目的与基本内容是什么？

（4）我国企业财务会计报告条例出台的目的及其主要内容是什么？

（5）简述我国企业会计准则的发展过程及其现状。

（6）如何理解我国企业会计准则体系结构？

（7）我国企业内部控制基本规范的主要内容是什么？

（8）我国会计基础工作规范对企业编制记账凭证、登记账簿和编制财务报表有哪些具体要求？

五、案例分析题

主题：康美药业虚增收入和资产。

目的：提升解决会计职业道德问题的能力，培养敬畏法律和规则的意识。

康美药业股份有限公司（股票代码：600518；以下简称"康美药业"）成立于1997年，以中药饮片生产、销售为核心，实施中医药全产业链一体化运营模式，业务体系涵盖上游中药材种植与资源整合；中游中药材专业市场经营，中药饮片、中成药制剂、保健食品、化学药品及医疗器械的生产与销售，现代医药物流系统；下游集医疗机构资源、智慧药房、OTC（非处方药）零售、连锁药店、直销、医药电商、移动医疗等于一体的全方位多层次营销网络，实现了中药材、中药饮片、医院全产业链布局。2019年8月，证监会对康美药业下发《行政处罚及市场禁入事先告知书》。告知书显示，康美药业虚增收入和资产信息如下。①康美药业涉嫌累计虚增营业收入。2016年度报告虚增营业收入89.99亿元，多计利息收入1.51亿元，虚增营业利润6.56亿元，占合并利润表当期披露利润总额的16.44%。2017年度报告虚增营业收入100.32亿元，多计利息收入2.28亿元，虚增营业利润12.51亿元，占合并利润表当期披露利润总额的25.91%。2018年半年度报告虚增营业收入84.84亿元，多计利息收入1.31亿元，虚增营业利润20.29亿元，占合并利润表当期利润总额的65.52%。2018年年度报告虚增营业收入16.13亿元，虚增营业利润1.65亿元，占合并利润表当期披露利润总额的12.11%。②涉嫌虚增货币资金。康美药业2016年年度报告虚增货币资金225.49亿元，占公司披露总资产的41.13%和净资产的76.74%；2017年年度报告虚增货币资金299.44亿元，占公司披露总资产的43.57%和净资产的93.18%；2018年半年度报告虚增货币资金361.88亿元，占公司披露总资产的45.96%和净资产的108.24%。③虚增固定资产、在建工程、投资性房地产，共计36.05亿元。康美药业在2018年年度报告中将前期未纳入报表的亳州华佗国际中药城、普宁中药城、普宁中药城中医馆、亳州新世界、甘肃陇西中药城、玉林中药产业园等6个工程项目纳入表内，分别调增固定资产11.89亿元、在建工程4.01亿元、投资性房地产20.15亿元，合计调增资产36.05亿元。证监会已经向涉案当事人送达事先告知书，依法对康美药业及马兴田（原董事长兼总经理）等22名当事人予以行政处罚，并对6名当事人采取证券市场禁入措施。

要求：

（1）康美药业虚增营业收入和资产违背了哪些会计原则？

（2）康美药业虚增营业收入和资产会对投资者及证券市场带来什么损害？

（3）假如你是康美药业的会计人员，你会参与公司造假吗？

🔍 知识拓展——新技术：大数据来了，会计会消亡吗

"大数据、人工智能来了，会计行业十年内将消失？"这一困扰业界的疑问已倒逼财经教育开启崭新升级。西南财大将大数据、人工智能等新一代信息技术融入会计教育，积极探索新技术背景下跨学科复合型会计人才培养新模式，在财经高校和会计行业中引起关注。

微课堂

大数据来了，会计会消亡吗

1. 新技术之问：会计人才培养面临转型

"大数据、人工智能、云计算、移动互联和物联网技术的迅猛发展，让传统范式的会计教育面临巨大挑战。"西南财大会计学院院长马永强介绍，据2017年英国广播公司对即将消失的职业的预测，会计在被淘汰率最高的十大职业中排名第三，伴随着财务机器人的发展，越来越多的基础核算工作将逐步自动化。

一方面是大量重复性、标准化的会计职能被替代，另一方面，既能基于会计专业判断又能融合大

数据分析为企业作出有效决策的数据管理人员和分析师却有着巨大缺口。2017年11月，西南财大对会计业界和相关高校展开大调研后，学校清晰意识到：会计正从一个最初只关注事后核算、报告和财务数据的账房先生，日益转型升级为不确定环境下进行复杂决策提供服务的战略数据分析师；会计类专业的未来在于财务、技术和信息科学的交叉融合。因此，会计人才培养模式的转型刻不容缓。

"会计教育必须着眼未来，朝着交叉学科的方向发展，培养能够适应大数据和人工智能发展，集会计财务、数据分析和机器学习等专业能力于一身，同时具备战略思维的高层次复合型人才。"西南财大党委书记赵德武说。

围绕这一培养目标，西南财大2018年率先在全国开设大数据会计本科实验班专业，启动全新跨学科复合型会计人才培养模式。2019年，又在会计学、财务管理和审计学三个专业全面植入大数据分析和机器学习等课程。2020年，新人才培养模式扩展至除中外合作办学以外的所有专业，并从本科延伸到硕博研究生层面。

2．学科融合，助推复合型高层次会计人才培养

会计人才培养的"西财模式"充分体现了会计学科与计算机、信息科学等多学科的交叉融合，可以概括为"3+1"，即熟知会计与财务、数据分析、计算机编程三种逻辑，并且具备战略思维。其中，会计逻辑是根本，数据分析、计算机编程是工具。

作为国际通用的商业语言，会计是目前唯一能够系统反映一个微观主体财务状况、经营成果和现金流量的信息系统，在商业社会具有不可替代性；数据分析、计算机编程逻辑这两个工具将为会计这一严谨的专业算法在数字经济时代发挥更好管理作用插上腾飞的翅膀。受此统领，学校在课程设置中增设了机器学习等计算机和数据分析两种逻辑的课程达到11门。

如此给力的跨学科课程体系得益于西南财大强有力的跨学科复合型师资：西南财大有着全国最多的会计学海归博士，并拥有10余位既懂会计又懂技术的会计信息系统博士。

系列大数据分析和机器学习课程有助于培养多种技能的高层次复合型人才。"比如，现在我们教学生学会使用机器学习和深度学习的方法，通过输入以往舞弊公司的数据特征并建立智能预测模型，可以更准确、更迅速地判断并预测某公司是否发生财务舞弊行为。"讲授机器学习与智能决策课程的教师说。

3．打牢专业基础，大幅提高基础数学课程难度

不可否认，"西财模式"大幅提高了基础数学课程的难度。不同于传统的会计专业，大数据实验班上的是数学分析课程而非高等数学。"我们的数学课，比其他专业同学的数学课难多了！"2018级大数据实验班的同学说。在打牢专业基础、学习门槛知识这样的基本理念指导下，2020年11月底，在全国高校财务数智化大赛中，西南财大首届"大数据会计"学子王业億等荣获全国一等奖。

西南财大会计人才培养的改革获得广泛认可，目前已有国内外40多所院校专程到西南财大调研会计人才培养转型的经验。毕马威华振会计师事务所成都首席合伙人方海杰说："了解到西南财大的大数据人才改革后，我们非常希望招录一些具有扎实数学功底和机器学习思维的本科生加入团队，更新我们的审计流程。"

材料来源：杨婧岗．"大数据+会计"：新技术重塑新财经教育[N]．中国教育报，2021-01-30(3)．

关键术语

会计准则　　国际会计准则理事会　　国际财务报告准则
注册会计师　　财务总监　　职业道德　　会计档案